Pilartz
Mediation im Arbeitsrecht

D1718890

Mediation im Arbeitsrecht

Von

Annegret Pilartz

Richterin am Arbeitsgericht,
Mediatorin BM, Bonn

Verlag C.H. Beck München 2013

www.beck.de

ISBN 978 3 406 63207 5

© 2013 Verlag C.H. Beck oHG
Wilhelmstraße 9, 80801 München

Druck: Nomos Verlagsgesellschaft,
In den Lissen 12, 76547 Sinzheim

Satz: Textservice Zink, 74869 Schwarzach

Gedruckt auf säurefreiem, alterungsbeständigem Papier
(hergestellt aus chlorfrei gebleichtem Zellstoff)

Vorwort

Die Mediation hat (endlich) ihr Gesetz bekommen! Macht das einen Unterschied? Seit 10 Jahren arbeite ich als Mediatorin in unterschiedlichen Bereichen. Mein Beruf als Arbeitsrichterin führt mich hierbei in die Arbeitswelt, wo innerbetriebliche Konflikte und die Zusammenarbeit zwischen Betriebsrat und Unternehmensleitung im Vordergrund stehen. Erfahrungen in der Gerichtsmediation habe ich in den Jahren 2003 bis 2005 und ab 2011 in den entsprechenden Pilotprojekten am Arbeitsgericht Bonn gesammelt. Ein weiteres großes Tätigkeitsfeld ist die Unterstützung von Paaren und Familien in Konfliktsituationen.

Mit dem vorliegenden Arbeitsbuch bearbeite ich persönlich Mediation erstmals auch aus der Sicht der Juristin. Wie ist das Mediationsgesetz einzuordnen? Was bleibt, was verändert sich?

Wenn ich das Gesetz aus dem Blickwinkel der praktizierenden Mediatorin betrachte, so verändert sich für meine Arbeit nichts. Die bisher geltenden Standards der Mediationsverbände liegen dem Gesetz vielmehr zugrunde, ihre Entwicklung wird auch in Zukunft die Mediation nachhaltig prägen. Auch bisher war das Verfahren der Mediation eingebunden in die Rechtsordnung. Die Schutzfunktion des Rechts (Grenzen der Privatautonomie) konnte ebenso wenig umgangen werden, wie das Recht als Ausdruck sozialer Wirklichkeit. Rechtliche Optionen dienen als Fairnessmaßstab und bestimmen die Alternative zu einer einvernehmlichen Lösung.

Und dennoch ist das Gesetz ein wichtiger Entwicklungsschritt für die Mediation. Das Gesetz ist ein gesellschaftliches Signal, dass Mediation ein gewünschtes und anerkanntes Instrument der außergerichtlichen Konfliktlösung ist. Diese grundsätzliche Anerkennung wird weitere Unterstützung für die außergerichtliche Mediation nach sich ziehen (z.B. Mediationskostenhilfe). Mit steigender Akzeptanz wird Mediation weiter an Bedeutung gewinnen. Im Idealfall entsteht ein sich selbst verstärkender Mechanismus. Zudem wird Mediation für den Verbraucher sicherer. Die vielfältigen Informationspflichten des Mediators machen das Verfahren transparenter und stärken das Bewusstsein der Mediatoren für ihre Verantwortung. Verfahrensverstöße werden durch die Kodifizierung sanktionierbar.

Ob Mediation auch innerhalb der justizförmigen Verfahren durchgeführt werden darf, ist letztlich nur ein Randthema gemessen an der Anzahl der Konflikte, welche bei Gericht mit Hilfe von Mediation gelöst werden können.

Mein Wunsch für die Zukunft ist, dass Mediation gleichberechtigt neben das Gerichtsverfahren tritt, ohne dass ein Konkurrenzstreit um die „bessere Methode" geführt wird. Hier spielen Anwälte als Hauptansprechpartner eine wichtige Multiplikatorenrolle. Besonders Ihnen möchte ich einen unvoreingenommenen Blick auf die Mediation ermöglichen und die Gestaltungsspielräume bei der Lösung von Konflikten erweitern. Hierbei liegt mir besonders am Herzen, dass im Rahmen der Mediation auch weiterhin transprofessionell gearbeitet wird. Nicht jeder Konflikt ist ein juristischer Konflikt. Gerade auch bei Konflikten, die im Rechtsverkehr auftreten, können „rechtsunkundige" Mediatoren wesentliche Impulse geben, während der juristisch vorgebildete Mediator sich immer wieder mit seiner beruflichen Sozialisation konfrontiert sieht. Ist der Anwaltsmediator zu empfehlen, weil er die Schlussvereinbarung rechtlich sicher formulieren kann? Ist ein Richter ein guter Mediator, weil er in Neutralität geübt ist? Haben nicht die psycho-sozial ausgebildeten Mediatoren den Vorteil, die Tiefe des Konfliktes umfassender zu erfassen? Solche Fragen lassen sich nicht allgemein beantworten. Diskussionen um den richtigen Mediator oder die richtige Methode führen in eine Sackgasse und behindern den gewünschten erweiterten Erkenntnis- und Handlungsspielraum in der Mediation. Mediatorenteams und Supervision schaffen Raum für Austausch und gewährleisten einen multiprofessionellen Ansatz.

Der Gesetzgeber hat dem Verfahren der Mediation viel Spielraum gelassen. Diesen sollten Mediatoren, Medianden und ihre (anwaltlichen) Begleiter nutzen.

Bonn, im Oktober 2012   *Annegret Pilartz*

Inhaltsverzeichnis

Inhaltsverzeichnis

Literaturverzeichnis

Ahrens, Mediationsgesetz und Güterichter, NJW 2012, 2465

Bachmann, Das Neue Lernen, Eine systematische Einführung in das Konzept des NLP, 1993

Bannink, Praxis der lösungs-fokussierten Mediation, 2009

Bielecke, Vom täglichen Umgang mit einem Ideal, ZKM 2009, 172

Busch/Witte, Mediation, Ein Rollenspielbuch, 2010

Dendorfer/Krebs, Arbeitsrecht und Mediation, Konfliktdynamik 2012, 212

dieselbe, Außergerichtliche Möglichkeiten der Streitbeilegung durch den Rechtsanwalt, FÜR 2010, 437

Dieter/Montada/Schulze, Gerechtigkeit im Konfliktmanagement und in der Mediation, 2000

Duss von Werdt, Einführung in Mediation, 2008

Erfurter Kommentar, Müller-Glöge/Preis/Schmidt, Erfurter Kommentar zum Arbeitsrecht, 12. Aufl., 2012

Faulenbach, Ausgewählte Fragen des Einigungsstellenverfahrens, NZA 2012, 953 ff.

Fischer, Der Kölner Weg, ZKM 2011, 103

Fisher/Ury/Patton, Das Harvard-Konzept, 2004

Francken, Erforderliche Nachbesserungen im Mediationsgesetz und im Arbeitsgerichtsgesetz, NZA 2012, 249

Germelmann, Germelmann, Matthes, Müller-Glöge, Prütting, Schlewing, Arbeitsgerichtsgesetz, 7. Auflage, 2009

Gerrig/Zimbardo, Psychologie, 18. Auflage, 2008

GK-BtrVG, Gemeinschaftskommentar zum Betriebsverfassungsrecht, 8. Auflage, 2005

Glasl, Selbsthilfe in Konflikten, 5. Auflage, 2008

Gläßer/Kirchhoff, Studie: Konfliktbearbeitung deutscher (Groß-)Unternehmen, ZKM 2005, 188

Glenewinkel, Die Protestbewegung gegen Stuttgart 21 – Erfolg oder Misserfolg, ZKM 2012, 47

Greger, Das neue Güterichterverfahren, MDR 18/2012

Greger, Der „zertifizierte Mediator" – Heilsbringer oder Schreckgespenst? ZKM 2012, 36

derselbe, Die Reglementierung der Selbstregulierung, ZRP 2010, 209

derselbe, Abschlussbericht zum Modellversuch Güterichter, ZKM 2007, 180

derselbe, Was wird aus der gerichtinternen Mediation? Spektrum der Mediation 2010, IV. Quartal, 18

Greger/von Münchhausen, Verhandlungs- und Konfliktmanagement für Anwälte, 2010

Haft, Verhandlung und Mediation, 2. Auflage, 2000

Haft/Schlieffen, Handbuch der Mediation, 2. Auflage, 2009

Hohmann, Der Referentenentwurf zu einem Mediationsgesetz, Spektrum der Mediation 2010, 24 ff.

Jost, Mediation per Gesetz? Konfliktdynamik 2012, S. 204

derselbe, Das Mediationsgesetz und die Haftungsfrage, ZKM 2011, 168

Jost/Neumann, Etablierung der Mediation durch die Anwaltschaft, ZKM 2009, 164

Joussen/Unberath, Mediation im Arbeitsrecht, 2009

Kals/Ittner, Wirtschaftsmediation, Praxis der Personalpsychologie, 2008

Kolodey, Mobbingberatung, 2008

Krabbe, Die Kurz-Zeit-Mediation – und ihre Verwendung in der gerichtsinternen Praxis Teil 1 und 2, ZKM 2009, 136, 176

derselbe, Gerichtsinterne Mediation – Der Faktor „Zeit", Verfahrensoptimierung durch Kurz-Zeit-Mediation Teil 1 und 2, NVwZ, 396, 595

derselbe, Neue Entwicklungen in der anwaltlichen Mediationspraxis, NJW 2011, 3204

Kregel/Schmidt, Gibt es Die Mediation? Spektrum der Mediation, 2009, II. Quartal, S. 29

Leiss, Einzelgespräche – ein probates Mittel in der Mediation, ZKM 2006, 74

Lenz/Salzer/Schwarzinger, Konflikt Kooperation Konsens, das Modell der kooperativen Praxis – über die Mediation hinaus, 1. Auflage, 2010

Mattioli, Mediation nach Klageerhebung in Nordrhein-Westfalen, Spektrum der Mediation, 2010, IV. Quartal, 29

Mohl, Der Zauberlehrling, 2. Auflage, 1993

dieselbe, NLP-Was ist das eigentlich? Neurolinguistische Fähigkeiten im Überblick, 2005

Molcho, Alles über Körpersprache, 1995

Montada/Kals, Mediation, Lehrbuch für Psychologen und Juristen, 1. Auflage 2001

Mühlisch, Fragen der Körpersprache, 2010

Münchener Kommentar zum BGB, 6. Auflage, 2012

Münchener Kommentar zur Zivilprozessordnung, 3. Auflage, 2008

Musielak, ZPO, 9. Auflage, 2012

Ponschab/Schweizer, Kooperation statt Konfrontation, 2. Auflage, 2010

Primus, Ist Neutralität in der Mediation möglich?, ZKM 2009, 104

Prior, Minimax-Interventionen, 8. Auflage, 2009

Richardi, Betriebsverfassungsgesetz mit Wahlordnung, 13. Auflage, 2012

Rosenberg, Gewaltfreie Kommunikation, Neue Wege in der Mediation und im Umgang mit Konflikten, 2001

Röthemeyer, Gerichtsinterne Mediation im Güterichterkonzept, ZKM 2012, 116

Schreiber, Das „erweiterte Güterichtermodell", Betrifft Justiz, 2012, 337 ff.

Schulz von Thun, Miteinander Reden Band 2, 3. Auflage, 2001

Seifert, Visualisieren, Präsentieren, Moderieren, 24. Auflage, 2008

Sparrer, Wunder, Lösung und System, 2001

Thomann, Klärungshilfe Band 2, 2004

Tochtermann, Zur Zulässigkeit der nicht-anwaltlichen Mediation nach dem Rechtsdienstleistungsgesetz, ZKM 2007, 4

Ulsamer, Exzellente Kommunikation mit NLP, 3. Auflage, 1994

Unberath, Qualität und Flexibilität der Mediation, ZKM 2010, 164

derselbe, Mediationsverfahren – Struktur, Gefahren, Pflichten –, ZKM 2011, 4

derselbe, Mediation und Evaluation – Die Quadratur des Kreises, ZKM 2011, 44

Wachinger, Umweltmediation – was ist das? Spektrum der Mediation 2010, II. Quartal, 27 ff.

Wack/Detlinger/Grothoff, Kreativ sein kann jeder, 2. Auflage, 1998

Wagner, Vertraulichkeit der Mediation, ZKM 2011, 164

derselbe, Sicherung der Vertraulichkeit von Mediationsverfahren durch Vertrag, NJW, 2001, 1398

derselbe, Mediationsklausel mit vorläufigem Klageverzicht, ZKM 2011, 29

derselbe, Das Mediationsgesetz – Ende gut, alles gut? ZKM 2012, 110

Wagner/Braem, Verletzung der Verschwiegenheit im nachmediatorischen Gerichtsverfahren, ZKM 2007, 194 f.

Warwel, Gerichtsnahe Mediation, 2007

Zöller, Zivilprozessordnung, 29. Auflage, 2012

Abkürzungsverzeichnis

Kapitel 1. Mediation im Sinne des Mediationsgesetzes: Begriffsbestimmung eines offenen Tatbestandes

I. Die Richtlinie 2008/52/EG des europäischen Parlaments und des Rates vom 21.5.2008 über bestimmte Aspekte der Mediation in Zivil- und Handelssachen[1]

Am 21.5.2008 wurde die **Richtlinie über bestimmte Aspekte der Medi-** **1** **ation in Zivil- und Handelssachen** erlassen. Auch im Bereich alternativer Konfliktlösungsverfahren ist Europa ein wichtiger Motor. So war der Verbraucherschutz schon früh ein Thema der Europäischen Union. Zu einem effektiven Verbraucherschutz zählt auch der effektive Zugang der Verbraucher zum Recht. Ein Grundsatz, der heute seinen Niederschlag in Art 47 der Grundrechtecharta der europäischen Union findet.

Auf einer Tagung in Tampere am 15. und 16.10.1999 forderte der euro- **2** päische Rat die Mitgliedstaaten daher auf, alternative außergerichtliche Verfahren zu schaffen. Der Weg führte über die Erstellung eines im Jahre 2002 veröffentlichten Grünbuchs ADR[2] zur Mediationsrichtlinie. Mit dem Grünbuch sollten Erfahrungen in den Mitgliedsländern erfasst werden als Grundlage für die Konsultationen zu einer europäischen Regelung außergerichtlicher Konfliktlösungsverfahren. Unter alternativen Formen der Streitbeilegung im Sinne dieses Grünbuchs sind außergerichtliche Verfahren der Streitschlichtung unter Einschaltung eines neutralen Dritten mit Ausnahme der Schiedsgerichtsbarkeit zu verstehen.

Die Mediationsrichtlinie verfolgt das Ziel eines besseren Zugangs zum **3** Recht als „Teil der Strategie der Europäischen Union zur Schaffung eines Raums der Freiheit, der Sicherheit und des Rechts"[3]. Mit der Richtlinie soll der „Zugang zur alternativen Streitbeilegung erleichtert werden und die gütliche Beilegung von Streitigkeiten gefördert werden, indem zur Nutzung der Mediation angehalten und für ein ausgewogenes Verhältnis zwischen Mediation und Gerichtsverfahren gesorgt wird"[4]. Die Richtlinie bezieht sich nur auf grenzüberschreitende Streitigkeiten in Zivil- und Handelssachen inklusive Arbeitsrecht.[5]

---

[1] Im Folgenden Mediationsrichtlinie.
[2] Grünbuch über alternative Verfahren zur Streitbeilegung im Zivil und Handelsrecht, abrufbar unter http://eur-lex.europa.eu/LexUriServ/site/de/com/2002/com2002_0196de01.pdf.
[3] Richtlinie 2008/52/EG Erwägungsgrund 5.
[4] Richtlinie 2008/52/EG Art. 1 Abs. 1.
[5] Richtlinie 2008/52/EG Art. 1 Abs. 2.

4 Mit dem Inkrafttreten der Mediationsrichtlinie 2008/52/EG im Mai 2008 begann in Deutschland die Diskussion um ein **nationales Mediationsgesetz**. Das Bundesministerium der Justiz berief im Frühjahr 2008 eine Expertengruppe ein, der 67. Deutsche Juristentag befasste sich im selben Jahr mit dem Thema Mediation. Leitidee für die Umsetzung der Richtlinie war zum einen die Ausdehnung des Regelungsgehaltes eines Mediationsgesetzes auf **nationale Streitigkeiten**, um die Mediation insgesamt auf eine einheitliche Grundlage zu stellen. Zudem sollten neben den zwingenden Regelungsbereichen – Verjährung[6], Vollstreckbarkeit[7] und Vertraulichkeit[8] – Regelungen zur gerichtsnahen und gerichtsinternen Mediation, Regelungen zur Stärkung der außergerichtlichen Mediation und Regelungen zum Berufsrecht aufgenommen werden.[9]

Die Richtlinie selber lässt neben den zwingenden Regelungsbereichen viel Spielraum. Hintergrund sind die Ergebnisse vieler Konsultationen, die es nahe legten, den Mitgliedstaaten Freiheit und Flexibilität bei den schon eingeschlagenen Wegen und deren Weiterentwicklung zu lassen. Die Richtlinie ist daher zusammen mit dem europäischen Verhaltenskodex für Mediatoren vom 2.7.2004[10] zu lesen, auf den sie auch Bezug nimmt[11].

5 Diese Freiheit nimmt auch der Gesetzgeber auf. Um der Mediation und anderen Verfahren außergerichtlicher Konfliktlösung Raum für Entwicklung zu geben, beschränkt er sich auf grundlegende Mindeststandards.

So definiert § 1 Abs. 1 MediationsG Mediation in Anlehnung an die **Begriffsbestimmung** in Art. 3 Mediationsrichtlinie, indem eine Vielzahl von Wesensmerkmalen formuliert werden. Die beschreibenden Merkmale betreffen einerseits das Verfahren der Mediation, andererseits die Person des Mediators bzw. der Mediatorin. Nach **§ 1 Abs. 1 MediationsG** ist „Mediation ein vertrauliches und strukturiertes Verfahren, bei dem Parteien mit Hilfe eines oder mehrerer Mediatoren freiwillig und eigenverantwortlich eine einvernehmliche Beilegung ihres Konfliktes anstreben."

6 Zum Verständnis eines Mediationsverfahrens sollen zunächst die **Strukturmerkmale** im Einzelnen untersucht werden.

Mit seinem Verständnis von Mediation knüpft der Gesetzgeber an die vor allem im europäischen Raum gelebte Konfliktbearbeitung durch Vermittlung an. Neben die Strukturmerkmale treten die **Rechte und Pflichten** der Mediatoren, die im Gesetz eine besondere Ausprägung erfahren haben.

---

[6] Richtlinie 2008/52/EG Art 8.

[7] Richtlinie 2008/52/EG Art 6.

[8] Richtlinie 2008/52/EG Art 7.

[9] Leitlinien zur Umsetzung der europäischen Mediations-Richtlinie, ZKM 2008, 132 ff.

[10] Im Internet abrufbar unter http://ec.europa.eu/civiljustice/adr/adr_ec_code_conduct_en.pdf; in deutscher Übersetzung http://www.beepworld.de/members3/alpe/euverhaltenskodex.htm.

[11] Richtlinie 2008/52/EG Erwägungsgrund 17.

II. Einvernehmliche Beilegung des Konfliktes

Mediation setzt dort ein, wo Menschen a) im Konflikt stehen, b) dieser 7
Konflikt gelöst werden soll und c) diese Lösung einvernehmlich erfolgen
soll.

Vom Verständnis der Mediation her betrifft sie **jede Art von Konflikt**, 8
unabhängig davon, ob dieser Konflikt rechtliche Bezüge aufweist oder
nicht. Entsprechend weit gefasst bezieht das Mediationsgesetz auch alle
im **außerrechtlichen Bereich** liegenden Konflikte mit ein, die mit dieser
„Methode" einer Lösung zugeführt werden sollen. Der im Gesetzesentwurf[12] zunächst verwendete Begriff der außergerichtlichen Mediation ist
daher unklar gewesen, da Mediation sich nicht nur in einer Beziehung zum
Gerichtsverfahren, sei es bei anhängigen Verfahren, sei es bei Verfahren,
die noch nicht zu Gericht gekommen sind, versteht.

Ausgeklammert sind letztlich nur **intrapersonale Konflikte**[13]. Hierbei 9
handelt es sich um Konflikte, die eine Person in sich oder mit sich selber
hat. Das können Entscheidungskonflikte sein, weil unterschiedliche Über-
zeugungen der Person miteinander ringen, z.B. der Wunsch nach altruisti-
scher Großzügigkeit und dem Verfolgen rechtlicher Positionen. Hierunter
fallen aber auch große Ängste, gefühlte moralische Verpflichtungen oder
nicht verarbeitete Erfahrungen. Solche persönlichen Konflikte wirken sich
im sozialen Miteinander aus, stehen aber nicht im Vordergrund bei einer
Mediation.

Die **Anzahl** der in der Mediation Beteiligten geht von mindestens zwei 10
Parteien aus[14] und ist bis zur Grenze der Praktikabilität nach oben offen.
Typische Beispiele für **Großmediationen** sind die sog. Umwelt-Mediation
im öffentlichen Bereich, wie z.B. der Bau von Großprojekten[15].

1. Mechanismen der Konfliktlösung

Konflikte zwischen zwei und mehr Personen können auf vielfältige Art 11
und Weise gelöst werden. So kann der Ansatz der Konfliktbeilegung einmal **in der Einbeziehung einer dritten Partei** liegen oder nur **zwischen den
beteiligten Konfliktparteien**.

Im Alltagsleben sind die meisten auftretenden Konflikte ohne Schwie- 12
rigkeiten und ohne Einbeziehung eines Dritten folgenfrei lösbar.

---

[12] Bundestags-Drucksache 17/5335 § 1 Abs. 1 Satz 2 Nr 1 MediationsG-E.
[13] *Montada/Kals* Mediation, Lehrbuch für Psychologen und Juristen, S. 60.
[14] Art 3 a) MediationsRL.
[15] *Zilleßen* in: Haft/Schlieffen § 30 Rn. 51 f.; *Wachinger*, Spektrum der Mediation
2010, 27 ff.; ein Großprojekt war die Mediation zum Flughafen Wien von 2001 bis
2006, *www.viemediation.at*, soweit „Stuttgart 21" von der Presse als Mediation bezeichnet wurde, handelt es sich nicht um ein Mediationsverfahren; zur Einordnung des
Verfahrens Stuttgart 21 vgl. *Glenewinkel*, ZKM 2012, 47 ff.

Bleiben die Konfliktbeteiligten unter sich ohne Einschaltung eines Dritten, bedeutet dies aber nicht automatisch, dass sie gemeinsam und auf Augenhöhe ihren Konflikt regeln. Auch hier spielen Macht und Durchsetzungsvermögen auf der einen Seite bzw. Ohnmacht und Nachgiebigkeit auf der anderen Seite eine große Rolle. Insoweit wirken sich das **Konfliktverhalten** und der persönliche **Konfliktstil** der Beteiligten auf die Austragung des Konfliktes aus. Dieser kann geprägt sein von der Orientierung am **Eigeninteresse** (Konkurrenz, Kampf) oder am **Interesse der anderen** (Nachgeben, Unterwerfung)[16]. **Konfliktscheues Verhalten einerseits** und **Streitlust andererseits** sind die gegensätzlichen Ausprägungen der persönlichen Konfliktfähigkeit einer Person[17].

13 Die Konfliktparteien können die **Kontrolle** über Inhalt, Verlauf und Ergebnis der Konfliktbeilegung behalten oder diese abgeben und sich dem Konfliktgegner oder einem Dritten unterwerfen.

Bei der Einschaltung eines Dritten wird die Arbeit der Konfliktbeilegung in dem Maße **delegiert**, in welchem der Dritte Entscheidungsbefugnis erhält.

Im Spannungsfeld zwischen diesen unterschiedlichen Ansätzen bewegt sich die Mediation als ein Verfahren, welches einerseits einen Dritten einschaltet, andererseits die Konfliktlösungsarbeit den Beteiligten zuweist und dabei vom **Ideal der Gleichberechtigung und Partizipation** ausgeht.

2. Verhandlungsansätze

14 Zum besseren Verständnis **eigenverantwortlicher Konfliktlösung** lohnt sich ein Blick in den Verhandlungsalltag von Anwälten, sei es vor Gericht, sei es zur außergerichtlichen Streitbeilegung.

15 **a) Kompetitives Verhandeln.** Kompetitive Verhandler konkurrieren um einen **begrenzten Verhandlungsgegenstand**[18]. Die Verhandler sehen ihre Aufgabe darin, möglichst viel von diesem begrenzten Gut zu bekommen. Ein „Interesse an der Gegenseite" ist für den kompetitiven Verhandlungsführer unbedeutend[19]. Kompetitves Verhandeln ist positionsorientiert.

16 **b) Positionsorientiertes Verhandeln.** Ausgangspunkt des positionsorientierten Verhandelns sind die rechtlichen Ansprüche bzw. die Abwehr derselben. Dahinter liegt wie im kompetitiven Verständnis das Konzept der **begrenzten Ressourcen:** Der Gewinn der einen Partei scheint dem Verlust der anderen Partei zu entsprechen oder der eine muss abgeben, was der andere mehr bekommt bzw umgekehrt.

---

[16] *Kals/Ittner*, Wirtschaftsmediation, S. 25 ff.
[17] *Glasl*, Selbsthilfe in Konflikten, S. 11 ff.
[18] To compete bedeutet sich mitbewerben, konkurrieren.
[19] *Pilartz/Spreer* in: Hümmerich/Spirolke, Das arbeitsrechtliche Mandat, 6. Auflage, § 1 Rn. 160 ff.

Klassisches Beispiel in arbeitsrechtlichen Auseinandersetzungen ist das „Feilschen" um die Höhe der Abfindungssumme. Die Aufmerksamkeit der Verhandler konzentriert sich auf die von beiden gewünschte Ressource (Geld) und beide verfolgen das Ziel, möglichst viel davon zu bekommen[20]. Diese Verhandlungsüberzeugung mündet häufig vor Gericht im sog. „**Basarverhandeln**"[21]. Die Frage, warum beide die gleiche Ressource beanspruchen sowie kreative, neue Lösungsideen spielen in solchen Verhandlungen keine Rolle. Verhandlungen über einen angemessenen Ausgleich für den Verlust des Arbeitsplatzes lassen sich durchaus auch führen unter Einbeziehung einer Vertragsverlängerung, einer Out-Placement-Beratung, dem Erstellen von Referenzschreiben.

Der erzielte „**Kompromiss**" im Rahmen solcher Verhandlungen wird **17** zwar einvernehmlich angenommen, der Konflikt ist jedoch oft nicht gelöst. Sprichwörtlich in diesem Zusammenhang ist das Bild, wonach ein Vergleich erst dann gut ist, wenn er zu beiden Seiten weh tut, beide Seiten eine „Faust in der Tasche" machen. Eine einvernehmliche Konfliktlösung im Sinne der Mediation ist dies jedoch nicht, denn diese bezieht sich auf das sog. kooperative Verhandlungsmodell.

c) Kooperatives Verhandeln. Beim kooperativen Verhandeln streben **18** alle Parteien eine Wertschöpfung an, **den Kooperationsgewinn**[22]. Neben dem Eigennutz geht es jetzt auch um die Zufriedenheit der anderen Beteiligten. Klassisches Beispiel für das kooperative Verhandeln ist das Harvard-Konzept.

d) Das Harvard-Konzept. Vier Prinzipien bilden nach dem Harvard- **19** Konzept die Grundlagen erfolgreichen Verhandelns[23]:

– die Unterscheidung von Positionen und Interessen
– die Trennung von Personen und Verhandlungsgegenständen
– die Identifikation von Handlungsalternativen für den Fall der Nichteinigung
– Ableitung und Anwendung objektiver Kriterien zur Beurteilung von Regelungsvorschlägen und Handlungsalternativen für den Fall der Nichteinigung.

Im Mittelpunkt stehen nicht die Positionen, welche das Denken der Verhandler beschränken, sondern die Interessen, die zu den Positionen führen. Mit Positionen sind sowohl die rechtlichen Standpunkte als auch das erstrebte Verhandlungsziel gemeint. Interessen im Sinne des Harvard-Konzeptes sind die hinter dem erstrebten Verhandlungsziel liegenden Grund-

---

[20] *Greger/von Münchhausen*, Verhandlungs-und Konfliktmanagement für Anwälte § 10 Rn. 189.
[21] *Haft*, Verhandlung und Mediation, S. 14 ff.
[22] *Greger* in: Greger/Münchhausen, Verhandlungs-und Konfliktmanagement für Anwälte, Rn. 190.
[23] *Fisher/Ury/Patton*, Das Harvard-Konzept, S. 34.

anliegen der Parteien[24]. Sind diese bekannt, beginnt der kreative Prozess, wie die Interessen aller Beteiligten berücksichtigt werden können. Die gemeinsame Suche nach Lösungen im Gegensatz zum positionsorientierten Gegeneinander drückt sich auch in der grundsätzlichen Wertschätzung aller Beteiligten aus.

20   **e) Mediation.** Ähnlich wie das Harvard-Konzept unterscheidet Mediation grundlegend zwischen Positionen und Interessen. Diese Unterscheidung und die Erarbeitung der Interessen/Bedürfnisse wird auch als Kernstück der Mediation bezeichnet.

21 | **Beispiel:** Ein klassisches Beispiel für den Unterschied zwischen Position und Interesse in arbeitsrechtlichen Auseinandersetzungen ist der Konflikt um eine Abmahnung. Hier geht der juristische Streit um die Berechtigung der Abmahnung – Entfernen ja oder nein. Im Prozess wird der Sachverhalt, welcher der Abmahnung zugrunde liegt sowie die rechtliche Bewertung dieses Sachverhaltes erörtert. Warum es aber zu einer solchen Abmahnung gekommen ist, welche Enttäuschungen, Frustrationen, Missverständnisse oder andere Belastungen aller Beteiligten der rechtlichen Reaktion vorausgegangen sind, wird nicht thematisiert. Der klassische gerichtliche Vergleich „Herausnahme der Abmahnung aus der Personalakte nach einem bestimmten Zeitablauf" oder „Ergänzung der Abmahnung durch eine Gegendarstellung" ist kein nachhaltiger Lösungsansatz. Er vermeidet zwar die Gewinner-Verlierer-Konstellation, führt aber letztlich zu einer ungeklärten Pattsituation; der zugrundeliegende Konflikt schwelt weiter.

3. Gemeinsamkeiten von Mediation und kooperativem Verhandeln

22   Die **Position** ist zunächst Ausdruck dessen, wie der einzelne Konfliktbeteiligte sich seine persönlich optimale Lösung vorstellt. Zur Vereinfachung komplexer Fragestellungen befassen sich Betroffene nicht wirklich mit ihren Problemen, sondern entwickeln eine **Wunschvorstellung** von dem „was sein sollte". Das ist ihre Position[25]. Spielt sich der Konflikt im rechtlichen Raum ab, so wird diese Vorstellung durch die juristischen Berater übersetzt in eine **Anspruchsnorm.** Fragt man die Beteiligten, warum sie annehmen, ihr Konflikt werde dann gelöst sein, wenn die von ihnen favorisierte Lösungsalternative einträte, so beginnt ein ganz neuer Denkprozess. Das eigentliche Anliegen der Konfliktbeteiligten, ihre Wünsche, Bedürfnisse oder Motive, werden offengelegt.

---

[24] *Greger/von Münchhausen*, Verhandlungs-und Konfliktmanagement für Anwälte, Rn. 228.
[25] *Haft* in: Verhandlung und Mediation, S. 21.

Um den Konflikt nachhaltiger zu lösen, muss man sich der **Konfliktge-** 23
schichte dergestalt zuwenden, dass man genau die **Mangelsituation** der
Beteiligten und deren Beseitigung anspricht. Dies ist die Arbeit mit den
Interessen und Bedürfnissen der Parteien.

Ein **Bedürfnis** ist der Wunsch, einen Mangel auszugleichen oder etwas 24
Bestimmtes zu erlangen. **Grundbedürfnisse** des Menschen sind nach der
Bedürfnispyramide von *Abraham Maslow*[26] auf der ersten Stufe die biologischen Grundbedürfnisse wie Trinken, Essen, Schlafen, Sexualität, auf
der zweiten Stufe das Bedürfnis nach Sicherheit, auf der dritten Stufe soziale Bedürfnisse und zwar in Form von Bindung und von Wertschätzung
sowie auf der letzten Stufe das Bedürfnis nach Selbstverwirklichung.

In arbeitsrechtlichen Konflikten wird einerseits häufig das Bedürfnis 25
nach finanzieller Sicherheit geäußert, andererseits spielen gerade die **sozi-**
alen Bedürfnisse nach Wertschätzung, Geltung und Selbstachtung eine
große Rolle sowie die Bedürfnisse nach Entfaltung, Verantwortung, Neu-
gier, Entwicklung.

Das Berufsleben dominiert während einer langen Zeitphase unseren
Alltag, so dass es nicht verwundert, wenn wir hier die Bandbreite mensch-
licher Bedürfnisse und das damit einhergehende Konfliktpotential, wenn
diese nicht erfüllt werden, wiederfinden. Konfliktlösungen, die unter Einbeziehung der Bedürfnisse aller Konfliktbeteiligten gefunden werden,
führen zu einer allseitigen Zufriedenheit. Ziel des kooperativen Verhand-
lungsmodells und der Mediation ist daher eine **Integration** der Interessen
und Bedürfnisse aller Verhandlungteilnehmer.

Praxisfall: Nach einer Phase der Herabsetzung ihrer Arbeitszeit 26
möchte die Arbeitnehmerin ihr Stundenkontingent wieder heraufset-
zen. Der Arbeitgeber hingegen hat gerade einen neuen Mitarbeiter
eingestellt, den er gerne behalten und weiter qualifizieren möchte. Ehe
jetzt auf der Positionsebene um einzelne Stundenkontingente ge-
feilscht wird, geht es darum zu fragen, welche Interessen die Arbeitnehmerin hat.

Arbeitnehmerin: Es könnte sich herausstellen, dass sie möglicherweise gar kein Interesse hat, die Arbeitszeit auszudehnen. Sie mag für
sich aber keinen anderen Weg sehen, eine finanzielle Notsituation zu
überbrücken.

– Finanzielle Absicherung
Arbeitgeber: Gleichzeitig könnte es sein, dass der Arbeitgeber den
neu eingestellten Mitarbeiter in einem völlig anderen Bereich einsetzen möchte.

– Flexibilität

---

[26] *Gerrig/Zimbardo*, Psychologie, S. 420 ff.

– Qualifizierung
Beiden Interessen könnte gemeinsam sein, dass sowohl Arbeitnehmerin wie Arbeitgeber zur Zeit den Status quo aufrecht erhalten wollen,
nach einer kurzen Qualifizierungsphase des neu eingestellten Mitarbeiters im Arbeitsbereich der Arbeitnehmerin dort wieder Beschäfti-
gungsbedarf besteht und der Arbeitgeber diese dann entstehende Va-
kanz gerne mit der Mitarbeiterin abdecken wird.

27 **Konsequenzen:** Jetzt haben Arbeitnehmer und Arbeitgeber ein gemeinsames Ziel und sie können schauen, wie sie dieses gemeinsam erreichen
können. Kreativ können sie überlegen, welche anderen Möglichkeiten sich
für die Arbeitnehmerin ergeben, ihren finanziellen Engpass zu überbrücken, verknüpft mit einer klaren beruflichen Perspektive. Der Arbeitgeber
behält eine motivierte Mitarbeiterin und kann gleichzeitig einen weiteren
Mitarbeiter gemäß seinen Planungen qualifizieren.

28 Die gefundene Lösung integriert die Interessen der Arbeitnehmerin und
die Interessen des Arbeitgebers, sie formuliert die gemeinsame Zielrich-
tung und motiviert beide Verhandlungspartner, eine Vereinbarung zu erarbeiten. Für solche Verhandlungen bedarf es einer guten Vorbereitung, eines ausreichenden Zeitrahmens und einer Grundüberzeugung, dass mit
Kooperation ein Mehrwert zu erreichen ist.

29 Es gibt viele Lehrbücher, in welchen ausgehend vom Harvard-Konzept
der **kooperative Verhandlungsansatz** beworben wird. Im Rahmen einer
Studie von PwC und dem Institut für Konfliktmanagement der Europa
Universität Viadrina Frankfurt/Oder aus dem Jahre 2005 wurden unterschiedliche Verfahren zur Konfliktlösung hinsichtlich der Häufigkeit ihrer
Nutzung sowie ihrer Attraktivität für Unternehmensjuristen bewertet. Das
Ergebnis lautete, dass Verhandlungen die mit Abstand häufigste Verfahrenswahl im Unternehmensalltag darstellen und darüber hinaus positiv be-
urteilt werden[27].

30 Verhandlungen nach dem kooperativen Ansatz verlangen vom Verhandlungsführer neben dem intellektuellen Verständnis dieser Methode auch
ein hohes Maß an **Souveränität** und **innerer Sicherheit**. Das „Vertrauen"
in diesen Verhandlungsansatz und in die Verhandler bildet sich, wenn die
Verhandler den scheinbaren Gegensatz von **Selbstbehauptung** und **Empathie** in Einklang zu bringen vermögen. Oft brauchen Verhandler ihre ganze
Kraft zur Selbstbehauptung und wagen es nicht, sich in die Bedürfnisse
der anderen hinein zu fühlen, aus Angst, dies würde die Selbstbehauptung
schwächen.

---

[27] Vgl. *Gläßer/Kirchhoff*, ZKM 2005, 188.

III. Die Grundprinzipien der Mediation i. s. d. MediationsG

Nach **§ 1 Abs. 1 MediationsG** ist „Mediation ein vertrauliches und **31** strukturiertes Verfahren, bei dem Parteien mit Hilfe eines oder mehrerer Mediatoren freiwillig und eigenverantwortlich eine einvernehmliche Beilegung ihres Konflikts anstreben".

Ziel der Mediation ist eine Übereinstimmung der Beteiligten bezüglich **32** der Konfliktbeendigung. Ausgehend von dem oben beschriebenen kooperativen Verhandlungsansatz setzt das Streben nach einer **einvernehmlichen Konfliktbeendigung** voraus, dass:

– Jeder Mediationsteilnehmer bereit ist, über sich und seine Bedürfnisse zu sprechen = **Informiertheit**
– Jeder bereit ist, den anderen über sich und seine Bedürfnisse sprechen zu lassen und ihm zuzuhören = **respektvoller Umgang**
– Jeder bereit ist, sich in die Bedürfnisse des anderen hineinzuversetzen = **Perspektivwechsel**
– Alle Beteiligten bereit sind, im Wissen um die wechselseitigen Bedürfnisse eine Lösung zu erarbeiten = **Ergebnisoffenheit**

Entsprechend definiert sich Mediation dann auch über verschiedene **33** **Grundprinzipien**, auf welche sich alle Mediationsteilnehmer zu Beginn der Mediation verständigen.

1. Das Prinzip der Freiwilligkeit

Nach den Standards dreier großer Mediationsverbände[28] erlangt das **34** Prinzip der Freiwilligkeit in verschiedenen Mediationsphasen Bedeutung:

– Freiwilligkeit bei der Teilnahme
– Freiwilligkeit bei der Möglichkeit, das Verfahren zu beenden (durch die Parteien und/oder durch den Mediator) und
– Freiwilligkeit bei der Vereinbarung

---

[28] Bundesarbeitsgemeinschaft für Familienmediation (BAFM) Richtlinien vom 6.7.2008: „Die Entscheidung für die Wahl des Verfahrens der Mediation ist freiwillig. Der Mediationsprozess kann von allen Beteiligten, also auch von dem/der Mediator/in jederzeit beendet werden."
Bundesverband Mediation (BM) Standards 2009: „Wir gewährleisten die freiwillige Teilnahme aller Konfliktparteien an der Mediation, indem wir sie vollständig über das Verfahren der Mediation informieren und sie auf dessen Möglichkeiten und Grenzen hinweisen. Mit welchem Ergebnis und zu welchem Zeitpunkt sie den Mediationsprozess beenden wollen, bleibt ausschließlich den Konfliktparteien überlassen".
Bundesverband Mediation in Wirtschaft- und Arbeitswelt (BMWA) Richtlinien: „Der Mediationsprozess ist freiwillig. Freiwilligkeit setzt voraus, dass die Beteiligten von keiner Seite zu bestimmten Ergebnissen gedrängt werden und der Mediator oder die Mediatorin innerhalb der durch den Inhalt des Mediationsvertrags festgelegten Grenzen keinen Weisungen unterliegt. Der Prozess kann von allen Beteiligten, auch von dem Mediator/der Mediatorin jederzeit beendet werden.".

Während der erste und der dritte Aspekt der Freiwilligkeit in § 1 Abs. 1 MediationsG angesprochen sind, ergibt sich der zweite Aspekt aus § 2 Abs. 5 MediationsG. Was Freiwilligkeit inhaltlich bedeutet, soll anhand der unterschiedlichen Phasen der Mediation definiert werden. Eine einheitliche Definition würde den unterschiedlichen Ausprägungen dieses Prinzips nicht gerecht werden.

35 **a) Freiwilligkeit der Teilnahme.** Hier grenzt das Prinzip der Freiwilligkeit die Mediation deutlich von den Verfahren ab, in welche Konfliktparteien kraft staatlicher Anordnung gezogen werden. Der Beginn einer gerichtlichen Auseinandersetzung im Zivilrecht ist zumindest für einen der Beteiligten unfreiwillig. Mediation kann vom Gericht nicht angeordnet werden. Es gibt keinen **Zwang** zur Mediation.

36 Freiwilligkeit wird weiter auf der zweiten Ebene abgesichert, indem Medianden nicht nur das Verfahren aus eigener Motivation aufnehmen, sondern auch jederzeit das **Verfahren beenden** können, § 2 Abs. 5 MediationsG. Hierüber sind sie zu informieren.

37 Grundlegend für die freiwillige Entscheidung zur Durchführung oder Ablehnung eines Mediationsverfahrens ist das Recht auf **Informiertheit** über die Grundprinzipien der Mediation.

Dieses Verständnis liegt auch dem Mediationsgesetz zugrunde, wie § 2 Abs. 2 MediationsG verdeutlicht. So formuliert § 2 Abs. 2 MediationsG, dass der Mediator sich vergewissern muss, dass die Parteien die Grundsätze und den Ablauf des Mediationsverfahrens verstanden haben und freiwillig an einer Mediation teilnehmen. Freiwilligkeit in diesem Sinne bedeutet, dass die Mediationsteilnehmer wissen, was auf sie zukommt und sich in diesem Wissen entscheiden, ob sie an einer Mediation teilnehmen.

38 **Beispiel aus der Praxis:** Dieses Verständnis von freiwilliger Teilnahme passt schlecht auf die im Arbeitsleben häufig anzutreffende kritische Situation, dass Vorgesetzte Mitarbeitern eine **Mediation** „verordnen". Teamkonflikte führen zu einer Beeinträchtigung der Arbeitsergebnisse; Belästigungs- und Mobbingvorwürfe stehen im Raum. Hier müssen die Verantwortlichen reagieren (z.B. § 12 AGG). Sie schlagen eine Mediation vor, suchen und beauftragen einen oder mehrere Mediatoren und dann ...

Auch in diesem Fall beginnt Mediation erst, wenn der Mediator die vom Auftraggeber „geschickten" Mediationsteilnehmer über Mediation informiert, sich ihnen vorstellt und alle Mediationsteilnehmer das **sog. Arbeitsbündnis, d.h. die zwischen den Medianden geltenden Verfahrensregeln** unterzeichnen[29].

---

[29] Vgl. die Vorschläge von *Homann*, Spektrum der Mediation" 2010, 25.

Das „Sich-Vorstellen" des Mediators ist auch deswegen unerlässlich, da **39** die Parteien gemäß § 2 Abs. 1 MediationsG den **Mediator auswählen.** Dies hindert nicht, dass sich die Medianden einem Vorschlag anschließen, den sie auch konkludent annehmen können[30]. Ohne eine **innere Akzeptanz** des Mediators wird aber kein **Vertrauen** entstehen.

Zur Absicherung der Freiwilligkeit im Rahmen von Mediationen, **40** welche nicht durch die teilnehmenden Medianden initiiert werden, sondern von dritter Seite, etwa dem Arbeitgeber, kann schon in den **Auftragsverhandlungen** mit dem Arbeitgeber festgehalten werden, dass mit den Mediationsteilnehmern ein eigenes Arbeitsbündnis zu schließen ist, welches beinhaltet, dass diese auch die Mediation jederzeit beenden können.

Bestehende oder gefühlte **Abhängigkeiten** im Rahmen von arbeitsrecht- **41** lichen Beziehungen stehen im Prinzip der Freiwilligkeit nicht entgegen, sondern gehören eher zum **Motivbündel** der teilnehmenden Medianden. Hierzu gehört beispielsweise die Frage, wie wird der Vorgesetzte oder das Team damit umgehen, wenn ich mich nicht zur Teilnahme an der Mediation bereit erkläre. Mit dem grundsätzlichen „Ja" zur Mediation ist erst eine kleine Hürde genommen. Die eigentliche Arbeit beginnt mit dem Einstimmen der Medianden auf eine kooperativen Haltung.

In den Bereich der Diskussion um Freiwilligkeit gehört auch die Aus- **42** einandersetzung um sog. **Mediationsklauseln.** Ist hier das Prinzip der Freiwilligkeit noch gewahrt? Welche Positionen zu diesem Thema denkbar sind und auch vertreten werden zeigt eine Entscheidung des Landgerichts Heilbronn in einem Urteil vom 10.9.2010, welches mit Blick auf die Freiwilligkeit und die jederzeitige Möglichkeit des Abbruchs einer Mediation eine Mediationsklausel als „sinn- und gegenstandslos" bezeichnete und die Annahme eines vorläufigen Klageverzichtsversprechens ablehnte. „Bei vernünftiger Betrachtung" bleibe lediglich die Interpretation als Appell[31].

Vorläufige Klageverzichtsvereinbarungen auch bei (unverbindlichen) **43** Schlichtungsempfehlungen werden von der Rechtsprechung[32] und Literatur[33] anerkannt. Hierbei ist zu unterscheiden zwischen verbindlichen Mediationsklauseln und unverbindlichen Versprechen.

Für die **verbindlichen Klauseln** sind in Anlehnung an die Vorschriften **44** über Schiedsvereinbarungen, §§ 1031 ff. ZPO, besondere Regeln zu beachten, damit die Parteien keinen Rechtsverlust erleiden. Diskutiert wird die analoge Anwendung der Formvorschriften des § 1031 ZPO[34]. Im Interesse eines effektiven Rechtsschutzes bleiben Eilverfahren zulässig[35] und

---

[30] Gesetzesbegründung MediationsG zu § 2.
[31] LG Heilbronn, Urteil vom 10.9.2010 – 4 O 259/09 mit Anm von *Wagner*, ZKM 2011, 29 f.
[32] BGH, BB 1999, 129; BGH, Urteil vom 23.11.1983 VIII ZR 197/82.
[33] *Risse/Wagner* in: Haft/Schlieffen, Handbuch Mediation, § 23 Rn. 63.
[34] *Risse/Wagner* in: Haft/Schlieffen, Handbuch Mediation, § 23 Rn. 65.
[35] *Risse/Wagner* in: Haft/Schlieffen, Handbuch Mediation, § 23 Rn. 63.

die Klausel ist AGB konform zu formulieren[36]. Hier geht es zum einen um den Schutz vor überraschenden Klauseln, aber auch um die Absicherung eines fairen und transparenten Verfahrens. Dies kann durch die Einschaltung von institutionellen Mediationsanbietern geschehen, deren Richtlinien und Standards den Parteien bekannt sind[37].

45 Für arbeitsrechtliche Auseinandersetzungen gelten weitere Besonderheiten. Nach §§ 4, 101 Abs. 3 ArbGG finden die Vorschriften über das schiedsrichterliche Verfahren in Arbeitssachen keine Anwendung. Das Mediationsverfahren ist jedoch einem Schiedsverfahren nicht gleichzusetzen. Es ähnelt eher einem unverbindlichem Vorverfahren, welches den Gang vor die Arbeitsgerichte nicht hindert[38]. Mediationsklauseln in Arbeitsverträgen stehen daher die Besonderheiten des Arbeitsrechts nicht entgegen.

46 Aber auch **unverbindliche Erklärungen** haben eine positive Wirkung auf das Verhalten der Konfliktbeteiligten. Die Mediationsklauseln werden vor dem Auftreten des Konfliktes formuliert. Sie sollen den Weg in eine Mediation absichern und dem Gang zu Gericht eine Alternative entgegen stellen. Bei Vorliegen einer Mediationsklausel können die Beteiligten, wenn ein Konflikt aufgetreten ist, ohne „Gesichtsverlust" einen kooperativen Weg einschlagen. Ein solcher Vorschlag ist dann nicht ein Ausdruck von Schwäche oder schlechten Prozesschancen, sondern zeigt eher, dass man den geschlossenen Vertrag ernst nimmt[39].

47 Von den Gerichten **angeordnete Mediationen** kennt das deutsche Recht nicht. Entsprechende Regelungen zu einer **obligatorischen außergerichtlichen Streitbeilegung** sind aber denkbar und würden nicht gegen europäisches Recht verstoßen. So hat der Europäische Gerichtshof in seiner Entscheidung vom 18.3.2010[40], eine gesetzliche Verpflichtung zu einer außergerichtlichen Streitbeilegung mit dem Europarecht vereinbar erklärt. Für das nationale Recht hat das Bundesverfassungsgericht einen entsprechenden gesetzlichen Zwang mit dem Grundgesetz für vereinbar gehalten[41].

48 Für das Arbeitsrecht ist neben kurzen Verjährungsfristen besonders auf die Einhaltung von **Ausschlussfristen** zu achten. Sofern diese eine gerichtliche Geltendmachung vorsehen, ist dies in der Mediationsabrede zu berücksichtigen. So sollte die Vereinbarung unter den Vorbehalt gestellt werden, dass gerichtliche Maßnahmen zur Einhaltung arbeitsrechtlicher Ausschluss- und Klagefristen erlaubt sind. Ohne konkrete Regelung bietet sich für Ausschlussfristen eine analoge Anwendung der Regeln zur

---

[36] *Hess* in: Haft/Schlieffen, § 43 Rn. 26; *Risse/Wagner* in: Haft/Schlieffen, Handbuch Mediation, § 23 Rn. 63 ff. mit Beispielen für Mediationsklauseln;.

[37] Z.B. Europäisches Institut für Conflictmanagement (Eucon), Industrie- und Handelskammern.

[38] Zum außergerichtlichen Vorverfahren vgl. *Germelmann* in: Germelmann, ArbGG § 4 Rn. 10; *Koch* in: Erfurter Kommentar, § 4 ArbGG Rn. 3.

[39] *Risse/Wagner* in: Haft/Schlieffen, Handbuch der Mediation § 23 Rn. 68.

[40] EuGH, Urteil vom 18.3.2010 – C-317/08 (Rechtssache Alassini).

[41] BVerfG, Beschluss vom 14.2.2007 – 1 BvR 1351/01; zu § 15 a EGZPO, § 10 GüSchLG NRW = § 53 JustG NRW.

Unterbrechung der Verjährung an, § 203 BGB. Die Zulässigkeit einer gerichtlichen Geltendmachung ist zu kombinieren mit dem anschließenden Ruhen des Verfahrens gem. § 54 a ArbGG, § 278 a Abs. 2 ZPO. Bei **Kündigungen** ist ein vorläufiger Klageverzicht ex ante unzulässig.

b) Freiwilligkeit bei der Schlussvereinbarung. Freiwilligkeit beim **49** Abschluss einer Vereinbarung ist die logische Konsequenz aus der Freiwilligkeit bei der Teilnahme an der Mediation und dem Verbleib im Mediationsverfahren bis zur Erarbeitung einer Lösungsvereinbarung. Bei Abschluss der Mediationsvereinbarung geht es nicht mehr darum, ob die Vereinbarung frei von Zwang unterschrieben wird, sondern darum, ob die Vereinbarung von den Beteiligten **verstanden** wird und **in Kenntnis ihrer Konsequenzen**, gegebenenfalls nach ausführlicher Beratung, selbst verantwortet wird, § 2 Abs. 6 MediationsG.

2. Das Prinzip der Eigenverantwortung

Eng verknüpft mit dem oben dargestellten Verständnis von Freiwillig- **50** keit ist das Prinzip der Eigenverantwortung (Autonomie). **Autonomie** bedeutet **Unabhängigkeit** und zugleich die **Freiheit zur Selbstregulierung.** Ziel der Mediation ist nicht die Übernahme der Konfliktbeilegung durch den Mediator, vielmehr sollen die Medianden eine selbst verantwortete Entscheidung treffen, § 1 Abs. 2 MediationsG.

a) Informiertheit, § 2 Abs. 6 MediationsG. Die eigenverantwortliche **51** Konfliktlösung setzt **Informiertheit in tatsächlicher und rechtlicher Hinsicht** voraus, wie sich aus § 2 Abs. 6 MediationsG ergibt. Hier spielen die **Hinweis- und Aufklärungspflichten** des Mediators eine große Rolle[42].

Hinzu tritt das in der Mediation erarbeitete Wissen der Parteien über ihre **Bedürfnisse** und die der weiteren Beteiligten. Dieses wird ergänzt durch Informationen darüber, was die **Rechtsordnung** für schützenswert erachtet. Insoweit ist den Medianden Gelegenheit zu geben, fachliche **(Rechts)Beratung** einzuholen. In der Mediation werden die **subjektiven Gerechtigkeitsvorstellungen** der jeweiligen Medianden sowie die Ebene der allgemeinen Gesetzesnormen und der einschlägigen Rechtsprechung nutzbringend für die Lebenswirklichkeit der Medianden bearbeitet[43].

b) Autonomie. Aufgabe des Mediators ist es, die Parteien zu befähi- **52** gen, in diesem Sinne selbst eine Lösung zu finden. Wie dies im Einzelfall gelingen kann und wo die **Grenze autonomer Entscheidungsmacht** der Parteien liegt, macht die Besonderheit dieses Verfahrens aus[44]. Hier spielen die **Persönlichkeit** des Mediators und die der Medianden eine herausragende Rolle.

---

[42] Nähere Ausführung bei den Pflichten des Mediators, Kapitel 2, Rn. 86 ff.
[43] Vgl. *Ripke* in: Haft/von Schlieffen, Handbuch Mediation, § 7 Rn. 10.
[44] Siehe Kapitel 2, Rn. 78 ff., 116 ff. Rechte und Pflichten des Mediators.

3. Das Prinzip der Vertraulichkeit

53   Vertrauen ist ein großes Wort für ein Verfahren, auf das sich Parteien zu einem Zeitpunkt einlassen, wo sie miteinander im Konflikt stehen, ein Zustand der oft von mangelndem Vertrauen gekennzeichnet ist. Über einen geschützten Rahmen für die Gespräche und die begleitete Konfliktbearbeitung soll dieses Vertrauen wachsen und gefestigt werden. Vertraulichkeit als ein **Strukturmerkmal** der Mediation meint damit das Herstellen eines solchen geschützten Raumes.

54   **Vertrauensbildende Elemente**
- Nicht öffentliches Verfahren
- Abgestimmter Teilnehmerkreis
- Verschwiegenheit

55   **a) Nicht öffentliches Verfahren.** Schutz bietet zum einen die **fehlende Verfahrensöffentlichkeit** im Gegensatz zum gerichtlichen Verfahren. Schutz entsteht zum anderen dadurch, dass der **Teilnehmerkreis** allen bekannt ist und ihrer Zustimmung bedarf, § 2 Abs. 4 MediationsG: Dritte können nur mit Zustimmung einer Partei in die Mediation einbezogen werden. Auch **Einzelgespräche** bedürfen der Zustimmung der Beteiligten, § 2 Abs. 3 MediationsG.

56   **b) Verschwiegenheit des Mediators kraft Gesetz.** Schutz entsteht weiterhin dadurch, dass der Mediator und die von ihm zur Durchführung des Mediationsverfahrens eingebundenen Personen zur **Verschwiegenheit** verpflichtet sind, soweit gesetzlich nichts anderes geregelt ist, § 4 MediationsG.
  Mit dieser Regelung hält sich der Gesetzgeber an den von der Mediationsrichtlinie vorgegebenen Rahmen, Art. 7 MediationsRL. Zu dem Kreis der „in die Durchführung des Mediationsverfahrens eingebundenen Personen" zählen nur die **Hilfspersonen des Mediators.** Hierzu gehören nicht in die Mediation einbezogene Dritte, wie etwa Sachverständige, Anwälte, sonstige Berater oder Familienangehörige[45]. Deren Verschwiegenheit ist ebenso durch Vereinbarung abzusichern, wie die Verschwiegenheit der Medianden[46]. Die Verschwiegenheit des Mediators und seiner Hilfspersonen korrespondiert mit seinem **Zeugnisverweigerungsrecht** gem. § 383 Abs. 1 Nr. 6 ZPO in Zivilverfahren und allen auf diese Regelung Bezug nehmenden Verfahren[47].

57   **c) Verschwiegenheit der Teilnehmer kraft Vereinbarung.** Vom gesetzlichen Gebot der Vertraulichkeit in § 4 MediationsG werden die **Mediationsteilnehmer** nicht erfasst. Vertraulichkeit der Mediationsgespräche

---

[45] MediationsG, Gesetzesbegründung zu § 4.

[46] Zu entsprechenden Vereinbarungen vgl. Kapitel 1 Rn. 57 ff.

[47] Einzelheiten zum Umfang der Verschwiegenheit und der Entbindung von der Schweigepflicht werden in Kapitel 3, Rn. 152 ff. näher ausgeführt.

für die Medianden und Dritte, die an der Mediation (zeitweise) teilnehmen, ist nur kraft Vereinbarung sicherzustellen.

Welche Nachteile hiermit konkret verknüpft sein können, zeigt ein Fall, **58** welcher vom Anwaltsgericht Mecklenburg-Vorpommern entschieden wurde. Hier machten die Richter deutlich, dass die gesetzlich gebotene **Vertraulichkeit des Anwalts** nur im Bezug auf seinen Mandanten gilt, nicht für die anderen Mediationsbeteiligten; diese sei besonders zu vereinbaren[48]. Gerade bei Mediationen im rechtlichen Kontext geraten die Mediationsteilnehmer und ihre anwaltlichen Berater in ein **Dilemma**, falls der Konflikt nicht im Mediationsverfahren gelöst wird, sondern nach Beendigung der Mediation vor die staatlichen Gerichte gebracht wird. Woher sollen die Parteien das Vertrauen nehmen, ihre wahren Interessen offenzulegen, wenn ihnen diese Offenheit **prozesstaktische Nachteile** bringen kann. Die Bereitschaft sich zu öffnen, ist aber das Kernstück der Konfliktbearbeitung im Rahmen einer Mediation.

Beispiel: Zur Erreichung eines Mediationsergebnisses kann es ganz **59** wichtig sein, dass der teilnehmende Arbeitnehmer Einschränkungen offen legt, sei es im Bereich körperlicher Belastbarkeit oder auch im Bereich optimaler Leistungserbringung. Andererseits wird er im Prozess um seinen Arbeitsplatz kämpfen, von dem er selber in der Mediation gesagt hat, er erfülle dessen Voraussetzungen nicht mehr.

Auch ein Arbeitgeber wird sich nicht auf eine Mediation einlassen, wenn er befürchten muss, sich nach dem Ende der Mediation nicht mehr auf Vorwürfe stützen zu können, die schon vor der Mediation bekannt waren, im Rahmen der Mediation aber vertieft bearbeitet wurden.

---

d) Vortrags- und Beweisverwertungsverbote. Der Gesetzgeber hat **60** dieses Dilemma nicht geregelt, sondern es den Parteien überlassen, hier **Vortrags- und Beweisverbote** in der Mediationsvereinbarung privatautonom zu treffen[49]. Solche Verbote passgenau zu formulieren, ist eine Herausforderung, die im Regelfall von den Medianden alleine nicht erfüllt werden kann. Der Mediator kann ihnen diese Arbeit nicht abnehmen, da er, auch wenn er über den notwendigen juristischen Sachverstand verfügt, Gefahr läuft, seine **Unparteilichkeit** zu verlieren. Da das Problem der Vortrags- und Beweisverbote im Regelfall bei Mediationen im rechtlichen Kontext auftritt, empfiehlt es sich, die anwaltlichen Berater schon im Rahmen der Auftragsklärung und der Formulierung des Mediationsauftrages bzw. des Arbeitsbündnisses einzubeziehen[50].

---

[48] Anwaltsgericht Mecklenburg-Vorpommern, Beschluss vom 1.8.2007 – I AG 6/07 mit Anm von *Wagner/Braem*, ZKM 2007, 194.
[49] Zum Inhalt solcher Abreden siehe Kapitel 3 Rn. 152 ff.
[50] Siehe Kapitel 6 Rn. 308.

61   Auswirkung auf die Arbeit des Mediators mag die Frage der Vertraulichkeit auch insoweit haben, als dass von ihm gefertigte **Protokolle** und weitere **schriftliche Unterlagen** einen Anreiz geben können, diese später in einem Gerichtsverfahren vorzulegen. So habe ich selber in meiner gerichtlichen Praxis erlebt, dass ein Verfahren, welches zwecks Durchführung einer Mediation unterbrochen wurde, nach Wiederaufnahme um die komplette Mediationsakte angereichert wurde.

62   Vor dem OLG München wurde am 20.5.2009 ein Anspruch auf Einsichtnahme eines Mediationsteilnehmers in die bei Gericht geführte Mediationsakte erstritten[51]. Das OLG München führt insoweit aus, dass der Schutz der Vertraulichkeit verhindern solle, dass die Mediatoren und Dritte, die in die Mediation eingebunden sind, über den Inhalt der Mediation Auskunft geben. Die Vertraulichkeit beziehe aber nicht die Parteien des Mediationsverfahrens ein.

63   Gemäß § 4 Satz 3 Nr 1 MediationsG sind die Inhalte der im Mediationsverfahren erzielten **Vereinbarung** offenzulegen, soweit dies für die Durchführung oder **Vollstreckung** notwendig ist.

IV. Mediation als strukturiertes Verfahren

64   Zu den weiteren im Gesetz genannten Definitionsmerkmalen zählt der Hinweis, dass es sich bei der Mediation um ein „**strukturiertes Verfahren**" handelt, §§ 1 Abs. 1, 2 Abs. 2 MediationsG. Der Hinweis auf ein strukturiertes Verfahren findet sich schon in der MediationsRL, Art 3 a. Hierdurch wird zunächst klargestellt, dass sich der Ablauf des Mediationsverfahrens nicht ungeregelt gestaltet, sondern einem **vorhersehbaren Rahmen** folgt. Von „dem Mediationsverfahren" zu sprechen fällt jedoch schwer. Mediation ist eine **kulturgebundene Methode**, die im jeweils gültigen kulturellen Kontext gelebt wird[52].

1. Struktur versus Intuition

65   Der dem Mediationsgesetz und der Richtlinie zugrundeliegende strukturierende Ansatz findet sich auch in der Lehre vom **kooperativen Verhandeln** nach dem **Harvard Modell**[53] und anderen Verhandlungsanleitungen[54]. Ohne Struktur verlieren die Beteiligten leicht den Überblick, die Problematik wird zu komplex und reaktiv flüchtet man in die bekannten Überlegungen und Gefühlsmuster. Eine Chance auf Verständigung wird vertan.

---

[51] OLG München, Beschluss vom 20.5.2009 – 9 VA 5/09.
[52] *Kregel/Schmidt*, Spektrum der Mediation 2009, II. Quartal, 29 f.
[53] *Fisher/Ury/Patton*, Das Harvard-Konzept, S. 43 ff.
[54] *Haft*, Verhandlung und Mediation, S. 123 ff., *Greger/von Münchhausen*, Verhandlungs- und Konfliktmanagement für Anwälte, § 12.

Intuitiv bleiben die Verhandler in ihrem bekannten Terrain und Betreten kein Neuland[55].

Die Vorgaben für strukturiertes Verhandeln sprechen von einzelnen **Verhandlungsphasen**, und zwar der Eröffnungsphase, der Klärungsphase, der Lösungs- und der Abschlussphase.[56] Ähnliche **Phasenmodelle** finden wir auch im Rahmen der Mediation.

2. Die einzelnen Phasen der Mediation

Trotz großer interkultureller Unterschiede und einer großen Methoden- **66** vielfalt bezüglich der Anwendungsfelder der Mediation (z.b. Familien-, Wirtschaft-, Schul- oder Umweltmediation) scheint die Idee „einer Konfliktbearbeitung durch **Ausgleich oder Vermittlung**" und die **Gliederung des Verfahrens** in eine Einstiegsphase, die Hauptphase und in eine Ausstiegsphase universell zu sein[57]. Der Gesetzgeber hat die einzelnen Phasen des Mediationsverfahrens nicht weiter vorgeschrieben, sondern nur zur Frage von **Einzelgesprächen** Stellung genommen. Einzelgespräche sind ein sensibles Mittel, um Kompromissmöglichkeiten auszuloten und Einigungshindernisse abzubauen. Sie bergen für den Mediator aber die Gefahr des Verlustes seiner Neutralität und verlangen einen sehr aufmerksamen Umgang mit dem Gebot der Vertraulichkeit. Enzelgespräche sind gemäß § 2 Abs. 3 MediationsG im allseitigen Einverständnis zulässig[58].

Auch wenn der Gesetzgeber die einzelnen Phasen nicht weiter festlegt **67** und so der Mediation Entwicklungsraum lässt[59], soll an dieser Stelle auf das in Deutschland üblicherweise gelehrte **5-Phasen-Modell** kurz eingegangen werden:

Die Phasen lassen sich wie folgt umschreiben: **68**
1. Vertrag aushandeln
2. Streitpunkte herausarbeiten
3. Arbeit durch den Konflikt
4. Entwicklung und Bewertung von Optionen
5. Die Abschlussvereinbarung

Hinzutreten mag eine 6. Phase der Evaluation.
Die Phasen können fließend ineinander übergehen, bei Bedarf ist auch **69** ein Wechsel in eine vorhergehende Phase möglich. Die einzelnen Phasen der Mediation werden im Kapitel 4 genauer beschrieben.

---

[55] *Haft*, Verhandlung und Mediation, S. 59 ff.
[56] *Greger/von Münchhausen*, Verhandlungs-und Konflitkmanagement für Anwälte, Rn. 248 ff.
[57] *Kregel/Schmidt*, Spektrum der Mediation 2009, II. Quartal, 29 f.
[58] Informativ zum pro und contra von Einzelgesprächen *Leiss*, ZKM 2006, 74 ff.
[59] Begründung MediationsG II.

V. Die Person des Mediators

70 Im zweiten Teil der Begriffsbestimmung rückt die Person des Mediators in den Mittelpunkt.

Bei der Definition des Mediators in § 1 Abs. 2 MediationsG verzichtet der Gesetzgeber auf eine abschließende Regelung eines klar umgrenzten **Berufsbildes**. Nach der Gesetzesbegründung hat der Gesetzgeber hier bewusst der Tatsache Rechnung tragen wollen, dass es sich bei der Mediation um ein Verfahren handelt, das derzeit noch stark weiter entwickelt wird. Diese Entwicklung sollte nur im Rahmen des erforderlichen eingrenzend beschränkt werden[60].

Insoweit wählt der Gesetzgeber zwei unabdingbare Merkmale für die Person des Mediators, einen umfangreichen **Pflichtenkatalog** und Regelungen zur **Qualitätssicherung**.

1. Unabhängigkeit und Neutralität

71 Ohne an dieser Stelle schon im Einzelnen auf die Rechte und Pflichten des Mediators einzugehen[61], soll kurz das **Selbstverständnis des Mediators**, so wie es der Gesetzgeber und auch die Richtlinie sehen, skizziert werden. Die Integrität der Person des Mediators und das Vertrauen, welches ihm entgegen gebracht werden muss, sind unabdingbare Voraussetzungen für das Gelingen der Mediation. Sie stellen an die Person des Mediators hohe Anforderungen.

72 Dies sind zum einen die auch in § 3 MediationsG zum Ausdruck kommenden strengen Anforderungen an das Fehlen eines Interessenkonfliktes oder sonstiger Umstände, die den Anschein der Parteilichkeit erzeugen. Der Begriff „**Neutralität**" als Ausdruck einer unparteilichen Haltung ist aus den Prozessordnungen vertraut[62]. Er ruft in den Parteien zumeist das Bild eines abgehobenen, emotionslosen, um den Sachverhalt und das Recht bemühten Richters hervor. Mediatoren hingegen entwickeln eine Beziehung zu den Parteien und bauen ein Vertrauensverhältnis auf. Daher wird in den Mediationsstandards der Begriff „Neutralität" häufig durch den Begriff „Allparteilichkeit" ersetzt[63]. Unter „**Allparteilichkeit**" versteht man mehr als unter „Neutralität". Allparteilichkeit verlangt nicht, dass sich Mediatoren stets „streng" unparteiisch verhalten, sondern sich bemühen, alle am Konflikt Beteiligten in ihrer Besonderheit zu verstehen, zu akzeptieren und entsprechend (ggfls unterschiedlich) zu unterstützen (auf Seiten aller zu stehen). Dies mag im Einzelfall auch bedeuten, dass der

---

[60] Begründung MediationsG II.
[61] Vgl. Kapitel 2 Rn. 85 ff.
[62] Z.B. §§ 41, 42 ZPO.
[63] *Montada/Kals*. Mediation, S. 38 f.; *Kracht* in: Haft/Schlieffen, Handbuch der Mediation, § 12 Rn. 24.

Mediator Anliegen einer Partei artikuliert, wenn es der Partei selber schwer fällt. In der Begründung des MediationsG wird daher auch auf den Begriff der Allparteilichkeit hingewiesen[64]. Zum anderen muss der Mediator auch über ausreichende innere Unabhängigkeit verfügen. Er darf keinen Weisungen unterliegen, in keinen **Interessenkonflikt** geraten[65] und muss im Grundsatz anerkennen, dass die Parteien ihre Lösung selbstverantwortlich suchen und selbst verantworten. Diese **innere Unabhängigkeit** ist angesprochen, wenn man in der Mediation unterscheidet zwischen **Verfahrensverantwortung** und **Ergebnisverantwortung**. Der Mediator trägt nur Verfahrensverantwortung, denn er ist „ohne Entscheidungsbefugnis".

73

2. Fehlende Entscheidungsbefugnis

Mit dem **Fehlen von Entscheidungsbefugnissen** grenzt sich die Mediation deutlich von anderen Verfahren, auch der außergerichtlichen Streitbeilegung, ab.[66] Auch wenn die Rolle des Mediators ganz unterschiedlich sein kann und von rein **unterstützenden Funktionen** über **evaluative Elemente** bis hin zur **Formulierung von Entscheidungsvorschlägen** gehen kann, so bleibt die Regelung des Konfliktes immer in den Händen der Parteien. Die Parteien vereinbaren mit dem Mediator, welche Rolle er einnehmen soll: ob

74

– rein unterstützend (facilitative approach) oder
– mit Vorschlagsrecht (evaluative approach)[67].

VI. Durchführungswege der Mediation

1. Der Weg zu einem einheitlichen Mediationsbegriff

Die ersten Gesetzesentwürfe[68] sahen **drei Durchführungswege für die Mediation** vor: die außergerichtliche Mediation (unabhängig von einem gerichtlichen Verfahren), die gerichtsnahe Mediation (während eines Gerichtsverfahrens außerhalb der Gerichte) und die gerichtsinterne Mediation (während eines Gerichtsverfahrens vor einem nicht entscheidungsbefugten „Mediations"richter). Alle drei Formen der Mediation sollten gleichberechtigt nebeneinander stehen. Dieser Vorschlag ging auf eine seit

75

---

[64] Begründung MediationsG zu § 2.
[65] Zu einer möglichen Inkompabilität vgl. Kapitel 2 Rn. 92 ff.
[66] Siehe Kapitel 8 Rn. 372 ff.
[67] *Haft* in: Haft/Schlieffen Handbuch der Mediation, § 2 Rn. 37; *Unberath*, ZKM 2010, 164 ff.
[68] Referentenentwurf vom 4.8.2010; Entwurf der Bundesregierung vom 12.1.2011; Stellungnahme des Bundesrates vom 18.3.2011, BR-Drucksache 60/11; 14.4.2011 erste. Lesung zum Gesetzesentwurf der Bundesregierung, BT-Drucksache 17/5335.

Jahren heftig geführte Diskussion um die gerichtsinterne Mediation zu-rück. Ziel war es, die Modellversuche zur gerichtsinternen Mediation auf eine rechtliche Grundlage zu stellen. In seiner Sitzung vom 16.4.2011 be-schloss der Bundestag die Verweisung des Gesetzesentwurfs in den Rechtsausschuss. Nach den Beratungen im Rechtsauschuss sollte die Dreiteilung gestrichen werden. Die entsprechende Beschlussempfehlung vom 30.11.2011 des Rechtsausschusses[69] wurde am 15.11.2011 in zweiter und dritter Lesung im Bundestag angenommen[70]. Für die Gerichte wurde ein erweitertes Güterichtermodell etabliert[71].

Dennoch war der Streit noch nicht beigelegt. Der Bundesrat rief seiner-seits am 10.2.2012 den Vermittlungsausschuss an. Wieder ging es um die gerichtsinterne Mediation. Am 27.6.2012 erzielte der Vermittlungsaus-schuss von Bundestag und Bundesrat einen Kompromiss. Gerichtsintern bleibt es bei dem Güterichtermodell. Der Güterichter kann sich auch der Methoden der Mediation bedienen. Hinzu kommt die Möglichkeit von Kostenanreizen für die Mediation. Am 28.6.2012 nahm der Bundestag die Beschlussempfehlung an[72], am 29.6.2012 schloss sich der Bundesrat an[73]. Das Gesetz trat am 26.7.2012 in Kraft[74].

2. Modellprojekte der Länder

76   Die bisher laufenden Projekte beziehen sich einerseits auf das Modell der gerichtsinternen Mediation (vgl. z.B. die Bundesländer Hamburg, Schleswig-Holstein, Nordrhein-Westfalen, Rheinland-Pfalz) sowie auf das Modell der Güterichter in Thüringen und Bayern. Den Ländern wird eine Übergangsfrist von einem Jahr eingeräumt, um die Modelle der geltenden Gesetzeslage anzupassen, § 9 MediationsG. Ein Zurück in die gerichtsin-terne Mediation unter anderem Namen wird es nach dem klar formulierten Willen des Gesetzgebers nicht geben[75]. Ob die Übergangsfrist auch für die Einführung des qualifizierten Güterichters gilt, ist dem Wortlaut des § 9 MediationsG nicht zu entnehmen. Das Gesetz schweigt insoweit. Ange-sichts der notwendigen Qualifizierung von Güterichtern und der Zeit, die entsprechende Schulungen in Anspruch nehmen[76], ist die Übergangsfrist analog auch auf die Einführung des Güterichterkonzepts anzuwenden. Dies entspricht der Intention des Gesetzgebers, den qualifizierten Güte-richtern die Methode der Mediation zur Verfügung zu stellen[77].

---

[69] BT-Drucksache 17/8058.
[70] BT-Drucksache 17/8058.
[71] Siehe Kapitel 5 Rn. 234 ff.
[72] BT-Drucksache 17/10102.
[73] BR-Drucksache 377/12.
[74] Bundesgesetzblatt Jahrgang 2012 Teil 1 Nr 35 vom 25.7.2012.
[75] Vgl. Kapitel 5 Rn. 246 ff.
[76] Kapitel 5 Rn. 254.
[77] *Greger*, MDR, 2012, 3.

Kapitel 2. Der Mediator

Die Person des Mediators spielt eine entscheidende Rolle im Rahmen **77** der Durchführung einer Mediation. Sein **Verständnis** von Mediation und seine **Haltung** bestimmen maßgeblich das Mediationsverfahren. Gewinnt er das Vertrauen der Medianden und gelingt es ihm, die unterbrochene Kommunikation wieder in Gang zu setzen, so sind die eingesetzten **Mediationstechniken** erfahrungsgemäß von sekundärer Bedeutung.

Dies spiegelt sich auch im Erwägungsgrund 17 der MediationsRL wieder, wonach die Mitgliedsstaaten bei der Umsetzung der Richtlinie darauf achten sollen, dass die **Flexibilität des Mediationsverfahrens** erhalten bleiben soll. Dem Mediator soll hier ein Freiraum gegeben werden, der es ihm ermöglicht, seine Kompetenzen und seine Persönlichkeit in das Verfahren einzubringen.

I. Die Haltung des Mediators

Im Folgenden soll anhand der von den Berufsverbänden formulierten **78** Standards skizziert werden, welches Bild Mediatoren selbst von ihren **unabdingbaren Qualitäten** haben. Für den Europäischen Raum gelten diverse Empfehlungen der Kommission. Erwägungsgrund 17 der MediationsRL regt an, dass die Mediatoren auf einen von der Kommission im Jahre 2004 veröffentlichten Europäischen Verhaltenskodex für Mediatoren hingewiesen werden, um dessen freiwillige Annahme zu fördern[78]. Viele Verbände, u.a. der Bundesverband Mediation e.V., die Bundesarbeitsgemeinschaft für Familienmediation e.V., die Zentrale für Mediation, das Deutsche Forum für Mediation e.V., das Europäische Institut für Konfliktmanagement e.V., erkennen den Europäischen Verhaltenskodex für Mediatoren an. Dieser kann demnach derzeit als wichtigster Maßstab für Mediatoren in Deutschland gelten[79].

Nach dem **europäischen Verhaltenskodex für Mediatoren** (code of con- **79** duct) stehen die **Konfliktparteien** mit ihrer individuellen Wahrnehmung und ihren individuellen Bedürfnissen im Mittelpunkt der Konfliktbearbeitung. Der Mediator unterstützt die Konfliktbeteiligten, ihre eigenen Interessen, Wünsche und Bedürfnisse zu artikulieren und diese zu vertreten. Die Konfliktparteien selber sind „die **Experten ihres Konfliktes**". Es gilt, im Rahmen rechtlicher Vorgaben, die von den Konfliktparteien erarbeitete Lösung zu akzeptieren. **Autonomie** und **Subjektorientierung** gehören zu

---

[78] European Code of Conduct for Mediators im Anhang, S. 151.
[79] *Unberath*, ZKM 2010, 166.

den wichtigen Werten im europäischen Mediationsverständnis. In ihnen spiegeln sich die Werte der Aufklärung: Mündigkeit und Orientierung am Verstand.[80]

80 Geprägt von diesem Leitbild ist der Mediator eine Person, die idealtypisch über folgende **Eigenschaften** verfügen sollte:

– Akzeptanz
– Empathie
– Offenheit
– Fähigkeit zur Selbstreflektion.

81 Mediatoren agieren nicht unabhängig von ihrer eigenen kulturellen und persönlichen **Prägung**. Jenseits abstrakter Neutralität bringen Mediatoren sich selbst mit ihrer Person in das Verfahren ein. Ihr Menschenbild und ihr Konfliktverständnis prägen das Mediationsverfahren. Je mehr sie über sich selbst wissen, desto mehr Raum können sie den Medianden geben, um diese zu unterstützen[81].

82 Ihr Habitus, ihre Wortwahl, ihre Art zu fragen, ihre Zuversicht, dass eine Lösung gefunden werden kann, hängen entscheidend von ihrer eigenen Prägung ab. Die Persönlichkeit des Mediators wird jederzeit sichtbar und soll dies auch, da nur einem authentisch agierenden Menschen Vertrauen entgegengebracht wird. Von entscheidender Bedeutung ist seine Fähigkeit, sich für andere Sichtweisen, Erfahrungen, Empfindungen zu öffnen, dem „Anderssein" mit Interesse und Akzeptanz begegnen zu können. Der Mediator wird also selber den Perspektivwechsel üben müssen.

83 | **Beispiel:** Um die Herausforderung für den Mediator an einem Beispiel deutlich zu machen: Bei einer Mediation im Arbeitsumfeld werden aus Sicht der Mitarbeiterin sexuelle Belästigungen geschildert, der Vorgesetzte spricht von freundschaftlichen und lockeren Umgangsformen untereinander. Auch der Mediator wird sich innerlich eine Meinung bilden. Er muss jetzt für sich entscheiden, ob er noch neutral bleiben kann oder Gefahr läuft, die Vorwürfe entweder zu bagatellisieren oder zu kriminalisieren. Bei Fortsetzung der Mediation muss er sehr darauf achten, Abstand zu seinen eigenen Bewertungen zu bekommen und genau hinhören, was die Medianden erlebt haben.

84 Eine andere „Falle" kann sich aus dem **fachlichen Hintergrund** des Mediators ergeben, der kraft seiner Expertise schnell selber Lösungsideen entwickelt und die Hindernisse des oder der Medianden nur schwer nachvollziehen kann.

Auf die Begriffe **„Fähigkeit zur Selbstkritik und Selbsterkenntnis"** nimmt auch der Gesetzgeber in der Gesetzesbegründung zum Mediations-

---

[80] *Duss-von Werdt*, Einführung in die Mediation, S. 86 ff.
[81] *Nathalie Primus*, ZKM 2009, 104 ff.

gesetz Bezug[82] und spricht neben der Ausbildung die Inanspruchnahme von **Supervision** an.

II. Die Pflichten des Mediators im Hinblick auf das Verfahren, §§ 2–4 MediationsG

Ohne das Verfahren Mediation im Einzelnen festzuschreiben, legt der **85** Gesetzgeber einige **Mindeststandards** zur Organisation des Mediationsverfahrens fest, § 2 MediationsG. Diese sollen anhand der groben Verfahrensstruktur, bestehend aus Einleitung, Hauptteil und Schlussvereinbarung, nachstehend näher dargestellt werden.

1. Pflichten des Mediators im Rahmen der Einleitungsphase

Mit der Einleitungsphase sind die **Bestellung des Mediators** und ver- **86** tragliche Regelungen zum Ablauf der Mediation angesprochen. Hierzu gehören eine ausführliche Information der Auftraggeber und der Medianden, die Klärung der Neutralität des Mediators oder anderer Ausschlussgründe und der Abschluss des **Mediationsvertrages**.

a) Informationspflichten. Gemäß § 2 Abs. 2 MediationsG hat sich der **87** Mediator zu Beginn des Mediationsverfahrens zu vergewissern, dass die Parteien die Grundsätze und den Ablauf des Mediationsverfahrens verstanden haben und freiwillig an der Mediation teilnehmen. Wie der Mediator diese Aufgaben umsetzt, ist im Gesetz nicht näher beschrieben. Erfüllen kann der Mediator diese Aufgaben nur, indem er die Parteien umfassend informiert. Diese Information kann schriftlich oder auch mündlich erfolgen. Ob die Medianden seine Informationen auch tatsächlich verstanden haben, wird er oft nicht nachprüfen können. Es empfiehlt sich eine **schriftliche Information** (Dokumentation) sowie die Unterzeichnung eines **Mediationsvertrages** mit dem Auftraggeber und die schriftliche Niederlegung des **sog. Arbeitsbündnisses**[83] zwischen den Medianden, die nicht identisch mit dem Auftraggeber sein müssen.

Zur Einstiegsphase gehört nach § 3 Abs. 5 MediationsG auch die Ver- **88** pflichtung des Mediators, die Parteien auf deren Verlangen über seinen fachlichen Hintergrund, seine Ausbildung und seine Erfahrung auf dem Gebiet der Mediation zu informieren. Meist geschieht dies schon vorab, indem Mediatoren beim Erstkontakt auf ihre Internetseite verweisen.

---

[82] Begründung Mediationsgesetz zu § 5.
[83] Beispiele für ein Arbeitsbündnis bzw für die Vereinbarung von Verfahrensregeln zwischen den Medianden *von Schlieffen* in: Haft/Schlieffen, Handbuch der Mediation, § 1 Rn. 102 sowie Anlage IV, S. 136.

89 In der Einleitungsphase hat der Mediator die Parteien weiterhin über den Umfang seiner Verschwiegenheitspflicht zu informieren, § 4 Satz 4 MediationsG[84].

90 Zu Beginn der Mediation sollte mit den Parteien auch geklärt werden, ob **Rechtsanwälte** in die Mediation einbezogen werden. Dies ist unter Berücksichtigung des Mediationsgesetzes nicht zwingend, sondern **parteidispositiv**. Dritte i. S. v. § 2 Abs. 4 MediationsG sind auch Rechtsanwälte und sonstige Parteivertreter. Die Vorschriften über die Vertretung vor Gericht, z. B. § 78 ZPO, gelten im Mediationsverfahren nicht[85]. Über die Vor- und Nachteile der Mitwirkung von Rechtsanwälten bei der Mediation vgl. Kapitel 6 Rn. 290 ff., Kapitel 3 Rn. 131.

91 Zu den Offenbarungspflichten vor Abschluss des Mediationsvertrages gehört weiterhin, dass der Mediator gemäß § 3 Abs. 1 MediationsG den Parteien alle Umstände offenlegt, die seine Unabhängigkeit und Neutralität beeinträchtigen können (Grundsatz der Inkompatibilität).

92 **b) Fragen der Inkompatibilität.** Im Rahmen der **Tätigkeitsverbote** ist zwischen zwingenden und dispositiven Einschränkungen zu unterscheiden.

93 **Dispositive Ausschlussgründe** i. S. v. § 3 Abs. 1 MediationsG können nach der Gesetzesbegründung **persönliche oder geschäftliche Verbindungen** zu einer Partei oder ein finanzielles oder sonstiges Interesse am Ergebnis der Mediation sein.[86] Es bedarf einer persönlichen Unabhängigkeit des Mediators von den beteiligten Personen, also keine verwandtschaftlichen Beziehungen, keine Freundschaften, keine Geschäftsbeziehung oder ähnlich enge Bindungen. Ähnlich wie bei der Richterablehnung reicht schon der Zweifel an der Unabhängigkeit, wobei auf die Sichtweise der Medianden abzustellen ist. Auf die zu § 42 ZPO entwickelten Grundsätze kann deshalb verwiesen werden.

94 Daneben darf es keine zu große **Nähe zu dem Gegenstand der Mediation** geben. Der Mediator sollte dem möglichen Ausgang der Mediation indifferent gegenüber stehen. Nur als überraschend kann die Entscheidung des Landessozialgerichts Niedersachsen-Bremen[87] gewertet werden, die einem Richtermediator die Möglichkeit absprach, sich im nachfolgenden Prozess über den in der beendeten Mediation bearbeiteten Konflikt für befangen zu erklären. Die Parteien hatten sich zu der Selbstablehnung nicht geäußert. In der Begründung wurde sowohl eine besondere Beziehung zu den Verfahrensbeteiligten, den Medianden verneint, wie auch eine solche zum Verfahrensgegenstand.

95 Mit Zustimmung der Parteien kann der Mediator nach Offenlegung etwaiger Hindernisse im Sinne des § 3 Abs. 1 MediationsG dennoch tätig werden, § 3 Abs. 1 Satz 2 MediationsG.

---

[84] Zur Verschwiegenheit vgl. Kapitel 3 Rn. 151 ff.
[85] Gesetzesbegründung zu § 2 Abs. 4 MediationsG.
[86] Gesetzesbegründung zu § 3.
[87] LSG Niedersachsen-Bremen, Beschluss vom 16.4.2004 – L 9 B 12/04 U.

Besondere Aufmerksamkeit verdient die **innerbetriebliche Mediation.** **96** Hier gibt es eine Verbindung zum Auftraggeber und es kann auch eine Verbindung zum Konfliktgegenstand geben. Weiterhin ist zweifelhaft, ob die Medianden den innerbetrieblichen Mediator ablehnen können. Hier bedarf es einerseits eines Schutzes der innerbetrieblichen Mediatoren, damit diese unabhängig arbeiten können. Gleichzeitig sollte es für die Medianden die Möglichkeit geben, zwischen mehreren innerbetrieblichen Mediatoren wählen zu können. Bei Bedenken hinsichtlich der Unabhängigkeit sollte auf ein externes Mediationsangebot zurückgegriffen werden.

Ein **zwingendes Tätigkeitsverbot** besteht dann, wenn der Mediator in **97** **derselben Sache für eine Partei** zuvor tätig geworden ist, § 3 Abs. 2 MediationsG. Dieses Verbot erstreckt sich auch auf jede Tätigkeit **während** der Mediation in derselben Sache und **nach Abschluss** der Mediation. Mit dieser strengen Regelung soll verhindert werden, dass aus der Mediation gewonnene Erkenntnisse in die **parteiliche Beratung** einfließen können. Die Regelung ist nicht parteidispositiv.

Eine **parteiliche Vertretung in anderer Sache** wird den Anwaltsmedia- **98** tor grundsätzlich nicht an der Übernahme eines Mediationsauftrages für seine Partei hindern. Hier können jedoch persönliche Ausschlussgründe wie etwa eine enge geschäftliche Beziehung in Frage kommen[88]. Insoweit sind die Medianden zu informieren.

Soweit der Gesetzgeber auch ein **Tätigwerden nach der Mediation** für **99** eine Partei in derselben Sache nicht parteidispositiv gestaltet hat, erscheint dies in begrenzten Fallkonstellationen fraglich. Hier sind durchaus Fallgestaltungen denkbar, wo der Mediator kraft seines Quellberufes und im Einvernehmen mit den weiteren Konfliktbeteiligten eine der Parteien unterstützen kann, ohne dass dies einer parteilichen Beratung gleichzusetzen wäre. Denkbar sind hier Tätigkeiten wie z.B. die Durchführung einer Teammediation, ein Coaching einzelner Mediationsteilnehmer. Dies sollte im Einvernehmen aller Medianden nach abgeschlossener Mediaton möglich sein.

Parteidispositiv ist hingegen das Tätigkeitsverbot nach § 3 Abs. 3 Me- **100** diationsG, § 3 Abs. 4 MediationsG. Von der Tätigkeitsbeschränkung sind auch **Anwaltssozietäten** und andere Berufsausübungsgemeinschaften erfasst, wenn ein Sozius in derselben Sache, die Gegenstand der Mediation ist, parteilich tätig geworden ist oder werden soll. Für eine solche Tätigkeit bedarf es der Zustimmung der Medianden nach entsprechender ausführlicher Information. Beispiele für Berufsausübungsgemeinschaften sind neben klassischen Bürogemeinschaften auch Beratungsstellen oder beruflich verfestigte Netzwerke.[89] Belange der Rechtspflege werden der Durchführung einer Mediation in der Regel nicht entgegenstehen. Insoweit kann auf die Vorschrift des § 3 Abs. 2 BORA zurückgegriffen werden.

---

[88] *Kracht* in: Haft/Schlieffen, Handbuch der Mediation, § 12 Rn. 45 ff.
[89] In der Gesetzesbegründung zu § 3 spricht der Gesetzgeber beispielhaft von einer Vorbefassung einer psychologischen Beratungsstelle.

101 **c) Der Abschluss des Mediationsvertrages.** Pflichten treffen den Mediator auch bei Abschluss des Mediationsvertrages. Über den Gesetzwortlaut hinausgehend wird der Mediator die Parteien über alle Klauseln, die in einem von ihm entworfenen Mediationsvertrag stehen, zu informieren und das **Verständnis sicherzustellen** haben. Im Bedarfsfalle wird er den Beteiligten die Möglichkeit einräumen müssen, den Mediationsvertrag bzw das Arbeitsbündnis **rechtlich prüfen** zu lassen. Im Hinblick auf Prozessvereinbarungen zu Vortrags- und Beweisverboten[90] ist dies zu empfehlen.

2. Pflichten des Mediators im Rahmen der Haupt- oder auch Klärungsphase

102 In dieser Phase geht es zentral darum, Einigungshindernisse zu überwinden, mit den Parteien einen möglichen Kooperationsgewinn zu erarbeiten, Vertrauen zwischen den Parteien wieder aufzubauen und der Bearbeitung von Emotionen Raum zu geben. Im Gesetz heißt es bezüglich des Mediationsverfahrens, dass die Parteien **in angemessener und fairer Weise** in die Mediation einzubinden sind, § 2 Abs. 3 MediationsG.

103 **a) Die Gestaltung des Mediationsverfahrens.** Mit dem gesetzgeberischen Handlungsauftrag, das Mediationsverfahren „angemessen und fair" zu gestalten, rücken Gerechtigkeitsaspekte in den Vordergrund.

104 **b) Verfahrensgerechtigkeit.** Studien haben ergeben, dass ein Verfahren dann als gerecht eingeschätzt wird,

– wenn die Konfliktparteien Mitwirkungsrechte haben,
– wenn sie gleiches Gehör bekommen,
– wenn Entscheidungen aufgrund sachlicher und nachprüfbarer Argumente und Informationen getroffen werden,
– wenn die Wahrheit von entscheidungsrelevanten Informationen nachgeprüft wird,
– wenn Prinzipien konsistent angewandt werden,
– wenn bei neuen Informationen ein Überdenken möglich ist[91].

105 Aspekte dieser **empirischen Forschungsergebnisse** finden sich in allen Prozessordnungen. Im gerichtlichen Verfahren wird Gerechtigkeit im Sinne von Verfahrensgerechtigkeit insbesondere über die Gewährung des rechtlichen Gehörs, Aufklärungs- und Hinweispflichten und die Neutralität des Richters hergestellt. Ähnliche Prinzipien gelten für die Mediation mit einem etwas anderen Schwerpunkt: Der Richter ist in seiner Neutralität dem Recht verpflichtet, der Mediator ist Kraft gemeinsamen Auftrages beiden Parteien gleichermaßen verpflichtet, § 2 Abs. 3 S. 1 MediationsG.

---

[90] Siehe Kapitel 3 Rn. 152 ff.
[91] *Montada* in: Dieter/Montada/Schulze, Gerechtigkeit im Konfliktmanagement und in der Mediation, S. 51.

Bezüglich der Verantwortung des Mediators ist grob zwischen Verfah- **106** rens- und Ergebnisgerechtigkeit zu unterscheiden.

Die **Verfahrensgerechtigkeit** ist in ihren Grundzügen in den gesetzlichen Vorgaben angelegt, insbesondere in der großen Einflussnahme, welche die Parteien auf das Verfahren besitzen. Sie stimmen dem Beginn des Verfahrens zu, jeder von ihnen kann das Verfahren jederzeit beenden, § 2 Abs. 5 S. 1 MediationsG, sie stimmen der Einbeziehung von Dritten zu, § 2 Abs. 4 MediationsG. Über diese Rechte hat der Mediator die Parteien zu informieren und zwar vor Beginn des Verfahrens, aber auch situationsbedingt während des Verfahrens.

Der Mediator hat dafür Sorge zu tragen, dass die Medianden Gelegen- **107** heit haben, ihre Sichtweise darzustellen, in ihrem Tempo zu arbeiten, dass die vereinbarten Verfahrensregeln eingehalten werden und kein Druck aufgebaut wird. Durch Rückfragen und feed-back ist immer wieder sicherzustellen, dass alle das Verfahren als gerecht erleben[92].

Ein Leitspruch für Mediatoren lautet: **„Störungen haben Vorrang"**. Wer diesen Leitspruch ernst nimmt, Störungen hinterfragt und deren Bearbeitung Raum gibt, erhält so Zugang zu eventuellen Defiziten.

Folgende **strukturelle Verfahrensprinzipien** führen zu Verfahrensge- **108** rechtigkeit: das Prinzipien der Freiheit, der Informiertheit, der Offenheit, der Vertraulichkeit, der Neutralität und Eigenverantwortung[93]. Hinzu kommt ein der Mediation und den Medianden angepasster informeller Rahmen, die Gesprächsregeln und die Phasenstruktur.

Zu den Pflichten des Mediators kann auch **der Abbruch des Verfahrens** **109** gehören. Es ist seiner Kompetenz überlassen, wie er im Einzelnen das Spannungsverhältnis zwischen Neutralität und Unabhängigkeit einerseits und der individuellen Unterstützung je nach den Bedürfnissen der einzelnen Parteien ausbalanciert. **Mindeststandard** des Gesetzes ist jedoch, dass der Mediator die Mediation abbrechen muss, wenn er erkennt, dass eine Partei zu autonomen Entscheidungen nicht in der Lage ist, § 2 Abs. 5 S. 2 MediationsG. Die Gesetzesbegründung verweist insoweit auf schwere psychische Erkrankungen[94]. Der Mediator arbeitet hier in einem großen Spannungsfeld zwischen seinen eigenen Annahmen und seinem Vorverständnis, einer eingeschränkten Kontrollmöglichkeit (wie will er seine Annahme schonungsvoll offen legen?) und seiner Verantwortung für die Medianden. Ist er unsicher, so empfiehlt sich seinerseits die Inanspruchnahme von **Supervision**.

Der Mediator kann aber auch auf eine **Unterbrechung der Mediation** **110** hinwirken und der Partei Gelegenheit zu einer Unterstützung von außen geben. Je nach Quellberuf wird es Mediatoren schwerer oder leichter fallen, mit ihren Beobachtungen umzugehen. Hilfreich ist daher eine interdisziplinäre Arbeitsweise im Rahmen einer **Co-Mediation**, wenn sich entsprechende Hinweise schon in der Anbahnungsphase zeigen.

---

[92] *Ripke* in: Haft/Schlieffen, Handbuch der Mediation, § 7 Rn. 44.
[93] Zu den Grundprinzipien Kapitel 1 Rn. 31 ff.
[94] Gesetzesbegründung zu § 2 Abs. 5 Satz 1 MediationsG.

Bleiben Zweifel beim Mediator, kann er auch selber aus der Mediation ausscheiden und die Medianden haben die Wahl, die Mediation mit einem anderen Mediator fortzusetzen.

111   **c) Fairnesskriterien.** Auch wenn der Mediator keine Verantwortung für das **Mediationsergebnis** trägt, spielen Fragen der inhaltlichen Gerechtigkeit in der Mediation eine Rolle. Aspekte der **materiellen Gerechtigkeit** gehören insoweit in das Mediationsverfahren, als dass die Parteien hier selbst bei der Bewertung ihrer Lösung **Fairnesskriterien** entwickeln können und andererseits Mediationsvereinbarungen an die **Vorgaben der Rechtsordnung** gebunden sind.

112   Der Mediator hilft den Parteien, ihre **subjektiven Gerechtigkeitsvorstellungen** zu benennen und zu relativieren. Gerechtigkeitsvorstellungen sind subjektiv und relativ[95]. Der Mediator gibt die Fairnesskriterien nicht vor. Seine Arbeit besteht eher darin, den Parteien bewusst zu machen, dass es unterschiedliche Fairnesskriterien gibt und ihre Bedeutung nicht aus dem jeweiligen Kontext gelöst werden kann. Er wird die Parteien anregen, hierüber in einen konstruktiven Dialog einzutreten. Ähnlich wie bei dem kooperativen Verhandeln nach Harvard ist auch in der Mediation die **Vereinbarung eines Fairnesskataloges** Teil der Lösungsarbeit. Dieser kann explizit auch gesetzgeberische Wertungen einbeziehen.

113   Erlebte **Ungerechtigkeit** ist häufig ein Auslöser für starke **Emotionen** und kann nicht ausgespart werden, denn diese heftigen Reaktionen **blockieren** den Weg zu einer Lösung[96]. Beispiele für Gerechtigkeitskonflikte im Arbeitsleben sind häufig folgende Bezugsparameter: Verteilung nach erbrachter Leistung, Verteilung nach erwarteter Leistung, Verteilung nach Bedürftigkeit, Verteilung nach Zugehörigkeit zu einer Gruppe, Verteilung nach Status oder Seniorität, nach Leistungsbereitschaft und -fähigkeit versus Hierarchie und Status[97].

114   Fairness bedeutet auch, die Parteien in ihrer Integrität zu schützen und die Beeinträchtigung der Medianden durch intensive Emotionen abzubauen. Der Mediator braucht daher einen professionellen Umgang mit **Emotionen**. Gerade in hoch eskalierten Konflikten sind verbale oder auch non-verbale Herabsetzungen häufig. Massive Schuldvorwürfe, wechselseitig geäußert, gehören zum Alltag in Mediationsgesprächen. Die Mediation braucht Raum für solche Emotionen. Ihr Arbeitsauftrag ist es aber auch, die Emotionen zu bearbeiten und die dahinter liegenden Bedürfnisse sichtbar zu machen. Werden negative Emotionen so bearbeitet, erhalten die Betroffenen auch im „Eifer des Gefechtes" ausreichend Schutz.

115   Die Aufmerksamkeit des Mediators richtet sich neben der Arbeit am Konflikt auch auf die Wahrnehmung von **Machtungleichgewichten**. Der Mediator kann nicht einfach den nach seiner Empfindung subjektiv

---

[95] Vgl. ausführlich *Montada/Kals*, Mediation, S. 128 f.; *Kals/Ittner*, Witschaftsmediation, S. 41 ff.
[96] *Kals/Ittner*, Wirtschaftsmediation, S. 41 ff.
[97] *Kals Ittner*, Wirtschaftsmediation, S. 42.

„Schwächeren" unterstützen. Hier würde er seine unparteiliche Stellung verlieren. Wahrgenommene Defizite sind vielmehr durch Information, externe Beratung, Entschleunigung des Verfahrens und vergleichbare methodische Ansätze auszugleichen.

d) Förderung der Kommunikation. Im Verständnis von Mediation **116** nach der Europäischen Richtlinie und dem Mediationsgesetz sind Kommunikation und die Förderung von Kommunikation die **Hauptaufgabe** der Mediatoren. So formuliert § 2 Abs. 3 S. 2 MediationsG für die Aufgaben des Mediators: „Er fördert die Kommunikation der Parteien". Dieses Verständnis folgt aus dem Leitsatz der Selbstautonomie der Parteien. Nur bei gelingender Kommunikation sind die im Konflikt stehenden Medianden in der Lage, eine eigene Lösung zu finden. Einen Einblick in die möglichen **Techniken** zur Ausgestaltung dieser Aufgabe, zum Methodenkoffer der Mediatoren, gibt Kapitel 7 Rn. 330 ff. An dieser Stelle soll auf die grundsätzliche Herangehensweise an Kommunikation eingegangen werden. Gelingende Kommunikation setzt zunächst beim Mediator und seinen Fähigkeiten an.

– **Empathie**
Eine Grundvoraussetzung ist die Fähigkeit des Mediators zur Empathie. **117** **Aufmerksames Zuhören** und Wiederholen des Gehörten sichern den intellektuellen Kontakt zu den Medianden, nicht aber den emotionalen. Um hier den Medianden Verständnis und damit Sicherheit zu geben, braucht es die Fähigkeit, sich in den anderen **hineinzuversetzen**, seine „Geschichte" mit dessen Augen zu sehen, seinen **Erklärungsmustern** zu folgen, seinen **Gefühlen** nachzuspüren[98]. Aus dieser Haltung kann der Mediand dann zusammen mit dem Mediator in die Welt des anderen Konfliktbeteiligten geführt werden, dann in die **Ebene des Beobachters** und zuletzt in die Ebene eines Beobachters, der den Überblick über die Gesamtsituation hat. Dies ist die Ebene, aus welcher heraus Lösungen für alle Beteiligten generiert werden[99].

– **Sprache**
Aus unserer jeweiligen Erfahrung wissen wir, dass die Wirkung von **118** Kommunikation sehr unterschiedlich sein kann. So kann es sein, dass wir mit unserem Gegenüber zwar inhaltlich übereinstimmen, die Art und Weise seiner Argumentation in uns aber Widerstand und Ablehnung erzeugt. Andere Menschen hingegen öffnen Türen und überwinden Widerstand. „Polarisieren" oder „Integrieren" sind Begriffe, die diese Wirklichkeit aufnehmen. Erfolgreiche Mediatoren brauchen die **Fähigkeit zur Integration**, indem es ihnen zwanglos gelingt, **Gemeinsamkeiten** zu erkennen und zu benennen. Hierbei verwenden sie einen **Sprachduktus**, der möglichst wenig Widerstand hervorruft. Viele Mediatoren greifen auf die

---

[98] *Schweizer* in: Haft/Schlieffen, Handbuch der Mediation, § 14 Rn. 35 ff.
[99] *Schweizer* in: Haft/Schlieffen, Handbuch der Mediation, § 14 Rn. 35 ff.

gewaltfreie Kommunikation nach *Marshall Rosenberg* zurück[100]. Auch aus dem therapeutischen Umfeld gibt es Hilfestellungen, so das **Milton-Modell der widerstandsfreien Sprache**[101] oder Techniken aus dem Bereich des Neurolinguistischen Programmierens **(NLP)**[102]. All diesen Modellen ist gemeinsam, dass sie den Mediator besser in die Lage versetzen, einen tragfähigen Kontakt zu den Medianden aufzubauen, um sie sodann aus ihrer Konfliktsicht in die Situation der Wahlmöglichkeit zu führen. Die (Aus)Wahl ist sodann Aufgabe der Medianden.

– Zuversicht

119 Hier sind wir bei einigen Grundüberzeugungen, die Mediation braucht. Auch diese erklären sich aus dem Wesensmerkmal der Autonomie der Medianden. Der Mediator kann nur dann hilfreich begleiten und motivieren, wenn er den Medianden diese Selbstverantwortung zutraut und an ihre Fähigkeit zur Lösung glaubt. Das gelingt ihm umso leichter, wenn er daran glaubt, dass

– jeder Mensch sämtliche Ressourcen in sich trägt, die er zur Lösung seines Problems braucht,

– Menschen jeweils die beste ihnen zur Verfügung stehende Wahl treffen, und eine natürliche Bereitschaft zum Lernen in sich tragen,

– die Absicht jedes Verhaltens positiv ist[103].

Mit dieser Überzeugung begegnet der Mediator allen Medianden in einer **wertschätzenden Haltung**, auch wenn ihm Vieles unverständlich ist. Er wird die von den Medianden gefundene **Lösung akzeptieren können**, selbst wenn sie vielleicht im Abbruch der Mediation liegt. In dem Glauben an die Fähigkeiten der Medianden wird er sich ganz auf das Verfahren konzentrieren können.

3. Pflichten während der Abschlussphase

120 Zeichnet sich eine Einigung zwischen den Medianden ab, so treffen den Mediator nach dem Gesetz wiederum Verhaltenspflichten, wobei zwischen Anwaltsmediatoren und Mediatoren aus anderen Quellberufen zu unterscheiden ist. So gelten für die **Anwaltsmediatoren** über das Mediationsgesetz hinaus Besonderheiten, da Anwaltsmediation nach § 18 BORA den **Berufsregeln der Rechtsanwälte** unterliegt.

---

[100] *Marshall B. Rosenberg*, Gewaltfreie Kommunikation, Neue Wege in der Mediation und im Umgang mit Konflikten.

[101] *Schweizer* in: Haft/Schlieffen, Handbuch der Mediation, § 14 Rn. 37 ff.

[102] *Alexa Mohl*, NLP-Was ist das eigentlich? Neurolinguistische Fähigkeiten im Überblick; *Alexa Mohl*, der Zauberlehrling. Das NLP-Lern – und Übungsbuch; *Winfried Bachmann*, Das Neue Lernen, eine systematische Einführung in das Konzept des NLP.

[103] *Bertold Ulsamer*, Exzellente Kommunikation mit NLP, S. 35, 39, 41.

a) Kenntnis der Sachlage. § 2 Abs. 6 Satz 1 MediationsG knüpft an **121** das Prinzip der Informiertheit an und weist dem Mediator hier eine entscheidenden Kontrollfunktion zu. In § 2 Abs. 6 MediationsG heißt es für die Schlussphase: „Der Mediator wirkt im Falle einer Einigung darauf hin, dass die Parteien die Vereinbarung in Kenntnis der Sachlage treffen und ihren Inhalt verstehen". In Kenntnis der „**Sachlage**" ist eine Formulierung, die Mediatoren durchaus Unbehagen bereitet. Anders als in juristischen Verfahren, wo das Klären der Fakten gegebenenfalls unter Einbeziehung von Beweismitteln eine zentrale Rolle spielt, ist der Fokus der Mediation auf die Bedürfnisse der Medianden gerichtet. Unter Berücksichtigung der Arbeitsweise im Mediationsverfahren kann mit „Kenntnis der Sachlage" daher nur gemeint sein, dass die Mediatoren auf die Einhaltung der **Verfahrensregeln** achten[104]. Im **Arbeitsbündnis** verpflichten sich die Mediationsteilnehmer, alle für ein Mediationsergebnis **relevanten Informationen** offen zu legen. Wirksame **Kontroll- und Sanktionsmöglichkeiten** hat der Mediator nicht.

Wenn der Gesetzgeber weiter formuliert, der Mediator habe darauf hin- **122** zuwirken, dass die Parteien den Inhalt der Vereinbarung verstehen, so wiederholt sich hier nochmals der schon angesprochenen Aspekt der **Verfahrensgerechtigkeit** im Mediationsverfahren.

b) Information über die Rechtslage. Aus der Begründung zum Re- **123** gierungsentwurf zu § 2 Abs. 6 MediationsG ergibt sich der Grundsatz der Kenntnis der Gesetze/Rechtslage vor Abschluss einer Vereinbarung bei rechtlich relevanten Sachverhalten.

Welche Aufgaben dem Mediator insoweit zukommen, bestimmt sich nach seinem Quellberuf unter Beachtung des Rechtsdienstleistungsgesetzes.

In der Gesetzesbegründung unterscheidet der Gesetzgeber zwischen **124** **Rechtsinformation und rechtlichen Regelungsvorschlägen im Einzelfall**[105]. Mediation findet nicht im rechtsfreien Raum statt. **Rechtsnormen** bestimmen die **Grenzen der Parteiautonomie**, Rechtsnormen dienen als **Fairnessmaßstab**, Rechtsnormen bestimmen die **Nichteinigungsalternative** der Medianden und Rechtsnormen können im Rahmen der **Lösungsoptionen** Eingang in die Mediation nehmen. Gemäß § 2 Abs. 3 Nr 4 RDG ist Mediation keine **Rechtsdienstleistung**, sofern der Mediator nicht durch rechtliche Regelungsvorschläge in die Gespräche der Beteiligten eingreift. **Allgemeine Informationen zu rechtlichen Rahmenbedingungen** wären zum Beispiel Hinweise, dass Zahlungsansprüche je nach Arbeitsvertrag oder Tarifvertrag verfallen können, dass eine Kündigungsschutzklage innerhalb von drei Wochen nach Zugang der Kündigung erhoben werden muss. Auch die Beantwortung der Frage, ob für eine Klage gegen eine Abmahnung Fristen einzuhalten sind, kann noch als allgemeine Auskunft gewertet werden, wenn Besonderheiten des Einzelfalls wie die Frage der Verwirkung nicht diskutiert werden.

---

[104] A.A. *Prütting* in: Haft/Schlieffen Handbuch Mediation, § 46 Rn. 45.
[105] Gesetzesbegründung zu § 2 Abs. 6.

125 **Die Grauzone** beginnt dort, wo es um rechtliche Aufklärung im **konkreten Fall** geht verbunden mit Diskussionsbeiträgen zu Regelungsvorschlägen[106]. Während konkrete Lösungsvorschläge mit rechtlicher Bewertung nach dem Rechtsdienstleistungsgesetz, § 2 Abs. 3 Nr 4 RDG, eine Streitlösung (auch) mit rechtlichen Mitteln sind und daher der Norm unterfallen, sollen rechtliche Diskussionsbeiträge im Rahmen einer Mediation noch keine Rechtsdienstleistung sein[107].

126 **Beispiel:** So könnte sich in einem Mediationsgespräch im Zusammenhang mit einer Beendigungsproblematik die Frage ergeben, ob der Arbeitnehmer einen Anspruch auf Urlaub hat und wann dieser geltend zu machen ist. Welche allgemeinen Auskünfte sind hier noch denkbar ohne Verstoß gegen das Rechtsdienstleistungsgesetz und sind diese vertrauenswürdig. Verliert der Mediator zudem seine Neutralität, wenn er konkret über die Höhe des Anspruchs und seine Fälligkeit informiert? Ähnliche Probleme können auftreten, wenn besondere Schutzvorschriften für behinderte Menschen nur einer Seite und dem Mediator bekannt sind. Wie geht der Mediator mit diesem „Ungleichgewicht" um? Lässt er an seinem allgemeinen Wissen teilhaben?

127 Das MediaitonsG löst diese Unsicherheit grundsätzlich mit dem Hinweis auf die **anwaltliche Beratung** auf. § 2 Abs. 6 MediationsG formuliert die Pflicht des Mediators, die Medianden auf die Möglichkeit **fachlicher** Beratung hinzuweisen. Im Fokus steht besonders die Kontrolle der Abschlussvereinbarung. Der Mediator ist gut beraten, im Zusammenhang mit rechtlichen Fragen, auch unabhängig von der Schlusskontrolle, den Beteiligten Gelegenheit zu geben, sich außerhalb der Mediation zu informieren oder für eine allgemeine Information einen juristischen Experten mit an den Tisch zu holen. Hier bietet sich die Co-Mediation mit einem Anwaltsmediator an[108]

128 **c) Rechtsverbindliche Abschlussvereinbarung.** Eine rechtsverbindliche Abschlussvereinbarung ist eine **Rechtsdienstleistung** gemäß § 2 RDG. Mediatoren, die diese Rechtsdienstleistung nicht erbringen dürfen, formulieren insoweit nur das **Memorandum**, eine Absichtserklärung der Parteien, die noch keinen rechtlich verbindlichen Charakter hat[109]. Diese wird dann von beratenden Anwälten in eine rechtliche Form gegossen.
Eine Pflicht zur Dokumentation des Memorandums besteht nicht. Meist wird eine entsprechende Dokumentation aber vertraglich im Mediationsvertrag vereinbart.

---

[106] *Tochtermann*, ZKM 2007, 4 ff.; *Mähler/Mähler* in: Haft/Schlieffen, Handbuch der Mediation § 19 Rn. 73.
[107] Begründung zum Regierungsentwurf, S. 103, Abs. 3.
[108] *Tochtermann*, ZKM 2007, 4.
[109] *Bernhardt/Winograd* in: Haft/Schlieffen, Handbuch der Mediation, § 36 Rn. 107; *Tochtermann*, ZKM 2007, 5.

Beabsichtigt eine anwaltlich nicht vertretene Partei eine offenkundig **129** berechtigte Position in Verkennung der Rechtslage aufzugeben, so ist die irrende Partei auf den externen Rechtsrat zu verweisen. Auch im Hinblick auf die Möglichkeit der Vollstreckung von Mediationsvereinbarungen bedarf es der Einschaltung von Anwälten[110]. Es ist daher zu empfehlen, in Mediationsverträgen die Einholung von Rechtsrat vor Unterzeichnung der Vereinbarung verpflichtend aufzunehmen.

d) Anwaltsmediatoren. Für den Anwaltsmediator gelten weitere **130** Pflichten aus dem Berufsrecht[111]. Von ihm wird erwartet, dass er vor Vertragsschluss auf rechtliche Hindernisse hinweist, rechtliche Fragestellungen erfasst und unzulässige oder rechtlich ungeeignete Lösungsideen kennzeichnet.[112] Er hat die rechtliche Wirksamkeit und die Vollstreckbarkeit der Vereinbarung zu prüfen. Diese Pflicht geht über die Verantwortung des nichtanwaltlichen Mediators hinaus, die Parteien auf lückenhafte oder nicht durchführbare Vereinbarungen unter tatsächlichen Gesichtspunkten hinzuweisen. Sie betrifft beispielsweise die Frage nach Gesetzesverstößen oder Formmängeln[113].

Diese Pflicht und Kompetenz der Anwaltsmediatoren kann für die **131** Medianden von Vorteil sein, da sie so auf eine weitere Rechtsberatung verzichten können. Eine starke Fokussierung auf das Rechts begrenzt andererseits häufig die kreative Lösungssuche und schränkt den Mediationsprozess ein. In der Konsequenz haben daher Anwaltsmediatoren keinen signifikanten Vorteil gegenüber Mediatoren aus anderen Quellberufen. Sind rechtliche Einschätzungen für den Regelungsbereich der Mediation bedeutsam, empfiehlt sich die Teilnahme der beratenden Anwälte an der Mediation. So kann parteiliche Beratung mit Mediation verbunden werden.

III. Qualitätsstandards und Absicherung in der Mediation, § 5 MediationsG

Das Mediationsgesetz verzichtet auf zwingende Regelungen des Be- **132** rufsbildes von Mediatoren. In Weiterentwicklung der ursprünglichen Gesetzesentwürfe[114] wählt der Gesetzgeber nunmehr ein **Zertifizierungsmodell**, § 5 Abs. 2 MediationsG.

---

[110] Zur Vollstreckbarkeit von Mediationsvereinbarungen vgl. im Einzelnen die Erläuterung in Kapitel 3 Rn. 162 ff.
[111] *Prütting* in: Haft/Schlieffen, Handbuch der Mediation, § 46 Rn. 21 ff.
[112] *Jost* in: Konfliktdynamik, S. 204, 209.
[113] *Unberath*, ZKM 2011, S. 7.
[114] Referentenentwurf vom 4.8.2010; Entwurf der Bundesregierung vom 12.1.2011; Stellungnahme des Bundesrates vom 18.3.2011, BR-Drucksache 60/11; 14.4.2011 Gesetzesentwurf der Bundesregierung, BT-Drucksache 17/5335.

1. Aus- und Fortbildung

133   § 5 Abs. 1 des Mediationsgesetzes verpflichtet die Mediatoren in eigener Verantwortung durch eine geeignete Ausbildung und eine regelmäßige Fortbildung sicherzustellen, dass sie über theoretische Kenntnisse sowie praktische Erfahrung verfügen und die Parteien in sachkundiger Weise durch die Mediation führen können. Dem ursprünglich vorgesehenen Verzicht des Gesetzgebers auf gesetzlich geregelte **Aus- und Fortbildungsstandards** ist eine intensive Diskussion gefolgt[115]. Zur Sicherung der Qualität werden nunmehr in § 5 Abs. 1 MediationsG allgemeine Ausbildungsstandards festgelegt. Diese entsprechen den Standards der Mediationsausbildungsinstitute.

Mit dem Verzicht auf eine staatliche Anerkennung und der Möglichkeit der Zertifizierung befindet sich der Gesetzgeber in guter Gesellschaft. Mit Ausnahme von Österreich haben die meisten anderen Länder auf ein **staatliches System** verzichtet und die **Zertifizierung** durch nichtstaatliche Organisationen bevorzugt. Insoweit konnte sich der Gesetzgeber auf die **rechtsvergleichende Untersuchung** des Max-Planck-Institutes für ausländisches und internationales Privatrecht im Hamburg stützen[116].

134   Das Zertifizierungskonzept im Sinne der Erteilung eines Zertifikates durch eine eigenständige Stelle gilt derzeit aber nur für **die Ausbildungsinstitute**. Die Mediatoren tragen selber Verantwortung dafür, dass sie die Voraussetzungen eines zertifizierten Mediators erfüllen und sich entsprechend „zertifizierter Mediator" nennen dürfen. Sollte es der Rechtsverordnung nicht gelingen, klare Maßstäbe für die Zertifizierung zu formulieren, sind mangels Kontrolle und einheitlicher Auslegungsstandards erhebliche Schwierigkeiten vorprogrammiert[117].

2. Qualitätsstandards

135   Orientiert an den Standards der **Fachverbände** und **Berufsorganisationen** zur Aus- und Fortbildung sollen in einer Rechtsverordnung die für die Zertifizierung maßgeblichen Ausbildungsinhalte festgelegt werden, § 6 MediationsG. Entsprechende Standards finden sich bereits bei den Mediationsverbänden, die ihre Mitglieder unter bestimmten Voraussetzungen anerkennen. Die beiden großen Verbände, Bundesverband Mediation und Bundesarbeitsgemeinschaft für Familienmediation, erkennen wechselsei-

---

[115] Zum Referentenentwurf eines Mediationsgesetzes liegen Stellungnahmen u.a. nachstehender Verbände und Institutionen vor: Bundesarbeitsgemeinschaft für Familienmediation (BAFM), Bundesverband Mediation (BM), Bundesrechtsanwaltskammer (BRAK), Bundessteuerberaterkammer (BStBK), Centrale für Mediation (CfM), Deutscher Anwaltsverein (DAV), Deutscher Richterbund (DRB) und Roundtable Mediation und Konfliktmanagement der deutschen Wirtschaft.

[116] ZKM 2004, 148 f.

[117] *Greger*, ZKM 2012, 36 ff.

tig ihre Ausbildungsstandards an. Wer sich Mediator BM nennen darf, hat in der Regel eine Ausbildung von 200 Stunden absolviert und vier durchgeführte Mediationen dokumentiert. Von einheitlichen Standards kann aber noch nicht gesprochen werden. Dies hängt sicher auch mit den **unterschiedlichen Quellberufen** der Mediatoren zusammen. **Anwaltsmediatoren**, die bei den Anwaltskammern ausgebildet werden, durchlaufen in der Regel eine Grundausbildung von 90 Stunden, Richtermediatoren in den Modellprojekten durchlaufen eine Ausbildung von ca 100 Stunden, verteilt auf einen Zeitraum von drei Monaten[118]. Der Gesetzgeber geht nach seiner Begründung von einer Ausbildung mit einem Mindestumfang von **120 Stunden** aus. Eine weitere Vertiefung in Spezialgebieten soll die Ausbildung ergänzen. Da die Rechtsverordnung erst ein Jahr nach ihrem Erlass in Kraft treten soll, bleibt den Mediatoren Zeit, sich den neuen Bedingungen anzupassen[119]. Auch wenn davon auszugehen ist, dass sich die meisten Mediatoren zertifizieren werden, so bleibt die Frage, inwieweit diese Standards aussagekräftig für die Arbeit der Mediatoren sind. Es gibt eine Vielzahl von nach den Standards ausgebildeten Mediatoren, die kaum eigene Mediationsfälle begleitet haben. Ob den vorgelegten Dokumentationen tatsächlich Mediationsfälle zugrunde liegen, kann ebenso wenig überprüft werden. Anders als beim Nederlands Mediations Institut (NMI) müssen die Mediatoren in Deutschland bisher auch keine **Fortbildungen** nachweisen[120]. Vorgesehen ist nach der Gesetzesbegründung ein Fortbildungsumfang von 10 Stunden alle zwei Jahre und eventuell eine Rezertifizierung[121]. Schutzmechanismen, wie eine **Beschwerdestelle** bei den Mediationsverbänden im Falle von Beschwerden im Zusammenhang mit der durchgeführten Mediation, fehlen. Da Mediatoren der Verschwiegenheit unterliegen und damit auch selbst keine **Referenzlisten** anlegen können, können allenfalls die „Kunden" der Mediation über ihre Erfahrungen berichten.

Soweit § 3 Abs. 5 MediationsG den Mediator verpflichtet, die Parteien **136** auf deren Verlangen über seinen fachlichen Hintergrund, seine Ausbildung und seine Erfahrungen auf dem Gebiet der Mediation **zu informieren**, ist dies ein Anfang von **Kontrolle**, ebenso wie die Zertifizierung. Letztlich werden die Medianden aber in einem so offenen und flexiblen Verfahren wie der Mediation nicht vorab entscheiden können, ob der gewählte Mediator über die notwendige Eignung verfügt. Dies ist, insoweit sei auf die Haltung des Mediators hingewiesen, seiner Selbstverantwortung und Selbsteinschätzung letztlich überlassen.

---

[118] Vgl. das aktuelle Fortbildungsprogramm für Richter www.jak.nrw.de/beh,Statik/ 2010/B575-1HTM; *Matioli*, Spektrum der Mediation 2010, IV. Quartal, S. 29.
[119] Begründung zu § 6 MediaitonsG.
[120] *Schmiedel*, ZKM 2011, 15.
[121] Gesetzesbegründung zu § 5.

137 Von einer fachlichen Überprüfbarkeit der Dienstleistung ist die Mediation noch weit entfernt. Trotz der nunmehr normierten Ausbildungsvoraussetzungen gibt es zur Zeit einen vielfältigen **Methodendiskurs**, jedoch keinen normativen Diskurs um die Minimalanforderung, welche an die Erbringung einer Dienstleistung zu stellen sind, damit diese Dienstleistung noch als **lege artis** bezeichnet werden kann[122]. Mit der zunehmenden Akzeptanz von Mediation auch durch die Rechtsschutzversicherer wird sich die Diskussion von der Mediationsszene weg auch auf den Endverbraucher und sein „Sicherheitsbedürfnis" erstrecken.

---

[122] *Unberath*, ZKM 2010, 164 f.

Kapitel 3. Mediationsrelevante (Neu)Regelungen außerhalb des Mediationsgesetzes

Das MediationsG dient der Umsetzung der Mediationsrichtlinie. Es ent- **138** hält aber nicht alle umsetzungsrelevanten Sachverhalte. So hat der Gesetzgeber prozessuale Fragen des Güterichtermodells und der Verweisung in die Mediation in den einzelnen Prozessordnungen angesprochen[123]. Bei den Regelungsmaterien Verjährung (Art 8 der Mediationsrichtlinie) und dem Zeugnisverweigerungsrecht des Mediators (Art 7 der Mediationsrichtlinie) sieht der Gesetzgeber wegen der bestehenden Rechtslage keinen Umsetzungsbedarf. Hier bezieht sich der Gesetzgeber auf die Regelung der Verjährung von Forderungen im Zusammenhang mit einer Mediation, auf § 203 BGB oder für das Zeugnisverweigerungsrechts des Mediators auf § 383 Abs. 1 Nr 6 ZPO.

I. Regelungen zur Verjährung

Gemäß § 203 S. 1 BGB (eingefügt durch die Schuldrechtsreform vom **139** 1.1.2002) ist die Verjährung gehemmt, wenn zwischen den Parteien **Verhandlungen** über den Anspruch oder die den Anspruch begründenden Umstände schweben. Mediationsverhandlungen sind Verhandlungen im Sinne des § 203 BGB[124]. Da es an einer konkreten Regelung zu Beginn und Ende der Mediation fehlt, bleiben viele Fragen offen. Dies ist insbesondere dem Umstand geschuldet, dass das Mediationsverfahren vom Gesetzgeber nur über Programmsätze definiert wurde.

1. Verhandlungen im Sinne von § 203 BGB

Die auftretenden Fragen zum **Beginn und Ende** der Verjährungshem- **140** mung werden nach dem **Sinn und Zweck der Mediation** zu beantworten sein: So sollen nach der MediationsRL die Parteien angeregt werden, Mediation in Anspruch zu nehmen, ihnen soll hierdurch im Hinblick auf die Verjährung von Ansprüchen aber kein **Rechtsnachteil** entstehen[125].

Aus der gesetzgeberischen Motivation ergibt sich, dass zur Förderung **141** der Mediation schon Gespräche über die Aufnahme einer Mediation geeignet sein sollen, die Verjährung zu hemmen[126]. Konkrete Vorbereitungs-

---

[123] §§ 278, 278 a, 253, 41 Nr 7 ZPO, §§ 54, 54 a ArbGG.
[124] *Grothe* in: Münchener Kommentar zum BGB § 203 Rn. 5 m.w.N.
[125] MediationsRL Erwägungsgrund Nr 24; Art 8 MediationsRL.
[126] Gesetzesbegründung II S. 11.

handlungen für die Durchführung einer Mediation sind die Übermittlung eines entsprechenden Vorschlages und die Aufnahme von Gesprächen über diesen Vorschlag[127].

142 | **Beispiel:** Der Arbeitnehmer rügt gegenüber dem Geschäftsführer eine fehlerhafte Abrechnung seiner Überstunden, auch solcher, die schon weit zurückliegen. Im Gespräch mit dem Geschäftsführer zeigt sich, dass hinter dem Problem der Überstunden eine grundsätzliche Diskussion über Aufgabenverteilung liegt. Hier sieht sich der Arbeitnehmer durch seinen unmittelbaren Vorgesetzten in die Pflicht genommen, der Geschäftsführer geht von einem grundsätzlich anderen Aufgabenzuschnitt aus. Die Idee einer Mediation wird vom Geschäftsführer geäußert. Bis der Arbeitnehmer Beratung eingeholt hat, ein Mediator ausgewählt wurde, die Kostenfrage geklärt ist, kann so viel Zeit vergehen, dass schon ein Teil der möglichen Ansprüche verjährt ist. Um in solchen Fällen doch zu einer Mediation zu kommen, sollten die Beteiligten möglichst in einem schriftlichen Gesprächsprotokoll ihre Bereitschaft zu Mediation dokumentieren und erste konkrete Handlungsschritte vereinbaren (z. B. Kontaktaufnahme zum Mediator, Kostenregelung, Anfrage bei der Rechtsschutzversicherung).

143 Im Falle einer Mediationsklausel genügt das sich Berufen auf diese Klausel[128]. Fordert eine Partei die Durchführung der Mediation gemäß Klausel, so beginnt der Verjährungsschutz.

144 Solange die Mediation nicht von einer Seite oder dem Mediator ausdrücklich beendet wurde, bleibt es bei der verjährungshemmenden Wirkung[129]. Ein Nichtbetreiben der Mediation kann nicht dazu führen, dass der „wartende" Mediand Ansprüche verliert. Da es viele Gründe für eine „Mediationspause" geben mag, wie etwa das Einholen sachverständigen Rates, das Erproben einer Zwischenvereinbarung oder auch schlicht Terminschwierigkeiten, wäre das Ausnutzen einer solchen Pause ein Verstoß gegen das Arbeitsbündnis, in welchem die Medianden eine kooperativen Konfliktregelung vereinbart haben. Da die Medianden die Mediation jederzeit beenden können, bedarf es keines Schutzes vor einer möglichen Verzögerungstaktik.

145 Eine Regelung, wie wir sie in § 54 a ArbGG[130] zur Beendigung der Mediation finden, ist für die Auslegung des § 203 BGB nicht hilfreich. Diese Vorschrift betrifft nur Mediationen bei gerichtsanhängigen Verfahren und ist dem arbeitsgerichtlichen Beschleunigungsgrundsatz geschuldet.

---

[127] *Hess* in: Haft/Schlieffen, Handbuch der Mediation, § 43 Rn. 70.
[128] *Hess* in: Haft/Schlieffen, Handbuch der Mediation, § 43 Rn. 70.
[129] *Hess* in: Haft/Schlieffen, Handbuch der Mediation, § 43 Rn. 71.
[130] Wiederaufnahme des Verfahrens nach drei Monaten, es sei denn, die Parteien erklären übereinstimmend, dass die Mediation noch durchgeführt wird.

2. Vertragliche Vereinbarungen

Zur Absicherung der Parteien empfiehlt es sich, dass der Mediator **146** schon bei Abschluss des Mediationsvertrages darauf hinwirkt, dass die Parteien sich über die Frage der Verjährung **rechtskundigen Rat** einholen, falls entsprechende Ansprüche thematisiert werden.[131] Einer vertraglichen Regelung bedarf es nach der Schuldrechtsreform nicht mehr.

Eine solche kommt aber für **einzelvertragliche** oder **tarifvertragliche** **147** **Ausschlussfristen** in Betracht, da § 203 BGB nur die Verjährung betrifft. Fehlt eine entsprechende Vereinbarung, hilft nur noch der **Rückgriff auf** **§ 242 BGB.** Wer sich trotz der Aufnahme von Mediationsgesprächen auf Verfallfristen beruft, könnte sich treuwidrig verhalten, da er den Verhandlungspartner von der Geltendmachung der Ansprüche abgehalten hat.

Dies setzt voraus, dass es in der Mediation um eben diese Ansprüche **148** ging. Die **Zuordnung** von Mediationsthema und (verfristetem) Anspruch kann schwierig sein. In der Mediation sind die Themen entsprechend dem Sinn dieses interessen- und nicht anspruchsorientierten Verfahrens weit gefasst und häufig eher beziehungsorientiert formuliert. Hier wird es ohne Regelung eines **Verzichts** auf die **Geltendmachung von Ausschlussfristen** im Mediationsvertrag zu Auslegungsschwierigkeiten kommen, die im Falle eines Scheiterns der Mediation streitverschärfend wirken können.

Beispiel: Ein Beispiel aus der Praxis der „gerichtsnahen" Mediation **149** mag die Situation verdeutlichen: Vor Gericht ist ein Streit um Vergütungsansprüche anhängig. In der Güteverhandlung zeigt sich, dass hinter dem Streit eine grundsätzliche Problematik liegt, wie Überstunden aufgezeichnet werden. Misstrauen, Vorwürfe, eine Vertrauenskrise zwischen dem Mitarbeiter und seinem Vorgesetzten werden deutlich. Die Parteien vereinbaren eine gerichtsnahe Mediation. In den Mediationsgesprächen werden Zahlungsansprüche überhaupt nicht thematisiert, es geht vielmehr um die Themen Dokumentation, Transparenz, Gleichbehandlung und Respekt. Im Zuge dieser Gespräche wird auch das Thema Sonderleistungen virulent. Hier laufen vertragliche Ausschlussfristen, von denen der Mediator nichts weiß. Im Mediationsvertrag haben sich die Parteien geeinigt, während der Mediation kein streitiges Verfahren anhängig zu machen. Können die Ansprüche verfallen?

Im konkreten Fall kam es zu einer Zwischenvereinbarung zwischen den Medianden, da beide anwaltlich vertreten waren und der Mediator auf eine entsprechende Beratung hingewiesen hatte. Ohne diese Vereinbarung hätte sich der Anspruchsinhaber im Streitfall nur auf § 242 BGB berufen können.

---

[131] Vgl. Kapitel 6 Rn. 308.

150   Noch virulenter wird der Problemkreis bei **§ 4 KSchG**. Hier hilft ein Berufen auf § 242 BGB nicht. Werden während der Mediation Kündigungen ausgesprochen oder beginnt die Mediation vor Einreichen einer Kündigungsschutzklage, ist dringend die **Klageerhebung trotz Mediation** anzuraten. Insoweit wird im Rahmen der Mediation entgegen der Regel keine Vereinbarung zum „Stillhalten" getroffen. Ganz im Gegenteil wird im Mediationsvertrag oder in einer Zwischenvereinbarung das Unterlassen gerichtlicher Schritte für diesen konkreten Einzelfall aufgehoben. Wird dann vor Gericht das Ruhen des Verfahrens gemäß § 54 a Abs. 2 ArbGG beantragt, entsteht kein Vertrauensverlust zwischen den Medianden.

II. Die Vertraulichkeit

151   Die Verpflichtung des Mediators zur Vertraulichkeit gemäß § 4 MediationsG korrespondiert mit der Regelung des § 383 Abs. 1 Nr. 6 ZPO; dem Mediator kommt ein entsprechendes Zeugnisverweigerungsrecht zu. Das Zeugnisverweigerungsrecht bezieht sich nicht auf den strafprozessualen Bereich. Geschützt ist die **Tätigkeit als Mediator**. Das Mediationsgesetz sieht kein anerkanntes und geschütztes **Berufsbild Mediator/Mediatorin** vor. Da die Verschwiegenheitpflicht nur für die Mediatoren und ihre Hilfspersonen (z.B. Schreib- oder sonstige Bürokräfte) gilt, ist die Vertraulichkeit der Mediationsgespräche für die Parteien und sonstige Dritte, die an der Mediation beteiligt sind (z.B. Sachverständige, Familienangehörige, Anwälte), durch die Parteien zu regeln.

1. Vereinbarungen zum Umfang der Verschwiegenheit

152   In vielen **Mediationsverträgen** heißt es **pauschal**, die Medianden verpflichten sich zur Verschwiegenheit bezüglich der Inhalte der Mediation. Eine solche allgemeine Formulierung ist weder realistisch, noch entspricht sie dem berechtigten Sicherheitsbedürfnis der Medianden. Unrealistisch ist ein genereller „Maulkorb" schon deshalb, weil die meisten Menschen ein Bedürfnis nach Austausch haben und dieser Austausch auch wichtig ist. So ist es im Bereich der Mediation im Arbeitsumfeld nicht sinnvoll, die Beteiligten in ihrer **privaten Kommunikation** mit Ehegatten, Partnern und Freunden einzuschränken, soweit gewährleistet ist, dass der Inhalt der Mediation nicht am **Arbeitsplatz** bekannt wird. Probleme ergeben sich erst dann, wenn der Vertraute auch Kollege ist oder zum Arbeitgeber in einer anderen vertraglichen Beziehung steht. Die Kommunikation mit **Anwälten** und **Ärzten/Therapeuten** ist sicherzustellen; die Kommunikation mit **Beratungsstellen** (z.B. Mobbingberatung) zu regeln.

153   Im **Arbeitsumfeld** ist darüber hinaus zu regeln, wie **Entscheidungsträger**, Betriebs- und Personalräte, Schwerbehindertenvertretungen u.ä., **Teamkollegen** oder andere nicht an der Mediation Beteiligte zu informieren sind. Ist die Verschwiegenheitsverpflichtung in diesen Fällen zu pauschal, können die Medianden oft einen Bruch derselben kaum vermeiden. Ein **Interessenkonflikt** entsteht regelmäßig dann, wenn im Vorfeld der Mediation **weitere Beteiligte** in den Konflikt oder die Arbeit an möglichen Lösungen einbezogen waren. Sofern diese Beteiligten nicht an der Mediation teilnehmen, werden sie doch ein großes Interesse haben zu erfahren, wie das Problem nun gelöst wurde. Die Medianden werden sich ihrerseits teilweise verpflichtet fühlen, Unterstützer aus der Vorphase der Mediation zu unterrichten. Hier hilft eine **klare Absprache**, welche Informationen weitergegeben werden dürfen. Der Mediator kann die Parteien bei der Formulierung entsprechender Vereinbarungen zur Verschwiegenheit gut unterstützen, da er sich selber einen Überblick verschafft, wer alles in den Konflikt und die Versuche der Konfliktlösung einbezogen ist.

Für den Inhalt von **Verschwiegenheitsverpflichtungen** empfiehlt sich, **154** **im Einzelfall** zu schauen, in wieweit die Medianden **Schutz** brauchen: Zunächst werden sie durch die Verschwiegenheit des Mediators geschützt. Daneben brauchen Mitarbeiter Schutz vor **arbeitsrechtlichen Konsequenzen**, sollten erstmals im Rahmen der Mediation **Vertragsverletzungen bekannt werden**. Dies kann neben der Pflicht zur Verschwiegenheit auch durch eine konkrete Vereinbarung, dass die Mediation nicht zu arbeitsrechtlichen Nachteilen führt, geregelt werden[132].

Der **Schutzraum Mediation** soll aber auch nicht zu **Vorteilen** führen, **155** konkret können durch die Mediation bekannte Informationen nicht gesperrt werden. Dies gilt auch für **Informationen**, die im Rahmen der Mediation bekannt wurden, aber auch sonst **allgemein zugänglich** sind, § 4 Abs. 1 Nr 3 MediationsG für den Mediator. Vertraulich sind Informationen, an denen die Parteien ein berechtigtes und erkennbares Geheimhaltungsinteresse haben[133]. Konkret geht es bei dem Schutz der Inhalte der Mediation um die Äußerungen, Bewertungen und Zugeständnisse der anderen Partei und um die Äußerungen des Mediators. Eigene Stellungnahmen dürfen auch außerhalb des Verfahrens etwa in einem Gerichtsverfahren verwertet werden[134].

Beispiel: Die Frage, ob eine Mediation Informationen „sperren" **156** kann, verunsichert durchaus die möglichen Medianden.
In einer außergerichtlichen Teammediation hat die pauschale Verschwiegenheitsverpflichtung zu viel Unruhe geführt. Nach der Mediation kam es im Team zu erneuten Auseinandersetzungen. Im Team herrschte jetzt große Unsicherheit, ob die Auseinandersetzungen, die Anlass der Mediation waren, aber nicht alle dem Arbeitgeber bekannt

---

[132] *Dendorfer/Krebs*, Konfliktdynamik 2012, S. 212, 218.
[133] *Hartmann* in: Haft/Schlieffen Handbuch Mediation, § 44 Rn. 6; *Wagner*, ZKM 2011, 166.
[134] *Wagner*, ZKM 2011, 166.

waren, nun Inhalt einer Beschwerde sein durften. Das Gefühl, jetzt schlechter dazustehen als zuvor und die Angst, wegen Verletzung der Vertraulichkeit zur Rechenschaft gezogen zu werden, behinderte die Durchführung einer zweiten Mediation.

157 Der Mediator kann die Parteien auch darauf hinweisen, dass sie bei **besonderem Geheimhaltungsinteresse** dieses konkret in der Mediation anzeigen und bei fehlender Zusicherung der Verschwiegenheit die Information nicht preisgeben. Ein derartiges Bedürfnis kann beispielsweise bei **sensiblen Wirtschaftsdaten** auftreten.

158 **Beispiel:** In einer Mediation bei ruhenden Gerichtsverfahren ging es um die Herabsetzung der Sonderzahlungen für die Mitarbeiter aus betriebswirtschaftlichen Gründen. An der Mediation nahmen neben Vertretern des Arbeitgebers, der Steuerberater, der Betriebsrat und Vertreter der Arbeitnehmer teil. Es ging um sensible Daten zur wirtschaftlichen Situation. Hier wurde während der Mediation mehrfach festgelegt, welche Daten an die Mitarbeiter weitergegeben werden dürfen und welche Zahlen im Raum bleiben müssen. Mit einer generellen Verpflichtung zur Verschwiegenheit hätten es der Betriebsrat und die Vertreter der Arbeitnehmer schwer gehabt, das Mediationsergebnis der Belegschaft zu vermitteln. Mit der konkret begrenzten Verschwiegenheit wurden alle Mitarbeiter ins Boot geholt und den Belangen des Arbeitgebers dennoch Rechnung getragen.

2. Prozessvereinbarungen

159 Entsprechende **Vortrags- und Beweisverwertungsverbote** zielen darauf ab, den Inhalt der Mediationsgespräche für ein **gerichtliches Verfahren** zu sperren. Solche Vereinbarungen sind im Zivilprozess grundsätzlich zulässig.[135]

Da die Parteien die Vortragslast tragen, können sie auf das Vorbringen bestimmter Angriffs- und Verteidigungsmittel verzichten, auch wenn diese Prozesshandlung erst durch die Mediation möglich würde[136]. Entsprechende Prozessvereinbarungen sind im Wege der **Einrede** in den Prozess einzuführen. Folgt das Gericht der Einrede nicht, liegt ein **Verfahrensverstoß** vor, der rechtzeitig gerügt werden muss[137]. Die Prozessvereinbarung unterliegt ihrerseits allen Einwendungen, die gegen einen Prozessvertrag

---

[135] *Lüke*, Münchener Kommentar ZPO, Einleitung Rn. 285, *Zöller/Greger*, ZPO vor § 128 Rn. 26, 32.
[136] *Wagner*, NJW 2001, 1398.
[137] *Wagner/Braem*, ZKM 2007, 195 f.

erhoben werden können[138]. Zu einem **Zeugnisverweigerungsrecht** der Medianden führt die Prozessvereinbarung nicht[139].

3. Reichweite der Vereinbarungen

Wichtig ist, dass **Vertraulichkeitsabreden** nur **zwischen den Beteiligten**   **160** gelten, Dritte sind nicht an sie gebunden. Zum Beweis kann sich ein Dritter daher auf Inhalte der Mediation berufen und die Medianden als Zeugen benennen. Zu einer Beweisaufnahme wird es aber wohl kaum kommen, da hier schwerlich ein substantiierter Beweisantritt vorstellbar ist und es sich in der Regel um einen Ausforschungsbeweis handeln wird[140]. Für das Strafverfahren sind Vertraulichkeitsabreden unbeachtlich[141].

4. Haftungsfragen

Verstöße gegen die Verschwiegenheit durch den Mediator führen zu ei-   **161** ner Haftung nach den allgemeinen Haftungsregeln, §§ 280 ff., 823 Abs. 2 BGB[142]. Zivilrechtliche Haftungsansprüche können auch die Medianden treffen, soweit Vereinbarungen zur Verschwiegenheit getroffen wurden. Interessant ist die Frage, ob an die Verletzung entsprechender Vereinbarungen auch arbeitsrechtliche Konsequenzen geknüpft werden können[143]. Hier ist z.B. an eine Abmahnung zu denken. Auf die Bedeutung der Vertraulichkeit sollte der Mediator daher im innerbetrieblichen Kontext besonders hinweisen.

III. Die Vollstreckbarkeit der Abschlussvereinbarung

Die ursprünglich im Entwurf der Bundesregierung vorgesehene Rege-   **162** lung zur Vollstreckbarerklärung der Abschlussvereinbarung gemäß § 796 d ZPO ist vom Gesetzgeber nicht übernommen worden. Eine in der Mediation getroffene Vereinbarung (Mediationsvereinbarung) kann nur nach den Regeln der §§ 794 ff. ZPO vollstreckungsfähig gestaltet werden. Hierzu zählen die Beurkundung vor einem Gericht, einer anerkannten Gütestelle[144], einem Notar und der Anwaltsvergleich gem. § 796 a ZPO. Hier

---

[138] *Hartmann* in: Haft/Schlieffen Handbuch Mediation, § 44 Rn. 33.
[139] *Hartmann* in: Haft/Schlieffen Handbuch Mediation, § 44, Rn. 40, 42.
[140] „Wird Beweis angetreten, bei dem es an der Bestimmtheit der zu beweisenden Tatsachen fehlt und sollen durch die beabsichtigte Beweiserhebung erst die Grundlagen für substantiierte Tatsachenbehauptungen gewonnen werden, ist dieser Beweisantritt unzulässig und unbeachtlich", BAG, Urteil vom 15.12.1999 – 5 AZR 566/98.
[141] *Hartmann* in: Haft/Schlieffen Handbuch Mediation, § 44 Rn. 37, 52.
[142] *Jost* in: ZKM 2011, 168 ff.
[143] *Dendorfer/Krebs*, Konfliktdynamik 2012, S. 212 ff.
[144] Vgl. die Nachweise zu anerkanntenGütestellen bei *Greger/von Münchhausen* Verhandlungs-und Konfliktmanagement für Anwälte, S. 26 f.

wird die Mediationsvereinbarung als Vergleich von den begleitenden Anwälten geschlossen und der Schuldner unterwirft sich der sofortigen Zwangsvollstreckung. Der so geschlossene Vergleich kann von einem Gericht oder Notar für vollstreckbar erklärt werden.

163   Da auch ohne Anwaltszwang ein Mediationsverfahren mit rechtlichem Regelungsinhalt regelmäßig von Anwälten begleitet wird, ist der Verzicht des Gesetzgebers auf eine eigene Vollstreckungsmöglichkeit von Mediationsvereinbarungen in der Praxis gut aufzufangen.

1. Vollstreckungsfähiger Inhalt

164   Der vollstreckungsfähige Inhalt betrifft die **Bestimmtheit** der Vereinbarung, damit diese der Zwangsvollstreckung zugeführt werden kann. Die Vollstreckbarkeitserklärung eines Anwaltsvergleichs ist auch dann möglich, wenn die Vereinbarung Teile enthält, die nicht vollstreckungsfähig sind[145]. Eine Vollstreckbarkeitserklärung ist nicht möglich, wenn es um die Abgabe einer **Willenserklärung** geht oder um eine Vereinbarung, die den Bestand eines **Mietverhältnisses über Wohnraum** betrifft.

2. Rechtsdienstleistung

165   Die Formulierung einer vollstreckungsfähigen Vereinbarung ist eine **Rechtsdienstleistung**[146]. Zwar hat der Gesetzgeber mit der **Bereichsausnahme** nach dem Rechtsdienstleistungsgesetz, § 2 Abs. 3 Nr 4 RDG gerade auch die **Protokollierung** einer Mediationsvereinbarung erfassen wollen[147]. Andererseits verweist § 2 Abs. 6 MediationsG bei der Schlussvereinbarung auf die fachliche Beratung. Dies ist bei rechtlichen Fragestellungen eine Rechtsberatung.

IV. Einschlägige Regelungen in der Zivilprozessordnung

166   Mit Art. 3 des Gesetzes zur Förderung der Mediation und anderer Verfahren der außergerichtlichen Konfliktbeilegung wurden einige Änderungen der Zivilprozessordnung beschlossen[148]. Diese Änderungen betreffen die Mediation bei anhängigen Gerichtsverfahren und das Güterichtermodell, §§ 278 Abs. 5, 278 a, 41 Nr 7, 8 ZPO i.V.m. § 4 MediationsG. Ferner findet sich eine Ergänzung in § 253 Abs. 3 ZPO bezüglich des Inhaltes der Klageschrift.

---

[145] *Zöller-Geimer* ZPO, § 796 a Rn. 26.
[146] *Hess* in: Haft/Schlieffen, Handbuch der Mediation, § 43 Rn. 63.
[147] Gesetzesbegründung S. 15 zu § 2 Abs. 6 Satz 1.
[148] Bundesgesetzblatt.

1. Die Förderung der Mediation durch § 253 Abs. 3 Nr. 1 ZPO

Gemäß § 253 Abs. 3 Nr. 1 ZPO soll die **Klageschrift** nunmehr auch an- **167** geben, ob der Klageerhebung der Versuch einer Mediation oder eines anderen Verfahrens der außergerichtlichen Konfliktbeilegung vorausgegangen ist, sowie eine Äußerung dazu, ob einem solchen Verfahren Gründe entgegenstehen. Diese Vorschrift soll dazu führen, dass die Parteien und ihre anwaltlichen Vertreter sich spätestens zum Zeitpunkt der Klageerhebung mit der Frage auseinandersetzen müssen, ob eine **außergerichtliche Lösung** möglich ist[149]. Soweit im Referentenentwurf noch von einer **Begründungspflicht** ausgegangen wurde, warum ein Versuch einer außergerichtlichen Konfliktbeilegung unterlassen wurde, hat der Gesetzgeber hiervon abgesehen. Haben sich die Parteien bei Erhebung der Klage schriftlich mit Gründen auseinander gesetzt, die gegen eine Mediation sprechen, sind sie vom Gericht viel schwerer zu einer Mediation, einem gerichtlichen Güteversuch oder anderen Formen alternativer Konfliktlösung zu motivieren als Parteien, die sich hierzu noch nicht positioniert haben. Haben Anwälte Gründe aufgeführt, die gegen eine Mediation sprechen, so kommen sie gegenüber ihren Parteien in **Rechtfertigungszwang**, wenn sie nach Aufnahme des Gerichtsverfahrens einer Mediation zustimmen sollen.

Als **Sollvorschrift** hat § 253 Abs. 3 Nr. 1 ZPO keinen Sanktionscharakter.

2. Das Vorschlagrecht des § 278 a ZPO, § 54 a ArbGG

Deutlich werden mit den Neuregelungen der §§ 278 a ZPO und § 54 a **168** ArbGG die Gerichte in die Pflicht genommen, dass sie den Parteien eine Mediation oder ein anderes Verfahren der **außergerichtlichen** Konfliktbeilegung vorschlagen können. Hierfür gibt es jetzt eine eigene Vorschrift in der ZPO, im Gegensatz zu dem versteckten Hinweis in § 278 Abs. 5 Satz 2 ZPO a.F und dem Fehlen einer entsprechenden Regelung in der Altfassung des ArbGG. Mit dem Wegfall der Unterscheidung zwischen gerichtsinterner, gerichtsnaher und außergerichtlicher Mediation, soll dass Bewusstsein für die Mediation als ein außergerichtliches Konfliktlösungsverfahren geschärft werden. Kommt es zu einer Mediation oder einem anderen Verfahren der außergerichtlichen Konfliktbeilegung, ordnet das Gericht das Ruhen des Verfahrens an, § 278 a Abs. 2 ZPO.

Für die Arbeitsgerichtsbarkeit gelten insoweit Besonderheiten. Wird **169** von den Parteien eine Mediation bei anhängigem Rechtsstreit aufgenommen, so gilt auch hier der **Beschleunigungsgrundsatz**. Das Gericht hat nach drei Monaten das streitige Verfahren grundsätzlich wieder aufzunehmen, es sei denn, die Parteien legen übereinstimmend dar, dass die Medi-

---

[149] Gesetzesbegründung, S. 20.

ation noch betrieben wird, 54 a Abs. 2 ArbGG. Über die **Aussetzung** und das **Anordnen des Ruhens** des Verfahrens entscheidet der Vorsitzende alleine, § 55 Abs. 1 Nr 8 ArbGG.

3. Die gütliche Einigung innerhalb der Justiz, §§ 278 Abs. 5 ZPO, 54 Abs. 6 ArbGG

170   Die Mediationsrichtlinie ließ dem Gesetzgeber freie Hand bei der Gestaltung der Mediation durch Richter. Grundsätzlich soll eine Mediation auch von Richtern im Rahmen streitiger Verfahren angeboten werden können. Dabei müssen nur die Standards für Mediation eingehalten werden[150]. Mit dem qualifizierten Güterichtermodell stärkt der Gesetzgeber den eigenverantwortlichen Lösungsansatz auch innerhalb eines Gerichtsverfahrens. Gleichzeitig hat er der Aufnahme des methodisch eigenständigen Konfliktlösungsverfahrens der Mediation in das justizförmige Verfahren eine Absage erteilt. Das Verfahren vor dem qualifizierten Güterichter und die Verzahnung von Justiz und außergerichtlicher Konfliktlösung werden in Kapitel 5 Rn. 234 ff., 266 ff. vertieft dargestellt.

V. Kostenanreize zur alternativen Konfliktlösung

171   Eine Mediationskostenhilfe gibt es derzeit nicht. Mit der Änderung des Gerichtskostengesetzes in § 69 b GKG werden die Länder ermächtigt, durch Rechtsverordnung Kostenanreize zu schaffen, wenn das gesamte streitige Verfahren nach einer Mediation oder einem anderen außergerichtlichen Konfliktlösungsverfahren durch Zurücknahme der Klage- oder Antragsschrift beendet wird. Für die Arbeitsgerichtsbarkeit mit ihren Kostenprivilegien[151] hat das Auswirkungen bezüglich der Klagerücknahme nach streitiger Verhandlung. Hier wird zur Zeit ein Gebührensatz von 0,4 erhoben.

---

[150] Artikel 3 der Richtlinie.
[151] GKG Anlage 1 Nr 8210, 8211.

Kapitel 4. Der Ablauf eines Mediationsverfahrens
– Das Phasenmodell –

I. Kooperatives Verhandeln – die Verfahrensprinzipien

Es gibt nicht die eine Mediation. Vielmehr werden **verschiedene Medi- 172 ationsmodelle** praktiziert. Wichtige Ansätze im deutschsprachigen Raum sind vom sog. Harvard-Konzept inspirierte Wege[152]. Die klare Strukturierung weiterer Verhandlungsmodelle, wie etwas das Modell des rationalen Verhandelns weisen zur Praxis der Problem – bezogenen Mediation deutliche Parallelen auf[153]. Die Problem – bezogene Mediation als das in der Wirtschaft häufig anzutreffende Mediationsmodell[154] kommt dem **Erfahrungshorizont** der Medianden und ihrer Rechtsberater entgegen. Im Mittelpunkt steht das Problem und das Verhandeln einer Übereinkunft. Daher sei vorab kurz auf die wesentlichen Regeln des Harvard-Modells verwiesen[155]:

Die 5 Regeln nach Harvard: 173
– Trennung von Person und Sache
– Trennung von Konfliktposition und Interesse
– Entwicklung von Optionen
– Auswahl der Lösungsoptionen
– Vereinbarung neutraler Kriterien

Die Trennung von **Verhandlungsgegenstand und Beziehungsebene** gibt 174 beiden Bereichen eine eigenständige Bedeutung. Die Beziehung zum Verhandlungspartner oder „Gegner" spielt immer eine Rolle. Sich dieser Beziehung mit der notwendigen Aufmerksamkeit zu widmen und sie nicht mit den Sachthemen zu vermischen, ist ein wichtiger Lehrsatz des Verhandelns nach Harvard.

Im **Fokus** der Verhandlung stehen sodann **die Interessen** im Gegensatz zu den Positionen. Die Interessen sollen im Rahmen der Verhandlung in Einklang gebracht werden. Kennt man die Interessen der Beteiligten, gibt es viele „Positionen", die den Interessen der Beteiligten gerecht werden. Zu Beginn der Verhandlung genannte Positionen oder Wünsche, stellen eine Auswahl der möglichen **Optionen** dar. Daher gilt es nach der Klärung der Interessenlage, viele weitere Optionen zu generieren.

---

[152] Vgl. *Unberath*, ZKM 2011, 4.
[153] *Bannink*, Praxis der lösungsfokussierten Mediation, S. 185 f.
[154] *Bannink*, Praxis der lösungsfokussierten Mediation, S. 223 f. mit weiteren Ausführungen zu den drei Hauptströmungen der Mediationsansätze: Problem-bezogen, Vision-geleitet, Prozess-folgend.
[155] *Fisher/Ury/Patton*, Das Harvardkonzept, Der Klassiker der Verhandlungstechnik.

Überprüft an **neutralen Beurteilungskriterien**, werden die Lösungsoptionen in einem weiteren Schritt ausgewählt. Es folgt die abschließende Vereinbarung.

175 Das **Modell des rationalen Verhandelns** nach einem strukturierten Verhandlungsplan wird von *Fritjof Haft* wie folgt beschrieben[156]:

- Eröffnung der Verhandlung im Rahmen einer Eröffnungsphase[157]. Hier geht es bei neutralen Themen um den Aufbau einer Beziehung zwischen den Verhandlungspartnern. Nach diesem durchaus kurzen „warming up" wird der Verhandlungsrahmen besprochen.
- Zum Verhandlungsrahmen gehören neben dem Zeitrahmen für die Verhandlung, beispielsweise die Entscheidungsbefugnisse der Teilnehmer (Kompetenzen der Verhandler[158]).
- In der anschließenden Themenphase wird das Thema der Verhandlung vereinbart. Bei der Themenverhandlung ist darauf zu achten, dass der Verhandlungsgegenstand neutral gefasst wird und so präzise, dass konkret an diesem Thema gearbeitet werden kann[159].
- Steht das Thema der Verhandlung fest, beginnt die Phase der Sammlung von Informationen zu dem Thema[160]. Das können sachliche Informationen sein, die die Verhandler gemeinsam zusammentragen. Hierbei werden Informationsdefizite ausgeglichen und eine gemeinsame Verständigungsbasis geschaffen. In die Informationsphase gehört auch die Darstellung der persönlichen Problemsicht. Soweit Divergenzen auftreten, kann der Umgang mit denselben vereinbart werden. Sind diese für das Thema überhaupt von Belang, ist eine Klärung etwa durch neutrale Sachverständige möglich.
- Kernstück der Verhandlung ist die Argumentationsphase[161], die auch wieder nach der Methode „Sammeln, Ordnen und Entscheiden" gegliedert wird.
- Mit der Entscheidungsphase endet die strukturierte Verhandlung[162].

---

[156] *Fritjof Haft*, Verhandlung und Mediation, S. 123 ff.
[157] *Fritjof Haft*, Verhandlung und Mediation, S. 127.
[158] *Fritjof Haft*, Verhandlung und Mediation, S. 129.
[159] *Fritjof Haft*, Verhandlung und Mediation, S. 131; über das Thema „Gleichberechtigung" lässt sich gemeinsam philosophieren, nicht verhandeln. Der Anspruch auf einen bestimmten Lohn im Sinne der Gleichbehandlung ist eine konkrete Position. Das Thema würde in diesem Fall die Vergütung einer genau umrissenen Tätigkeit oder Berufsgruppe sein.
[160] *Fritjof Haft*, Verhandlung und Mediation, S. 139 ff.
[161] *Fritjof Haft*, Verhandlung und Mediation, S. 142 ff.
[162] *Fritjof Haft*, Verhandlung und Mediation, S. 152 ff.

II. Kooperatives Verhandeln – die Verhandlungsführer

Verhandlungen sind die mit Abstand häufigste Verfahrenswahl im Ar- **176** beitsalltag[163]. Verhandeln nach den oben genannten Prinzipien ist in vielen Fällen geeignet, überzeugende Lösungen für Konflikte zu erarbeiten. Entsprechende **Verhandlungslösungen** setzen in der Regel **Verhandlungspartner** voraus, die an einem **kooperativen Ergebnis** interessiert sind und soviel **Distanz zu ihrem Konflikt** haben, dass sie die konstruktiven Verhandlungsregeln beachten können. In **eskalierten Konflikten** bedarf es einer Begleitung durch einen **unbeteiligten Dritten**. Gleiches gilt, wenn mit der Konfliktarbeit auch ein **Erfahrungs- und Veränderungsprozess** angestoßen werden soll. Mediation vertieft den Verhandlungsansatz und akzentuiert ihn weg vom Eigennutz hin zum gemeinsamen Nutzen.

Konflikte entwickeln sich nach einer **eigenen Dynamik**. Was als eine **177** kleine Missstimmung beginnt, kann die Beteiligten in eine eskalierte Streitsituation führen bis hin zum Abbruch aller Beziehungen. Die Konfliktforschung beschreibt die Eigendynamik solcher **Konflikteskalationen**. Nach dem Modell von *Glasl* verläuft der Eskalationsprozess in einzelnen Stufen. *Glasl* zählt **neun Stufen der Konflikteskalation** auf, die wie eine Treppe abwärts in den „Abgrund" führen[164]. Der Konflikt startet auf der ersten Stufe mit einer **Verhärtung** der Gesprächssituation. Die verbale Konfrontation nimmt zu, mit Polarisierungen und dem Rückzug auf die eigenen Positionen betritt man die Stufe 2: **Polarisierung und Debatte**. Mit der nächsten Stufe verlässt man den Rahmen wirklicher Kommunikation im Sinne von wechselseitigem Austausch. Die Stufen 3 (**Taten statt Worte**) und 4 (**Image und Koalitionen**) konzentrieren sich auf die Stärkung der eigenen Positionen, der Gegner wird „schlecht gemacht". Weiter abwärts geht es auf der Stufe 5 (**Gesichtsverlust**) um soziale Ausgrenzung und Bestätigung eines Feindbildes. Der Konflikt ist jetzt in einer stark eskalierten Phase. Mit den Stufen 6 (**Drohstrategien**) und 7 (**begrenzte Vernichtungsschläge**) geht es zunehmend um Machtausübung. Kontrollverlust und irrationales Verhalten sind unübersehbar. Die Treppe endet mit der Stufe 8 **Zersplitterung** und der Stufe 9 **gemeinsam in den Abgrund**.

Auf den Stufen 1 bis 3 (**win-win Situation**) ist nach *Glasl* bei entspre- **178** chender Schulung noch eine Selbsthilfe möglich. Von Stufe 4 bis 6 (**winlose Situation**) ist eine Hilfe nur noch unter Einbeziehung eines Dritten denkbar. Ab Stufe 7 (**lose-lose Situation**) kann nicht mehr vermittelt werden. Hier bedarf es eines Eingriffs von dritter Seite[165].

---

[163] Studie von PWC, ZKM 2010, 186.
[164] *Glasl*, Selbsthilfe in Konflikten, S. 96 ff., S. 121.
[165] *Glasl*, Selbsthilfe in Konflikten, S. 138.

III. Das Phasenmodell der Mediation

179   Das gängige Phasenmodell für Mediation teilt den Mediationsablauf in fünf oder sechs Schritte[166]:

- Vorbereitung und Mediationsvertrag
- Streitpunkte herausarbeiten, Informations- und Themensammlung
- Sich durch den Konflikt arbeiten, Interessenklärung
- Optionen entwickeln und bewerten
- Vereinbarungen schließen, Umsetzung, Dokumentation
- Bei Bedarf kann sich eine Evaluations – oder Umsetzungsphase anschließen

180   In allen Phasen berücksichtigen Mediatoren drei Ebenen der Bearbeitung[167]:

- **die Sachebene**
  Welches konkrete Problem soll in der Mediation geregelt werden?
- **die Beziehungsebene**
  Wie ist das Verhältnis der Beteiligten zueinander und in welche Richtung soll es sich ggf. verändern?
- **die Verfahrensebene**
  Wie geht der Mediator methodisch vor?

181   Im Folgenden sollen diese Phasen näher dargestellt werden.

1. Vertrag aushandeln

182   Mit diesem kurzen Oberbegriff zur Beschreibung der **Eröffnungsphase** der Mediation ist nicht nur der konkrete Vertragsschluss im Sinne der **Erteilung eines Auftrages** gemeint. Hier geht es um den Prozess der ersten **Kontaktaufnahme** bis zur Unterzeichnung des **Arbeitsbündnisses** durch die teilnehmenden Medianden. Die Phase beschreibt alle Schritte vor dem Eintritt in die konkrete Konfliktbearbeitung. **Stichworte** zu dieser Eröffnungsphase lauten:

- Kontaktaufnahme
- Vorstellung aller Beteiligten
- Erwartungen und Ziele abklären
- Verfahren der Mediation erläutern
- Grundregeln der Mediation aushandeln
- Zeitplan und Kosten klären

Neben den wesentlichen Punkten für einen Vertragsschluss (Mediationsvertrag) gilt die Eröffnungsphase insbesondere der Klärung, ob **Medi-**

---

[166] *Kessen/Troja* in: Haft/Schlieffen Handbuch der Mediation, § 13 Rn. 5 ff.
[167] *Kessen/Troja* in: Haft/Schlieffen, Handbuch Mediation, § 13 Rn. 2.

ation das geeignete **Verfahren** für den skizzierten Konflikt ist. Diese Phase kann in einem gemeinsamen Gespräch bearbeitet werden. Im **Wirtschaftsbereich** sind **getrennte Gespräche** eher die Regel, da der Auftraggeber oder Initiator der Mediation häufig nicht an den Mediationsgesprächen teilnimmt.

Beispiel: In der Praxis kann diese Phase wie folgt aussehen: **183**
Der Mediator erhält einen Anruf, in welchem die Geschäftsführerin eines kleinen Familienunternehmens schildert, dass es in der Abteilung X Unruhe unter den acht dort tätigen Mitarbeiterinnen gebe. Von dieser „Unruhe" könne sie nur sagen, dass die vor einem Jahr neu eingestellte Mitarbeiterin A sich nicht habe integrieren können oder nicht integriert worden sei und jetzt Mobbingvorwürfe äußere. Die Mitarbeiterin habe eine Eigenkündigung in Aussicht gestellt. Sie selbst schätze diese Mitarbeiterin sehr, habe sie bei einem anderen Unternehmen abgeworben und bedaure die Entwicklung. Sie und ihr Mitgeschäftsführer hätten entschieden, der Abteilung etwas Gutes zu tun und in der Abteilung eine Mediation durchführen zu lassen.

Ein solches Telefonat macht deutlich, welche **Fragen** jetzt vom Media- **184** tor zu klären sind:

– Wer gibt die Mediation in Auftrag?
– Wer hat welches Interesse an der Mediation?
– Wie kann die Freiwilligkeit der zukünftigen Medianden gewährleistet werden? – Wer soll an der Mediation teilnehmen?
– Geht es hier um eine Mediation oder eher um eine Teamentwicklung?

Mögliche Mediationsteilnehmer könnten sein:

– die Geschäftsführerin und die Mitarbeiterin A

oder

– beide Geschäftsführer und die Mitarbeiterin A

oder

– die 8 Mitarbeiter der Abteilung

oder

– die 8 Mitarbeiter der Abteilung sowie die beiden Chefs.

Von dieser Frage hängt auch ab, wer Vertragspartner des Mediationsvertrages ist und wer gegebenenfalls nur das Arbeitsbündnis[168] unterzeichnet. Da zu diesem Zeitpunkt noch ganz offen ist, worauf sich die möglichen Vertragspartner verständigen werden, führt der Mediator ein sog. Vorge-

---

[168] Siehe Kapitel 4 Rn. 186.

spräch zur Auftragsklärung mit den beiden Geschäftsführern. An diesem Gespräch nimmt auch ein Co-Mediator teil, der eine besondere Kompetenz im Bereich Teamentwicklung hat. Das Vorgespräch beginnt damit, dass das mögliche Mediatorenteam sich zunächst vorstellt. Sodann klären die Mediatoren, was die persönlichen Erwartungen und Ziele ihrer Gesprächspartner sind. Nur wenn der Auftrag an dieser Stelle sauber geklärt wird, können die Mediatoren nun sagen, ob Mediation ein geeignetes Konfliktlösungsverfahren ist. Mediation erfordert Ergebnisoffenheit auch von den Auftraggebern, die Akzeptanz, dass die Mediatoren bezüglich der Mediationsgespräche zur Verschwiegenheit verpflichtet sind und keine Beratungsleistung erbringen, sowie je nach Mediationsverlauf auch die Bereitschaft, sich selbst in den Mediationsprozess einzubringen. In unserem konkreten Beispiel bedeutet dies, dass die Geschäftsführer einerseits bereit sind, dem Team freizustellen, an der Mediation teilzunehmen. Andererseits aber auch die Bereitschaft bekunden, selbst in den Mediationsprozess mit einzusteigen. Weiterhin bedeutet dies, dass die Auftraggeber die Mediatoren im Anschluss an eine mögliche Mediation nicht befragen werden und bereit sind, ein etwaiges Mediationsergebnis zu akzeptieren und, soweit erforderlich, zu unterstützen. Sollte sich im Auftragsklärungsgespräch ergeben, dass nur ein Geschäftsführer die Mitarbeiterin A unbedingt behalten möchte, während der andere Geschäftsführer im Weggehen der Mitarbeiterin eine geeignete Lösung sähe, könnte die Mediation zwischen den beiden Geschäftsführern beginnen. Wollen beide Geschäftsführer die Mitarbeiterin A unbedingt behalten und haben sie die Erwartung, dass die Mediation dies ermöglichen soll, so empfiehlt sich direkt die Einbeziehung der Geschäftsführer in die Mediation, da sie systemisch mit im Konfliktfeld stehen.

Entscheiden sich die Mediatoren, zunächst mit dem Team zu beginnen, so muss deutlich gemacht werden, dass der eigentliche Mediationsauftrag auch vom Team kommen muss (Gebot der Freiwilligkeit). Im Vorgespräch sind den Geschäftsführern das Verfahren der Mediation und die Grundregeln der Mediation genauso zu erläutern, wie dies später vor dem Team zu geschehen hat. Mit den Geschäftsführern alleine wird in der Regel die Frage der Kosten zu klären sein, da diese üblicherweise in ähnlichen Konstellationen vom Arbeitgeber übernommen werden.

Unterstellt, die Mediatoren entscheiden sich zunächst, die Arbeit nur im Team aufzunehmen, so erfordert diese Konstellation zwei Verträge: den Mediationsauftrag und das Arbeitsbündnis. Die erste Mediationsrunde mit den Mitarbeiterinnen des Teams kann daher erst dann aufgenommen werden, wenn alle MitarbeiterInnen das Arbeitsbündnis akzeptiert haben.

185 Der **Mediationsauftrag** wird im Beispielsfall geschlossen zwischen den Mediatoren und der Geschäftsführung. Hier wird festgelegt, wer die Mediation durchführt (Name des oder der Mediatoren). Des Weiteren folgen Ausführungen zur Verschwiegenheitspflicht der Mediatoren, ein Hinweis darauf, dass sie keine Beratungs- und Entscheidungsbefugnis haben, sondern nur das Verfahren begleiten und zur Allparteilichkeit verpflichtet sind. Gegebenenfalls werden Haftungsbeschränkungen in diesen Vertrag aufgenommen. Weitere Punkte sind die Frage der Honorierung und bei Bedarf Angaben zum Zeitplan. Was den Zeitablauf betrifft, so lassen sich hier keine Regeln aufstellen. Es gibt Mediationen, für die werden 1 oder 2 Tage reserviert. Andere Meditationen ziehen sich über einen langen Zeitraum hin mit Sitzungen von 2 bis 3 Stunden. Gerade der zeitliche Rahmen hat sich dem Konflikt und den Parteien anzupassen. Die oft vernommene Befürchtung, die Mediation könnte uferlos werden, ist jedoch unbegründet. Sobald das Verfahren von den Teilnehmern nicht mehr als hilfreich empfunden wird, können sie die Mediation beenden.

Neben diesen Auftragsfragen ist auch mit den später an einer Mediationssitzung teilnehmenden Medianden ein **Mediationsvertrag/Arbeitsbündnis** auszuhandeln. Auch den an der Mediation teilnehmenden Parteien haben die Mediatoren das Verfahren der Mediation zu erläutern, ihre freiwillige Bereitschaft zur Teilnahme an der Mediation abzusichern, auf ihre Verschwiegenheitspflicht hinzuweisen und die Grundregeln der Mediation festzulegen. Die teilnehmenden Medianden können an dieser Stelle konkrete Verhaltensregeln für die Mediation vereinbaren. Das können Regeln zum Umgang sein, wie z.B. das Ausreden lassen der Gesprächsteilnehmer, der Verzicht auf verbale Angriffe und das Versprechen, eine Beendigung der Mediation vorher anzukündigen. Im Rahmen des Arbeitsbündnisses sollte auch festgelegt werden, inwieweit das Gebot der Vertraulichkeit auch für die Medianden gilt und mit wem über die Inhalte der Mediation gesprochen werden darf. **186**

In der Eröffnungsphase übernimmt der Mediator eine hohe Verantwortung. Er hat die **Rolle eines Konfliktlotsen**, indem er versucht zu klären, ob Mediation das geeignete Verfahren ist. Da er kaum inhaltlich in den Konflikt einsteigt, kann er diese Klärung letztlich nur anhand von **weichen Faktoren** festmachen, wie die Bereitschaft zur Kooperation, das Vorliegen von Regelungskompetenz bezüglich der Streitpunkte und das nicht offensichtliche Fehlen von Autonomie. Wenn der Mediator die Mediation für ein geeignetes Verfahren hält, muss er weiterhin prüfen, ob er der **geeignete Mediator** ist und nicht aus anderen Gründen i.S.v. § 3 MediationsG Tätigkeitsbeschränkungen unterliegt. Auch wenn nach den Regeln der Mediation eine **Fachkompetenz** bezogen auf die Streitpunkte nicht erforderlich ist, haben sich im Bereich der Mediation **Spezialisierungen** herausgebildet, insbesondere in den Bereichen Wirtschaft, Familie, Schule und Mediation im öffentlichen Bereich. Zur Prüfung der Eignung gehört auch immer die Frage, ob der Mediator eine Co-Mediation für geboten hält. **187**

2. Streitpunkte herausarbeiten

Nachdem der Mediationsauftrag erteilt ist und die Medianden das Arbeitsbündnis akzeptiert haben, beginnt die **konkrete Konfliktarbeit**. Inhaltlich sind zwei Schritte zu erarbeiten: **188**

– Erstellen der Themenliste
– Ordnen der Themenliste

Die **Themenliste** kann umfangreich oder sehr begrenzt sein. Wichtig ist, dass alle Beteiligten ihre Themen einbringen können. Bei umfangreichen Themennennungen müssen später nicht alle Themen ausführlich bearbeitet werden. Im Rahmen der Mediation klären sich Fragen oft nebenher, die zu Beginn als themenwürdig angesehen wurden. Es empfiehlt sich, die Mediatonsteilnehmer zu ermutigen, alle ihre Themen zu nennen und nicht vor der Vielzahl möglicher Bearbeitungspunkte zurückzuschrecken. Den Mediationsteilnehmern wird so vermittelt, dass jeder Einzelne mit seinem Thema ernst genommen wird. Der Mediator kann sich auf diese Art und Weise absichern, dass keine Themen übersehen werden. Unterschiedliche Themen deuten schon darauf hin, dass möglicherweise der Konflikt sehr unterschiedlich erlebt wird.

Eine denkbare **Einstiegsfrage** in diese Arbeit könnte lauten:
„Wenn Sie am Ende der Mediation eine Lösung für Ihr Problem gefunden haben, über welche Themen haben Sie dann gesprochen?"
oder
„Wenn die Mediation für Sie erfolgreich war, was ist dann auf jeden Fall geregelt worden?"

189 Umfangreiche Themennennungen können unter **Obergriffen** geordnet zusammengefasst werden. Sodann vereinbaren die Mediationsteilnehmer, mit welchem Thema begonnen wird.

190 Themen sind so zu formulieren, dass sie keine Position darstellen. Arbeitet der Mediator mit Oberbegriffen, erhält er leichter die Zustimmung aller zu einem Thema. Das Formulieren und Visualisieren von Positionen dagegen trennt die Medianden und fördert die Konfrontation.

---

191 **Beispiele:** So kann in einem Arbeitskonflikt von den Beteiligten durchaus das Thema „Zukunft des Arbeitsverhältnisses" bearbeitet werden, während der Arbeitgeber hierunter die Trennung versteht und der Arbeitnehmer die Position des Fortbestandes einnimmt.

Geht es um eine Arbeitsanweisung, wie das Tragen von Schutzkleidung, wird nicht der **versteckte Vorwurf** zum Thema, indem das Thema lautet „Tragen bzw Fehlen von Schutzkleidung" Vielmehr wird der Mediator nur den Begriff „Schutzkleidung" aufnehmen.

---

3. Die Arbeit durch den Konflikt

192 **Stichworte** für diese 3. Phase lauten:

– Informationen zum Thema sammeln
– Die unterschiedlichen Sichtweisen darstellen und verstehen
– Von den Positionen zu den Bedürfnissen gehen
– Fairnesskriterien erarbeiten

Diese Phase ist das Herzstück der Mediation. Folgende **Leitgedanken** **193**
prägen die anstehende Aufgabe:

Es geht darum, andere „Wirklichkeiten" als die eigenen als denkbar an-
zuerkennen, da es nur subjektive Wahrnehmungen und Bewertungen gibt.
Ziel ist es, eine **konsensuelle Wirklichkeit** zu schaffen – die „gemeinsame
Wirklichkeit"[169].

Neben der Akzeptanz unterschiedlicher Wahrnehmungen tritt die Akzeptanz des „gegnerischen Vorteils zum gemeinsamen Vorteil/Nutzen" als
klassische **win-win Situation**[170].

Nachdem sich die Beteiligten während der Themensammlung oft noch **194**
auf der sachlichen Ebene befunden haben, folgt jetzt häufig eine emotionale Darstellung ihrer Sichtweisen zum gewählten Thema. Die Medianden
brauchen Raum für ihre **Selbstdarstellung**, der in eskalierten Konflikten
häufig mit Vorwürfen und Angriffen gefüllt wird. Mit der Erlaubnis zur
Selbstdarstellung korrespondiert die Notwendigkeit des „**Stillhaltens/Zu-
hörens**" für die anderen Medianden. Hier zeigt sich schon, inwieweit **das
Arbeitsbündnis** belastbar ist. Um einen Schlagabtausch und eine Spirale
der Rechtfertigung und Schuldzuweisung zu verhindern, kann der Mediator die Parteien unter Hinweis auf das Arbeitsbündnis vor Beginn dieser
Phase darum bitten, niemandem ins Wort zu fallen und wenn möglich, die
Ohren für die Beiträge der anderen zu öffnen. Er erleichtert den Medianden das Zuhören, wenn er die einzelnen **Beiträge zusammenfasst**, gegebenenfalls **deeskalierend umformuliert** und die hinter den Vorwürfen und
Beschwerden liegenden **Bedürfnisse** und **Beziehungsbotschaften** herausarbeitet.

Beispiel: Beklagt sich ein Mitarbeiter, er sei in einer konkreten Situa- **195**
tion von seinem Kollegen oder seinem Vorgesetzten im Stich gelassen
worden, kann der Mediator dem Beschwerdeführer die Formulierung
anbieten, er habe in dieser Situation Unterstützung oder Schutz gebraucht.

Der Mediator achtet darauf, dass die Parteien zunächst ihre Sichtweisen darstellen, ohne mit den anderen in einen Dialog zu treten. Die
Kommunikation ist zunächst noch sehr auf den Mediator konzentriert.

Mit Hilfe des Mediators wird für jeden Medianden eine **Liste seiner Be- 196**
dürfnisse** erarbeitet. Während **die Grundbedürfnisse**, so wie wir sie nach
der **Pyramide von Maslow**[171]. kennen, schnell gefunden sind, braucht die
konkrete Arbeit spezifischere Bedürfnisse, die sich jetzt mit den Konflikt-
geschichten verbinden. Zu den Grundbedürfnissen nach Abraham Maslow
zählen auf der ersten Stufe die biologischen Bedürfnisse nach Nahrung,

---

[169] *Duss von Werdt*, Einführung in Mediation, S. 30–33.
[170] *Haft* in: Haft/Schlieffen, Handbuch der Mediation, § 2 Rn. 16.
[171] Zitiert nach *Gerrig/Zimbado*, Psychologie, S. 420 ff.

Schlaf und Sexualität. Es folgt die 2. Stufe mit den Bedürfnissen nach Sicherheit und Schutz. Es folgen soziale Bedürfnisse nach Bindung/Zugehörigkeit und in einem weiteren Schritt nach Wertschätzung. Auf der höchsten Stufe sucht der Mensch nach Selbstverwirklichung. Die Stufen sind so zu verstehen, dass immer erst die Bedürfnisse einer Stufe erfüllt sein müssen, ehe der Mensch sich der Erfüllung seiner Bedürfnisse auf der nächsten Stufe zuwendet.

197
> **Beispiel:** Es ist richtig, dass der im Beispielsfall[172] beschriebene Mitarbeiter, der sich im Stich gelassen fühlt, Schutz und Unterstützung braucht. Es macht Sinn, am konkreten Beispiel weiter zu fragen, was ihm denn Schutz und Unterstützung gegeben hätte. Antworten hierauf können für die anderen Teilnehmer völlig überraschend sein. Unter Schutz mag der eine Kollege verstehen, dass man ihn nicht öffentlich hätte kritisieren dürfen, weil er dadurch einen Gesichtsverlust erlitten hat. Der andere mag unter Schutz verstehen, dass er ausreichend Zeit zur Einarbeitung gebraucht hätte. Ein Dritter mag sich ungeschützt fühlen, weil ihn die Umgangsformen seines Kollegen irritieren.
>   Spezifische Bedürfnisse im Beispielsfall könnten so formuliert werden:
>
> – Ich brauche konstruktives feed-back.
> – Ich brauche fachliche Begleitung.
> – Ich brauche einen höflichen Umgangston.

198   Die Mediationsteilnehmer treten jetzt in einen **Dialog**. Dieser wird möglich, weil man nicht mehr darüber spricht, wer, wann, was, gegebenenfalls zu Recht oder zu Unrecht getan hat, sondern was die jeweils Beteiligten gebraucht hätten, und ob die formulierten Bedürfnisse nachvollziehbar sind. Der vom Mediator unterstützte Dialog kann in einem wechselseitigen Verständnis enden, es können sich aber auch tiefe Wertedifferenzen auftun.

199   Welche **Methoden** der Mediator in dieser Phase einsetzt, hängt sehr von seiner beruflichen Prägung und Erfahrung ab. Es gibt kein richtig oder falsch. Wichtig ist vielmehr, dass der Mediator gerade in dieser Phase das Vertrauen aller Beteiligten behält. Deshalb bittet auch der Mediator immer wieder um ein feed-back der Medianden, um mit ihnen gemeinsam den „**Wendepunkt**" zu erreichen. Die nachfolgende Lösungsarbeit braucht nicht zwingend ein vollständiges wechselseitiges Verständnis. Sie braucht jedoch wechselseitige Akzeptanz und Respekt.

200   **Werteunterschiede** sind oft ein **konfliktverschärfendes Element** in arbeitsrechtlichen Beziehungen. Die „effiziente und sehr sachbezogene" Vorgesetzte beschwert sich über den „langsamen und gesprächigen" Mit-

---

[172] Kapitel 4 Rn. 195.

arbeiter, oder die Kollegen in einer Rehabilitationsklinik streiten, wie viel Eigenverantwortung und wie viel Fremdfürsorge die Patienten brauchen. Klassisch sind auch die **Rollenzuschreibungen**, die sich Betriebsräte und die Geschäftsführung oft selber geben. Hier gilt es ein Bewusstsein zu schaffen, welcher „Wert" hinter dem oft beklagten Verhalten des anderen liegt und diesen „Wert" **positiv** zu besetzen. „Langsam" kann auch übersetzt werden mit: ruhig, besonnen, genau. Anstelle von „gesprächig" könnten die Adjektive „kommunikativ aufgeschlossen, integrierend" treten. „Effizienz", eine von der Vorgesetzten positiv besetzte Eigenschaft, hat auch Schattenseiten, die sich in einer gewissen Blindheit und Beschränkung äußern können[173].

Abstrakte **Fairnesskriterien** für eine denkbare Lösung müssen nicht in   **201**
jedem Fall erarbeitet werden. Zeichnet sich jedoch ab, dass die Parteien in ihrer Sichtweise und in ihren Vorstellungen sehr **unterschiedlich** bleiben werden, gibt eine Vereinbarung zu Fairnesskriterien einen wichtigen Anhaltspunkt für die **Lösungsarbeit**. Wie in einer zwischengeschobenen Mediation sammelt der Mediator die Vorstellung der einzelnen Teilnehmer zur Frage: „Was wäre eine faire Lösung?" Konkrete Lösungsideen werden durch den Mediator umformuliert in allgemeine Bewertungsmaßstäbe.

Beispiel: Bei einem Streit um die Ausstattung eines Büros wurde in   **202**
einem ersten Schritt als verbindlicher Maßstab für eine faire Lösung vereinbart, dass das Büro so gestaltet sein sollte, wie die Büros der Abteilung Z. Das Fairnesskriterium war hier die Gleichbehandlung der Abteilungen.

Eine **Bewertung von Fairnesskriterien** im Sinne von richtig oder falsch   **203**
sollte genauso unterbunden werden, wie eine solche über die Bedürfnisse der Medianden. Es geht nicht um einen objektiven, generell gültigen Maßstab. Entscheidend ist vielmehr das subjektive Erleben von Gerechtigkeit in einer konkreten Situation[174]. Die Vorstellungen von **Fairness** und **Gerechtigkeit** sind **subjektiv und relativ**[175]. Um nachhaltige Lösungen zu erzielen ist es sinnvoll, das subjektive Empfinden von Fairness in der Mediation zu bearbeiten[176]. Hierbei handelt es sich um ein sehr komplexes Thema, da das Erleben von Ungerechtigkeiten starke Emotionen auslösen kann. Regt sich daher Widerspruch bei der Formulierung solcher Kriterien durch den Mediator, so sollte er nachfragen, bis deutlich wird, wo der Mediand sich verletzt fühlt.

---

[173] Zur Arbeit mit dem Wertequadrat vgl. *Schulz von Thun*, Miteinander Reden, Band 2, S. 38 ff.
[174] *Ittner/Kals*, S. 41.
[175] *Ittner/Kals*, S. 41 ff.
[176] *Ittner/Kals*, S. 44.

4. Die Lösungssuche

204 Hier beginnt ein neuer Abschnitt im Mediatonsablauf. In drei Schritten wird die Lösungsarbeit durchgeführt:

– Entwickeln von Optionen/Einsatz von Kreativtechniken
– Bewerten der Optionen
– Auswahl der Optionen

205 **a) Ideensammlung.** Nach der anstrengenden und oft auch emotional belastenden Arbeit durch den Konflikt regt der Mediator nun die Parteien an, zunächst alles Belastende und Entmutigende beiseite zu schieben und ihrer **Phantasie** freien Raum zu lassen. Mit Hilfe von **Kreativitätstechniken** sollen die Parteien Ideen sammeln, wie der Konflikt beendet werden könnte. Diese Ideen müssen weder machbar noch realistisch sein, sie dürfen ganz bewusst den **gewohnten Rahmen sprengen.** Nur eines ist **strikt verboten** in dieser Phase: Die Ideen dürfen noch nicht bewertet werden!

206 Diese Phase wird häufig wie eine Erholungspause erlebt und sollte auch so genossen werden. Es darf gelacht werden mit kuriosen Beispielen „wenn mir Geld fehlt, raube ich eine Bank aus", kann der Mediator für eine aufgelockerte Atmosphäre sorgen. Eine gängige Methode ist hier das **Brainstorming.** Mit dieser Methode lassen sich in kurzer Zeit viele Ideen finden. Die vier Grundregeln lauten: Kein Kritisieren eigener oder fremder Gedanken. Freies und ungehemmtes Äußern von Gedanken, auch von außergewöhnlichen Ideen. Aufgreifen und Verfolgen der Ideen anderer und Produzieren möglichst vieler Ideen ohne Rücksicht auf deren Qualität[177].

207 Fällt den Parteien wenig ein, kann man sie auch fragen, welche Ideen auf jeden Fall ihr Problem verschlimmern würden[178]. Diese Vorschläge werden dann später vom Mediator oder gemeinsam **positiv umformuliert.** Es geht bei den Lösungsideen zunächst um **Quantität vor Qualität.** Lösungsideen werden keiner Partei zugeordnet. Damit vermindert sich die Gefahr, dass bereits Bewertungen vorgenommen werden.

208 Eine entspannte Atmosphäre und ein sich Absetzen von den anderen Phasen der Mediation ist auch deswegen wichtig, damit die Medianden nicht schon zu diesem Zeitpunkt die nächste Phase des Auswählens von Lösungsideen antizipieren, insgeheim also doch die **Machbarkeitsprüfung** durchführen, und sich so **selbst blockieren.**

209 **b) Bewerten der Ideen.** Wie tragfähig die kooperative Haltung ist, zeigt sich im folgenden Schritt, dem **Auswählen der Optionen.** Hier tritt die Mediation in eine **Verhandlungssituation** ein. Daher erstaunt es nicht, wenn das Bedürfnis nach Selbstbehauptung wieder in den Vordergrund

---

[177] *Seifert*, Visualisieren, Präsentieren, Moderieren, S. 140.
[178] Zur Kopfstandtechnik vgl. *Wack/Detlinger/Grothoff*, kreativ sein kann jeder, S. 121 ff.

tritt. Geduldig unter Bezugnahme auf die erarbeiteten Erkenntnisse und in der Überzeugung einer möglichen **win-win Lösung** hilft der Mediator, die unterschiedlichen Bedürfnisse in die Lösungsbewertung zu integrieren. **Lösungsvorschläge** sind in dieser Verhandlungsphase immer wieder **anzupassen**. Es ist nicht auszuschließen, dass die Mediationsteilnehmer nochmals in die Phase „Arbeit durch den Konflikt" zurück müssen. Der Mediator wird sie ermutigen, diesen Schritt zu tun in der Überzeugung, dass eine gemeinsame Lösung möglich ist.

Bewertungsmaßstab für die gesammelten Lösungsideen sind die Bedürfnisliste, und – falls vorhanden – die besprochenen Fairnesskriterien. Das Verständnis für die Interessen aller Beteiligten verändert die eigene Sichtweise und erlaubt eine **Neubewertung der eigenen Positionen**. **210**

So zeigen Praxisfälle, dass sogar außerordentliche oder verhaltensbedingte ordentliche Kündigungen zurückgenommen werden können, wenn der Arbeitgeber die Kündigung als eine Lösungsoption erkennt, die für ihn nicht interessengerecht war und er nunmehr durch den Verbleib des Arbeitsnehmers im Unternehmen, aber unter veränderten Bedingungen, seinen Zielen näher kommt. Der Arbeitnehmer wird weniger mit einem Vertrauensverlust zu kämpfen haben, der durch die kooperative und respektvolle Atmosphäre in der Mediation abgemildert wird.

Beispiele: In einem Bauunternehmen waren die Mitarbeiter bis zu einem bestimmten Zeitpunkt immer gemeinsam vom Bauhof zur Baustelle gefahren. Nachdem vermehrt Arbeitsmaterial vom Bauhof verschwand, untersagte der Bauunternehmer diese Art von Transport. Er wollte möglichst wenig Mitarbeiter morgens auf dem Bauhof haben. Deshalb sollten die Mitarbeiter direkt zu Baustellen fahren, nur der Lieferwagen mit zwei Mitarbeitern zum Transport des Arbeitsmaterials sollte noch den Bauhof aufsuchen. Der langjährige Maurer B hatte von den Hintergründen der Umorganisation keine Kenntnis, als er nach langer Arbeitsunfähigkeit morgens auf dem Bauhof seine Arbeit wieder aufnehmen wollte. Er fühlte sich schikaniert, als er ohne Begründung gesagt bekam, er müsse jetzt immer direkt zur Baustelle fahren. Ein Wort gab das andere und noch zum Ende der 2. Woche sprach der Arbeitgeber eine fristlose Kündigung aus. Erst die Mediation legte die Beweggründe des Arbeitgebers offen und auch der Arbeitnehmer offenbarte, dass ihm ein selbständiges Aufsuchen der Baustelle wegen seiner Leseschwierigkeiten in der fremden Sprache nicht möglich war. Er sei gerne bereit, seine freie Zeit einzusetzen und hinter dem Firmenwagen zu fahren ohne den Bauhof zu betreten. Schwieriger war es allerdings anschließend, die mit der fristlosen Kündigung erlebte „Kränkung" zu bearbeiten. **211**

5. Die Schlussvereinbarung

212   Die letzte Phase umfasst folgende Einzelschritte:

- Gesamtschau vornehmen
- Memorandum aufsetzen
- Fachliche Beratung einholen, ggs externe Kontrolle durch Anwälte vornehmen
- Verbindliche Vereinbarungen treffen

213   Die von allen Beteiligten favorisierte Lösung wird in der Regel durch den Mediator **schriftlich skizziert/protokolliert**, wobei die landläufig als „smart" bekannten Grundsätze berücksichtigt werden sollten[179]. Bei der Formulierung ist darauf zu achten, dass alle Medianden der Wortwahl zustimmen. Es geht hier nicht um juristische Texte, sondern um einen Text, der die **autonome Lösung** in der Sprache der Medianden wiedergibt.

214   Mit dieser „vorläufig" getroffenen Vereinbarung geht es nun, je nach Vereinbarungsgegenstand, in die **Rechtskontrolle** durch die beratenden Anwälte. Diese Schlusskontrolle setzt die **Verfahrensprinzipien** der **Informiertheit** und **Selbstverantwortung** konkret um. Nach der Beratung können sich die Medianden nochmals zu einer gemeinsamen Sitzung treffen. Hier werden die Beratungsergebnisse zusammengetragen, gegebenenfalls erfolgt eine Anpassung der Vereinbarung.

215   Auf den ersten Blick mag dieser **Zwischenschritt** hinderlich erscheinen, da die Mediationsteilnehmer unter Umständen in eine **kompetitive Haltung** verfallen[180]. Andererseits ist dieser Zwischenschritt ein „Härtetest" für die **Haltbarkeit** und damit **Nachhaltigkeit der selbst gewählten Lösung**.

Haben die beratenden Anwälte an der Mediation teilgenommen, können sie leichter mit dem Mandanten die Vor- und Nachteile der einvernehmlichen Lösung abwägen. Sie kennen in diesem Fall die Bedürfnisse ihres Mandanten und sind selber den Weg des wechselseitigen Verständnisses mitgegangen. Ist den Anwälten das Vorgehen in der Mediation nicht vertraut, so mag sie das Ergebnis erstaunen bis hin zu deutlicher Ablehnung. In Mediationen mit rechtlichem Kontext bietet es sich daher an, dass die beratenden Anwälte jedenfalls ab der Phase 4 an der Mediation teilnehmen. Vom Mediator können sie dann informiert werden und erleben selber die kooperative Atmosphäre, die in dieser Phase vorherrschen sollte. Treffen die Parteien gegebenenfalls nach nochmaliger Vermittlung durch den Mediator keine einvernehmliche Vereinbarung, so hätte auch eine Vereinbarung ohne anwaltliche Beratung keinen nachhaltigen Erfolg gehabt.

---

[179] Smart = spezifisch, messbar, erreichbar, realistisch, und zeitlich bestimmt, vgl. *Kessen/Troja* in: Haft/Schlieffen, Handbuch der Mediation, § 13 Rn. 83.
[180] Zum kompetitiven Verhandeln vgl. Kapitel 1 Rn. 15.

Nehmen Anwälte an der Mediation teil, kann dennoch ein Bedürfnis für **216** einen **gesonderten Beratungstermin** mit dem Mandanten bestehen. Bedarf es keiner weiteren Beratung, wird die Vereinbarung häufig in Anwesenheit der Anwälte direkt verbindlich gegengezeichnet und die Anwälte übernehmen sodann die Ausformulierung für einen vor Gericht zu protokollierenden Vergleichsvorschlag bzw einen Anwaltsvergleich. Es bedarf dann keines weiteren Termins mehr.

Zur Aufgabe der begleitenden Anwälte gehört es im Falle ruhender Gerichtsverfahren, die den Prozess beendenden Schritte einzuleiten. Dies **217** können eine Rücknahme der Klage, ein Vergleich im schriftlichen Verfahren gem. § 278 Abs. 6 ZPO, eine übereinstimmende Erledigung der Hauptsache oder auch ein schlichtes Ruhen des Verfahrens sein, bis der Prozess vom Gericht gemäß § 5 Aktenordnung beendet wird.

Was die **Formulierung der Schlussvereinbarung** betrifft, so sind ver- **218** schiedene Alternativen denkbar. Handelt es sich bei der Schlussvereinbarung um eine Regelung, die für vollstreckbar erklärt werden soll (gerichtliche Protokollierung, Anwaltsvergleich, notarielle Beurkundung), so sollte diese schon aus **Haftungsgründen** von Anwälten formuliert werden. Zudem läuft der Mediator Gefahr, gegen das Rechtsdienstleistungsgesetz zu verstoßen[181]. Dies ist auch für Vereinbarungen zu empfehlen, die zwar keinen vollstreckungsfähigen Inhalt haben, dennoch rechtliche Positionen der Parteien berühren.

Schlussvereinbarungen außerhalb rechtlicher Konstellationen, wie dies häufig bei Teamkonflikten der Fall ist, können unproblematisch im Rahmen der Mediation formuliert werden. Um die Nachhaltigkeit und Nachprüfbarkeit abzusichern, sollte die Schlussvereinbarung **immer schriftlich** niedergelegt werden.

6. Die Umsetzungsphase

Nicht jeder Mediationsauftrag ist mit der Schlussvereinbarung beendet. **219** In Teamkonflikten wird häufig ein **sog. Nachsorgetermin** vereinbart, um die Nachhaltigkeit der Vereinbarungen zu prüfen und Gelegenheit zur Anpassung zu geben. In Mediationsvereinbarungen können auch **Mediationsklauseln** aufgenommen werden, die bei Zuruf einer Partei Gelegenheit zu „Nachverhandlungen" bieten. Oft ist es das Bestreben der Parteien, die in der Mediation gemachten Erfahrungen in ein **Konfliktmanagementsystem** einfließen zu lassen, so dass sich für den Mediator hieraus eine weitere Phase der Begleitung anschließen kann.

---

[181] Vgl. Kapitel 2 Rn. 128.

Kapitel 5. Alternative Vermittlungswege innerhalb der Justiz und die Verzahnung von Mediation und Justiz

I. Die Entwicklung konsensualer Konfliktlösung innerhalb der Justiz

Mit dem **Mediationsgesetz** geht die etwa 10 Jährige Projektphase der **220** gerichtsinternen Mediation zu Ende[182]. Diese Phase hat viel zur Bekanntheit und Akzeptanz der Mediation bei Richtern, Anwälten und rechtsuchenden Parteien beigetragen. Diese positiven Aspekte sind unbestritten. Dennoch gab es auch von Beginn an Kritik am Modell der gerichtsinternen Mediation. Neben dem Einwand außergerichtlich tätiger Mediatoren, die Justiz biete ein kostenloses Konkurrenzprodukt zum freien Markt an[183], geht es auch inhaltlich in der Diskussion darum, ob Mediation zum Auftrag der Justiz gehört[184] und ob die Justiz mit ihren Ressourcen, nämlich einem begrenzten Zeitfenster, wirklich Mediation anbieten kann[185]. Die Erfahrungen zeigen, dass richterliche Mediation viele Einigungserfolge aufweisen kann, die Mediation aber stark am Recht und der Rolle der Richter orientiert sein kann.[186]

Die Diskussion um das pro und contra hat der Gesetzgeber dergestalt entschieden, dass er den Gerichten die Möglichkeit eines **qualifizierten Güterichtermodells** einräumt und die Mediation im außergerichtlichen Raum verordnet.

Im Mediationsgesetz gibt es keine gerichtsinterne Mediation mehr. **221** Alle Vorschriften des Gesetzesentwurfs[187] bezüglich der gerichtsinternen Mediation wurden gestrichen, Dies sind namentlich die Vorschriften § 1 Satz 2 MediationsG zur Differenzierung zwischen der gerichtsinternen, der gerichtsnahen und der außergerichtlichen Mediation, die Vorschrift des § 7 Abs. 1 und Abs. 2 MediationsG bezüglich der Verweisung auf das Gerichtsverfassungsgesetz. Gleichzeitig wurden die weiteren Änderungen des GVG und der ZPO sowie der einschlägigen Verfahrensordnungen der Fachgerichtsbarkeiten gestrichen, so die Vorschrift des § 15

---

[182] Start des Modellversuchs Niedersachsen im März 2002.

[183] Stellungnahme der Bundesrechtsanwaltskammer zum Referentenentwurf eines Gesetzes zur Förderung der Mediation und anderer Verfahren der außergerichtlichen Konfliktbeilegung, S. 6, abrufbar unter www.brak.de.

[184] *Greger*, ZRP 2010, 209 ff.

[185] Stellungnahme der Bundesrechtsanwaltskammer zum Referentenentwurf eines Gesetzes zur Förderung der Mediation und anderer Verfahren der außergerichtlichen Konfliktbeilegung, S. 6, abrufbar unter www.brak.de.

[186] *Doreen Warwel*, Gerichtsnahe Mediation, S. 124 ff.

[187] Bundestagsdrucksache 17/5335.

GVG zum Erlass von Rechtsverordnungen durch die Länder zur gerichtsinternen Mediation, die Vorschrift des § 278 a Abs. 1 Satz 2 ZPO, wonach das Gericht den Parteien eine gerichtsinterne Mediation vorschlagen konnte, sowie entsprechende Vorschriften für die Fachgerichtsbarkeiten.

1. „Mediation" innerhalb der Gerichte

222   **a) Die Pilotphase an den Gerichten nach alter Rechtslage.** Mit Beginn der Pilotprojekte[188] bis zum Erlass des Mediationsgesetzes war die richterliche Mediation das mehrheitlich eingesetzte Verfahren konsensualer Konfliktlösung nach Klageerhebung. Mit Ausnahme von Bayern und Thüringen waren **Richtermediatoren** tätig, um die Parteien zu einer eigenverantworteten Konfliktlösung zu führen. Die Rechtsgrundlage für die Tätigkeit der Richtermediatoren war von Anfang an umstritten. Das Mediationsgesetz sollte hier Abhilfe schaffen.

223   **b) Gerichtsinterne Mediation nach den Modellversuchen.** Ausgangspunkt der gerichtsinternen Mediation war § 278 Abs. 5 Satz 1 ZPO a.F. Der Mediationsrichter wurde als **ersuchter Richter** tätig. Gerichtsinterne Mediation wurde überwiegend als richterliche Tätigkeit eingestuft. Das streitige Verfahren wurde gem. § 251 ZPO zum Ruhen gebracht. Für die Arbeitsgerichtsbarkeit wurde über die Verweisungsnorm des § 46 ArbGG ebenfalls auf § 278 Abs. 5 Satz 1 ZPO a.F. zurückgegriffen. Gerade für die Arbeitsgerichtsbarkeit war der Rückgriff auf § 278 Abs. 5 Satz 1 ZPO a.F. sehr umstritten.

Inhaltlich richtete sich die gerichtsinterne Mediation gemäß ihrem Selbstverständnis nach den anerkannten Prinzipien der Mediation. Die Richtermediatoren arbeiteten nach dem **strukturierten Phasenmodell** und hatten sich **rechtlicher Stellungnahmen** und entsprechender **Regelungsvorschläge** zu enthalten.

224   **c) Der Güterichter nach den Modellprojekten in Bayern und Thüringen.** Ausgangspunkt dieser Modelle war ebenfalls § 278 Abs. 5 Satz 1 ZPO a.F. Dem ersuchten Richter wird der Konflikt aber nicht zwecks Durchführung einer Mediation vorgelegt. Er hat vielmehr den Auftrag, die Parteien im Sinne einer gütlichen Regelung bei einer konsensualen Konfliktlösung zu unterstützen und kann sich hierbei eines **breiten Spektrums von Verfahrensschritten** bedienen. Erfasst wird die Variationsbreite von einer moderierend unterstützenden Begleitung bis hin zu einem Schlichtungsgespräch mit einem Entscheidungsvorschlag und einer rechtlichen Bewertung.

---

[188] Start in Niedersachsen im Jahre 2002.

2. Das Gesetzgebungsverfahren

Der Referentenentwurf vom 4.8.2010 etablierte die gerichtinterne Me- **225** diation nicht bundesweit, sondern sah die Möglichkeit zur Einführung in den einzelnen Bundesländern durch Rechtsverordnung vor, § 15 GVG Entwurf. Den Richtermediatoren wurden Sonderrechte eingeräumt, wie die Protokollierung von Vergleichen und die Festsetzung von Streitwerten. Diese ganz auf die Modellprojekte zugeschnittenen Formulierungen waren Anlass heftiger Diskussionen. Inhaltlich ging die Auseinandersetzung zum einen um die gefühlte fehlende Ausgewogenheit zwischen dem Mediationsangebot durch Richter und dem Angebot auf dem freien Markt. Konkret wurde bemängelt, dass der Gesetzgeber mit der Stützung der gerichtsinternen Mediation sich von dem eigentlichen Ziel der Förderung der außergerichtlichen Streitbeilegung weit entferne, eigentlich gar keine entsprechenden Förderschritte einleite, vielmehr Anreize zur Aufnahme gerichtlicher Verfahren schaffe, indem er vor Gericht den Parteien die Inanspruchnahme einer **kostenlosen Mediation** anbiete. Zum anderen wurde die „**Priviligierung**" der Richtermediatoren angegriffen. Wenn Richter Mediationen durchführen, bestehe kein Grund, sie nicht den gleichen Regeln zu unterstellen, wie die außergerichtlichen Mediatoren.

Mit dem Entwurf der Bundesregierung vom 12.1.2011 erfolgte denn **226** auch eine Gleichbehandlung der Richtermediatoren. Das Privileg der Protokollierung von Vergleichen wurde gestrichen, das Recht auf freie Wahl des Mediators wurde auch für die gerichtsinterne Mediation ausdrücklich betont. Liest man die Flyer der einschlägigen Projekte, so gibt es keinen Unterschied mehr zu den Werbeartikeln freier Mediatoren. Gleiches gilt für die vor Gericht im Rahmen der gerichtsinternen Mediation abgeschlossenen Mediationsverträge/Arbeitsbündnisse. Für die Richtermediatoren blieb die große Herausforderung, den Ansprüchen einer sachgerechten Mediation bei begrenztem Zeitfenster gerecht zu werden. Schulungsangebote zur „Kurzzeitmediation"[189] wurden den Richtermediatoren unterbreitet, viele Richtermediatoren haben unter Einsatz ihrer persönlichen Ressourcen den Medianden auch mehrere Mediatonssitzungen angeboten.

Nach der 1. Lesung im Bundestag beschloss der Rechtsausschuss im **227** April 2011 die erneute Anhörung von Experten, bestehend aus Vertretern von Anwaltschaft, Richterschaft, Forschung und Lehre[190]. Großer Diskussionsbedarf bestand weiterhin zum Thema der gerichtinternen Mediation und den Anforderungen an die Ausbildung der Mediatoren. Der Zeitpunkt der Umsetzung der Richtlinie am 21.5.2011 verstrich, ohne die Verabschiedung des Gesetzes. Für den Herbst 2011 angesetzte Kongresse zum Thema Mediationsgesetz ließen das Ringen um mehrheitsfähige Positio-

---

[189] *Krabbe*, ZKM 2009, 136 ff., 176 ff.; *Krabbe*, NVwZ 2011, 396; *Krabbe*, NJW 2011, 44 ff.

[190] Zur öffentlichen Anhörung siehe http://www.bundestag.de/presse/hib/2011_05/2011_203/02.html.

nen erahnen. Am 30.11.2011 beschloss der Rechtsausschuss des deutschen Bundestages einstimmig eine Empfehlung, die sodann in der 2. und 3. Lesung des Mediationsgesetzes am 15.12.2011 angenommen wurde[191]. Trotz der Einstimmigkeit im Bundestag ging das Ringen weiter. Zur Stärkung der gerichtsinternen Mediation rief der Bundesrat in seiner Sitzung vom 10.2.2012 den Vermittlungsausschuss an[192]. Die Beschlussempfehlung des Vermittlungsausschusses vom 27.6.2012 wurde am 28.6.2012 vom Bundestag[193] und am 29.6.2012 vom Bundesrat[194] angenommen (Verzicht auf einen Einspruch nach Art. 77 Abs. 3 GG). Das Mediationsgesetz konnte am 26.7.2012 gut ein Jahr nach Ablauf der Umsetzungsfrist der Richtlinie in Kraft treten.

3. Die Übergangsregelung

228   Gemäß der **Übergangsregelung** des § 9 MediationsG können die „Projekte" der gerichtsinternen Mediation in Zivilsachen und im Bereich der Verwaltungs-, Sozial- und Arbeitsgerichtsbarkeit unter Beibehaltung der Bezeichnung noch bis zum 1.8.2013 fortgesetzt werden. Für die noch laufenden Modelle der gerichtsinternen Mediation gelten nachstehende Grundsätze:

229   Jegliche Befassung des **streitentscheidenden Richters** mit der Durchführung der Mediation ist aus dem Selbstverständnis der Mediation gemäß **Geschäftsverteilungsplan** auszuschließen. Gleiches gilt für ein Tätigwerden des Richtermediators in der Streitsache nach erfolgloser Mediation. Mit der ergänzenden Regelung in § 41 Nr. 7 ZPO wird sichergestellt, dass der **Richtermediator** nicht gleichzeitig als streitentscheidender Richter in der Sache tätig werden kann. Für eine derartige Fallkonstellation soll ein Richter **kraft Gesetzes** von der Ausübung des Richteramtes ausgeschlossen sein. **Mediationsunterlagen und Gerichtsakte** sind streng zu trennen.

230   Für die Übergangszeit können die Richtermediatoren je nach Modell die Protokollierung von Vergleichen und die Festsetzung von Streitwerten vornehmen. Die Gleichstellung von Richtermediatoren und außergerichtlichen Mediatoren gemäß dem Entwurf der Bundesregierung ist mit der Streichung der Gerichtsmediation hinfällig. Bei der Pflicht zur Verschwiegenheit gemäß § 4 MediationsG ergibt sich nach der Gesetzesbegründung für Richtermediatoren, soweit sie noch tätig werden dürfen, eine Einschränkung. Der Gesetzgeber ging in seiner Begründung zum ursprünglichen Entwurf davon aus, dass Richtermediatoren auch insoweit ihren **Amtspflichten** unterliegen und sie daher besondere **Anzeigepflichten** treffen können. Als Beispiele nannte der Gesetzgeber § 116 der Abgabenordnung oder § 6 des Gesetzes gegen missbräuchliche Inanspruchnahme von

---

[191] Bundestagsdrucksache 17/8058.
[192] Bundesratsdrucksache 10/12.
[193] Bundestagsdrucksache 17/10102.
[194] Bundesratsdrucksache 377/12.

Subventionen. Schutz biete in solchen Fällen die Mediation durch andere Mediatoren[195]. Im Falle einer Entbindung von der Verschwiegenheit muss u.U. auch eine **Aussagegenehmigung** der Behörde vorliegen.

II. Der qualifizierte Güterichter
nach § 278 Abs. 5 ZPO, § 54 Abs. 6 ArbGG

1. Erfahrungen aus den Modellprojekten

Das Güterichtermodell wurde zunächst im Jahre 2004 in Bayern entwi- **231** ckelt und in den Jahren 2005/2006 an insgesamt sechs Landgerichten erprobt[196]. Praktische Erfahrungen mit dem Güterichter in der Arbeitsgerichtsbarkeit kennt bisher nur Thüringen. Hier wurde das Modell im Jahre 2009 eingeführt und wird seitdem landesweit für alle Arbeitsgerichte am LAG Thüringen in Erfurt durchgeführt (Thüringer-Modell[197]).

Nach diesem Konzept wird eine gütliche Konfliktlösung unter der Be- **232** gleitung eines nicht zur Entscheidung befugten Richters angestrebt. Die Verhandlungen sind nicht öffentlich, vertraulich und neben den Prozessparteien können etwaige weitere Konfliktbeteiligte teilnehmen. Im Unterschied zur Richtermediation ist der Güterichter aber nicht auf die Durchführung einer Mediation festgelegt, sondern kann auch andere Methoden der Konfliktlösung anwenden. Dies reicht von der bloßen Moderation eines Vergleichsgesprächs über ein Schlichtungsverfahren mit Entscheidungsvorschlag bis zur Unterstützung einer privatautonomen Konfliktlösung mit den Mitteln der Mediation[198]. Rechtlich stützte sich das Güterichtermodell bisher auf § 278 Abs. 5 S. 1 ZPO a.F., der es dem Gericht gestattete, eine Güteverhandlung im Wege eines Ersuchens auf einen anderen Richter zu übertragen. Der Güterichter wird als Richter und nicht als Mediator tätig.

Soweit Mediations- oder Güterichtermodelle bisher schon in der **Ar-** **233** **beitsgerichtsbarkeit** erprobt wurden, waren die Rechtsgrundlagen umstritten. So wurde heftig diskutiert, ob das ArbGG eine Verweisung auf § 278 Abs. 5 S. 2 ZPO alte Fassung erlaubt und damit die Verweisung in die außergerichtliche Mediation Zudem wurde die Möglichkeit der gerichtsinternen Mediation durch den ersuchten Richter bzw das Tätigwerden eines Güterichters als ersuchter Richter analog § 278 Abs. 5 Satz 1 ZPO a.F. strikt abgelehnt[199].

---

[195] Gesetzesbegründung zur BT-Drucksache 17/5335, § 4 S. 17.

[196] *Greger*, ZKM 2007, 180 ff.; Evaluationsbericht zum bayrischen Modellversuch abrufbar unter http://www.reinhard-greger.de/aber/gueterichter-abschlussbericht.pdf.

[197] Eine Auswertung und Beschreibung findet sich bei *Engel* und *Tautphäus* in: Joussen/Unberath, Mediation im Arbeitsrecht, S. 153 ff. und S. 163 ff.

[198] Vgl. *Greger*, Spektrum der Mediation 2010, IV. Quartal, 18 f.

[199] Zum Streitstand vergleiche die Diskussionsbeiträge von *Frau Schmidt* und *Herrn Prof. Prütting* auf dem Mediationskongress in Jena 2010, dokumentiert in *Joussen/Unberath*, Mediation im Arbeitsrecht, S. 99 ff. und 119 ff.

2. Gesetzliche Grundlage für den qualifizierten Güterichter

234 Da der Güterichter nicht als Mediator tätig wird, finden sich Regelungen hierzu konsequenterweise nicht im Mediationsgesetz, sondern in der ZPO und in den Verfahrensordnungen der Fachgerichtsbarkeit. **§ 278 Abs. 5 Satz 1 ZPO neuer Fassung** lautet: Das Gericht kann die Parteien für die Güteverhandlung sowie **für weitere Güteversuche** vor einen hierfür bestimmten und nicht entscheidungsbefugten Richter (Güterichter) verweisen. **§ 54 Abs. 6 Satz 1 ArbGG neuer Fassung** lautet: Der Vorsitzende kann die Parteien für die Güteverhandlung **sowie deren Fortsetzung** vor einen hierfür bestimmten und nicht entscheidungsbefugten Richter (Güterichter) verweisen.

235 Die Verhandlung vor dem qualifizierten Güterichter in der Arbeitsgerichtsbarkeit kann auch im Beschlussverfahren durchgeführt werden, § 80 Abs. 2 ArbGG mit seinem Verweis auf das Urteilsverfahren. Gleiches gilt für die Berufungs- und Beschwerdeinstanz, § 64 Abs. 7 ArbGG und § 87 Abs. 2 Satz 1 ArbGG.

Aufgrund des Vorschlages des Vermittlungsausschusses stellt der Gesetzgeber nunmehr in § 278 Abs. 5 Satz 2 ZPO, § 54 Abs. 6 Satz 2 ArbGG klar, dass der Güterichter alle Methoden der Konfliktbeilegung einschließlich der Mediation einsetzen kann. Das Mediationsgesetz findet auf ihn aber keine Anwendung.

236 Weitere Regelungen zum Verfahren vor dem Güterichter finden sich nur in **§ 159 Abs. 2 ZPO**, wonach ein Protokoll über eine Güteverhandlung oder weitere Güteversuche vor einem Güterichter nach § 278 Abs. 5 ZPO nur auf übereinstimmenden Antrag der Parteien aufgenommen wird.

§ 41 Nr 8 ZPO wurde nicht auf den Güterichter angepasst. Diese Vorschrift bezieht sich nach wie vor nur auf die Mediation oder andere außergerichtliche Konfliktlösungsverfahren. So entschied das Hessische Landesarbeitsgericht, „die frühere Tätigkeit als Mediator begründe nicht ohne Weiteres die Besorgnis der Befangenheit gegen einen später zwischen den Beteiligten der Mediation anhängigen Rechtsstreit befassten Richter". Eine Selbstablehnung hält das Gericht aber für stichhaltig[200]. Mit dem Hinweis auf die Methoden der Mediation in § 278 Abs. 5 Satz 2 ZPO ist auch der Güterichter jedenfalls dann ausgeschlossen, wenn er oder die Parteien sich auf § 41 Nr. 8 ZPO berufen. Insoweit hat der Schutz der Mediation Vorrang[201].

237 Der Güterichter wird nach Geschäftsverteilungsplan bestimmt, § 21 e Abs. 1 Satz1 GVG und gehört dem gleichen oder einem anderen Gericht oder einer anderen Gerichtsbarkeit an als der Streitrichter[202].

---

[200] Hessisches LAG, Beschluss vom 7.7.2009 – 12 Ta 304/09.
[201] *Röthemeyer*, ZKM 2012, 116 ff.
[202] Beschlussempfehlung des Rechtsausschusses zu Drucksache 17/8058 zu § 278 V ZPO, § 54 VI ArbGG; a. A. *Ahrens*, NJW 2012, 2465, 2469.

Damit kommt auf die Präsidien, sofern das Gericht bisher keine gerichtsinterne Mediation angeboten hat, eine große Herausforderung zu. Sie haben alle Aufgaben zu verteilen und können hiervon nicht mit der Begründung absehen, es fehle an geeigneten qualifizierten Güterichtern[203]. Mit dem Inkrafttreten des Mediationsgesetzes hat daher an allen Gerichten der Aufbau eines qualifizierten Güterichterangebotes zu erfolgen[204]. Da der qualifizierte Güterichter über eine besondere Schulung verfügen sollte, damit die erweiterte Güteverhandlung einen wirklichem Mehrwert darstellt[205], sprechen gewichtige Argumente dafür, die bisher durchgeführten Richtermediationsausbildungen fortzuführen, auch wenn damit die Umsetzung des Gesetzes noch einige Zeit in Anspruch nehmen wird. Im Sinne der Konfliktlösung wäre dies ein nachhaltiges Modell[206].

Auf Grund der Trennung von Güte- und Streitrichter müsste es konsequenterweise immer mindestens zwei Güterichter geben. Nur dann ist gesichert, dass alle Rechtsuchenden Zugang zu einem Güterichter haben. Bei kleineren Gerichten ist daher mit sog. Poollösungen zu rechnen, da nur so der allgemeine Zugang zum gesetzlich vorgesehenen Angebot unter Beachtung der Ressourcen der Gerichte zu erreichen ist. In der Gesetzesbegründung hat der Gesetzgeber ausdrücklich solche Poollösungen angesprochen[207].

Bei mehr als einem Güterichter stellt sich zudem die Frage, wie die Aufgaben unter den Güterichtern zu verteilen sind. Gilt auch hier das Prinzip des gesetzlichen Richters oder sollte den Parteien zur Förderung einer einvernehmlichen Regelung ein Wahlrecht eingeräumt werden? In der Gesetzesbegründung zum Entwurf des Bundestages (Drucksache 17/5335) heißt es zum Güterichter (im Gegensatz zum Richtermediator), er sei gesetzlicher Richter im Sinne von § 16 Satz 2 GVG. Dem qualifizierten Güterichter des § 278 Abs. 5 ZPO kommt ausdrücklich keine Entscheidungsbefugnis zu. Nach der Gesetzesbegründung soll mit der Überführung der gerichtsinternen Mediation in das Güterichtermodell der weitere Spielraum der früheren Richtermediatoren vielmehr erhalten bleiben. Ein Wahlrecht der Parteien ist daher nicht ausgeschlossen[208]. Andererseits ist ein solches, anders als im Entwurf zur gerichtsinternen Mediation mit der Gleichstellung von Richtermediatoren und außergerichtlichen Mediatoren, auch nicht zwingend. Ob ein Wahlrecht im Einzelfall praktikabel ist und ob genug qualifizierte Güterichter zur Verfügung stehen, werden die Präsidien zu entscheiden haben.

---

[203] *Lückemann* in: Zöller, ZPO, § 21 e GVG, Rn. 12; *Schreiber* Betrifft Justiz, 2012, 337.
[204] Das Gesetz sieht insoweit keine Übergangsfristen vor.
[205] Siehe Kapitel 5 Rn. 254.
[206] *Greger*, MDR 2012, 3.
[207] BT-Drucksache 17/8058 zu Nr. 4 (Änderung von § 278 Abs. 5 ZPO).
[208] Für ein Wahlrecht *Röthemeyer*, ZKM 2012, 117; ebenso *Greger*, MDR 2012, 7.

3. Die Aufnahme des Verfahrens vor dem Güterichter

238 Die **Verweisung an den Güterichter** steht gem. § 278 Abs. 5 ZPO im Ermessen des Gerichts. Dies gilt auch für einen weiteren Güteversuch, der in jeder Lage des Verfahrens denkbar ist. In der Gesetzesbegründung findet sich der Hinweis, dass die Verweisung an den Güterichter **nur im Einverständnis** der Parteien möglich sein soll[209]. § 54 Abs. 6 ArbGG ist entsprechend zu verstehen[210]. Dies erkläre sich aus der Natur eines auf Eigenverantwortung und Konsens ausgerichteten Verfahrens. Entsprechend wurde bisher auch in den Modellprojekten verfahren. Der Grundsatz der einvernehmlichen Teilnahme an einem „Güteversuch" vor dem Güterichter sollte weiterhin Bestand haben. Bei Einverständnis der Parteien wird der nach dem Geschäftsverteilungsplan zuständige Güterichter bestimmt. Anders als in der Mediation suchen sich die Parteien den Güterichter nicht aus[211]. Der Güterichter bestimmt den **Termin**, die **Einsichtnahme in die Prozessakte** bedarf keiner Zustimmung durch die Parteien.

239 Für die Arbeitsgerichtsbarkeit ergeben sich Besonderheiten aus dem **Beschleunigungsgrundsatz**. Entsprechend dem Wortlaut des § 54 Abs. 6 ArbGG kommt die Verweisung an den Güterichter nur anstelle der Güteverhandlung oder einer Fortsetzung derselben in Betracht. Für weitere Güteversuche nach Durchführung des ersten Kammertermins lässt der Wortlaut (anders als § 278 Abs. 5 ZPO) keinen Raum. Dieses Ergebnis überrascht, da der Gesetzgeber eine Verweisung an den Güterichter auch für das Berufungsverfahren vorsieht, § 64 Abs. 7 ArbGG. Danach sollen die Parteien umfassend die Möglichkeit haben, den Rechtsstreit unter Begleitung eines qualifizierten Güterichters zu beenden. Dennoch ist eine Begrenzung in der ersten Instanz sinnvoll, um ein „Taktieren" zwischen der Rechtsmeinung der Kammer und dem Güterichter zu verhindern. Ist der Streitstoff erst einmal „verrechtlicht", kann er vor der erkennenden Kammer umfangreicher unter Einbeziehung rechtlicher Wertungen und der Interessen der Parteien erörtert werden[212].

240 Nach **praktischen Erfahrungen** wird es in der Regel so sein, dass der streitentscheidende Richter die Gelegenheit zur „ersten" Güteverhandlung selber wahrnimmt, um zu prüfen, ob das Verfahren für eine konsensuale Regelung geeignet ist. Eine Vorvotierung der Akte ohne Anberaumung eines Termins entspricht nicht der zügigen Arbeitsweise der Arbeitsgerichte. Entsprechend der oben beschriebenen Arbeitsweise wird der Vorschlag einer Mediation oder einer erweiterten Güteverhandlung auch erst in der Güteverhandlung erfolgen, zumal eine „gescheiterte" Mediation die obli-

---

[209] Beschlussempfehlung des Rechtsausschusses zu Drucksache 17/8058 zu § 278 Abs. 5 ZPO letzter Absatz.

[210] *Francken*, NZA 2012, 249 ff.

[211] Zu dem möglichen Inhalt des Geschäftsverteilungsplans vgl. Rn. 237.

[212] Für eine Ausweitung des Güterichtereinsatzes *Francken*, NZA 2012, 249, 251.

gatorische Güteverhandlung in der Arbeitsgerichtsbarkeit nicht ersetzt. Den Parteien und ihren Vertretern bleibt es jedoch unbenommen, selber einen Güteversuch vor dem Güterichter anzuregen, ggf. bei Klageeinreichung. Dieser Güteversuch tritt an die Stelle der obligatorischen Güteverhandlung.

Besteht nach rechtlicher Aufbereitung des Streitstoffes der Wunsch **241** nach einer einvernehmlichen Konfliktlösung, kann dies **vor der Kammer** erörtert werden oder alternativ bei Ruhen des Verfahrens ein außergerichtlicher Lösungsversuch aufgenommen werden.

4. Befugnisse des Güterichters

Der Güterichter hat im Gegensatz zum ehemaligen Richtermediator **242** **umfangreiche Befugnisse** bezogen auf die einvernehmliche Konfliktlösung. Was die Methode der Konfliktlösung angeht, ist er nicht auf die Mediation im Sinne des Mediationsgesetzes festgelegt, sondern freier. Er kann sich eher als Moderator sehen oder eher als Schlichter, der auch einen **Entscheidungsvorschlag** unterbreiten kann. Auch sind ihm rechtliche Bewertungen erlaubt. Bedient er sich der Methode der Mediation, so unterliegt er nicht dem MediationsG. Auch beim Einsatz mediativer Methoden behält er richterliche Befugnisse, wie die Protokollierung von Vergleichen. Die Teilnahme Dritter beim Güterichter ist möglich, ebenso wie **Einzelgespräche**[213]. Vorschriften aus der Prozessordnung stehen einem solchen Verfahren jedenfalls nicht entgegen. Der Grundsatz des rechtlichen Gehörs gilt nicht für die Verhandlung vor dem qualifizierten Güterichter. Rechtsnachteile können den Parteien aufgrund der Einvernehmlichkeit und Freiwilligkeit nicht entstehen. Da der Güterichter keine Entscheidungskompetenz hat, bleiben alle im Zusammenhang mit dem Rechtsstreit stehenden Aufgaben mit Ausnahme der gütlichen Beilegung und der Protokollierung einer Vereinbarung beim Streitrichter. Dies sind insbesondere die Festlegung des Streitwerts, die Verlängerung von Fristen, Kostenentscheidungen[214].

Auch den Mehrwert eines vom qualifizierten Güterichter protokollier- **243** ten Vergleichs setzt dieser nicht durch Beschluss fest. In das Protokoll können aber entsprechende Anhaltspunkte, was alles im Vergleich mitgeregelt wurde, aufgenommen werden[215]. Für die mit der Prozessführung **beauftragten Rechtsanwälte** gilt § 78 Abs. 3 ZPO. Es besteht kein Anwaltszwang zur Teilnahme an der Güterichterverhandlung[216].

---

[213] *Ahrens*, NJW 2012, 2465 ff.; § 794 Abs. 1 Nr. 1 ZPO.
[214] *Greger*, MDR 2012, 6.
[215] Für eine Protokollierung durch den Güterichter *Greger*, MDR 2012, 27.
[216] Zöller/*Greger*, ZPO, 29. Auflage, § 278 Rn. 25; *Musielak*, ZPO, 9. Auflage, § 278 Rn. 13.

5. Die Vertraulichkeit beim qualifizierten Güterichter

244 Die qualifizierte Güteverhandlung ist **nicht öffentlich**, denn sie findet nicht vor dem erkennenden Gericht statt. § 169 Satz 1 GVG ist nicht einschlägig[217]. Von der Befugnis gem. § 52 ArbGG für die Güteverhandlung vor dem streitentscheidenden Richter aus Zweckmäßigkeitsgründen die Öffentlichkeit auszuschließen wird in der Praxis schon aus organisatorischen Gründen selten bis kein Gebrauch gemacht.

Durch die Verzahnung von Gerichtsverfahren und Güteversuch vor dem Güterichter ist das Gebot der Vertraulichkeit besonders sensibel zu behandeln. Dem Schutze der Vertraulichkeit dient es, wenn über die Güterverhandlung vor dem Güterichter gem. § 159 Abs. 2 ZPO **kein Protokoll** erstellt wird, sondern nur die Schlussvereinbarung protokolliert wird. **Aufzeichnungen** des Güterichters während oder zur Vor- und Nachbereitung des Güteversuchs, sowie Flipchartblätter sind nach der Verhandlung vor dem Güterichter zu vernichten. Soweit Akten angelegt werden, sind sie von den Prozessakten zu trennen.

Für die **Evaluation** der qualifizierten Güteverhandlungen – Fragebögen und Auswertungen durch das Gericht – gilt das strenge Gebot der Anonymisierung.

245 Der Richtermediator unterläge gem. § 4 MediatonsG der Verschwiegenheit mit entsprechendem Zeugnisverweigerungsrecht[218]. Für den Güterichter gilt § **383 Abs. 1 Nr 6 ZPO** ebenfalls[219], soweit ihm Tatsachen in seiner Eigenschaft als Güterichter anvertraut werden, deren Geheimhaltung durch die Natur der Sache oder gesetzliche Vorschriften geboten ist[220]. Insoweit ist § 4 MediationsG wenigstens analog anwendbar, da der Gesetzgeber die Tätigkeit und nicht einen Beruf „Mediator" schützt.

Für den Güterichter gelten jedoch die gleichen Ausnahmen, wie für den Richtermediator von den Modellprojekten, da er als Amtsträger nicht nur den Parteien verpflichtet ist[221].

Die Verschwiegenheit gilt auch im Verhältnis zum Prozessgericht. Der Güterichter gehört diesem nicht an. Seine Funktion erfordert vielmehr eine strikte Trennung vom Prozessgericht. Eine Entbindung von der Amtsverschwiegenheit kann nur durch den Dienstherrn erfolgen. Ein entsprechendes Informationsbedürfnis kann sich beispielsweise bei Unklarheiten über die in der Güteverhandlung geschlossene Vereinbarung ergeben.

Die Teilnehmer an dem qualifizierten Güteversuch können die Vertraulichkeit bezüglich der Inhalte der Gütesitzung vereinbaren. Solche **Prozessvereinbarungen** sind wie auch im Falle der Durchführung einer Medi-

---

[217] *Musielak* ZPO § 278 Rn. 13.

[218] § 383 Abs. 1 Nr 6 ZPO.

[219] § 383 Abs. 1 Nr 6 ZPO i.V.m. § 46 DRiG, § 37 BeamtStG; *Röthemeyer*, ZKM 2012, 116, 118.

[220] Zöller/*Greger*, ZPO, 29. Auflage, § 383 Rn. 19, § 376 Rn. 2; a.A. *Wagner*, ZKM 2012, 110, 114.

[221] Siehe Rn. 230.

ation zulässig. Mit ihr verpflichten sich die Parteien, den Verlauf der Güteverhandlung und die dort abgegebenen Erklärungen nicht in einem Zivil- oder Schiedsgerichtsverfahren vorzutragen[222].

6. Pro und contra

Ob das Güterichtermodell einen Mehrwert zu Güteversuchen vor dem **246** streitentscheidenden Richter darstellt, ist zur Zeit offen. Der Gesetzgeber hat dieses Modell für alle Gerichtsbarkeiten vorgesehen und nach seiner Gesetzesbegründung als gute Alternative zur gerichtsinternen Mediation eingestuft. Mit dem Modell des Güterichters werden viele **Streitpunkte** um die **gerichtsinterne Mediation** aus dem Weg geräumt. Nachdem sich die vom Bundesrat vorgeschlagene Priviligierung der Richtermediatoren nicht durchsetzen konnte, ist das Verfahren vor dem qualifizierten Güterichter mit den Möglichkeiten einer Vergleichsprotokollierung auch prozessökonomisch. Die in der Gesetzesbegründung angesprochene Überzeugung, dass das Güterichtermodell die Vorteile der gerichtsinternen Mediation mit abdecken kann, ist jedoch kritisch zu hinterfragen. Hier lohnt sich ein Blick in die Gründe, warum sich die Gerichte für das Projekt der gerichtsinternen Mediation entschieden hatten. Dann kann in einem nächsten Schritt geklärt werden, welche Erwartungen an den Güterichter gestellt werden und ob er diese erfüllen kann.

Bei der Einführung gerichtsinterner Mediation spielten vielfältige Inte- **247** ressen eine Rolle. Im Mittelpunkt standen die **Interessen der Justiz**, die Interessen **der Richterschaft** und die Interessen **der Anwälte** und **Parteien**. Während die Justiz neben dem Wunsch nach Akzeptanz und Förderung einer **neuen Streitkultur** auch **fiskalische Interessen** verfolgte[223], sehen mediierende Richter einer Auswertung von Supervisionsgesprächen zufolge die Mediation als eine sinnvolle Ergänzung ihrer Tätigkeit. **Zufriedenheit** aller Beteiligten einschließlich des Mediationsrichters mit einer nachhaltigen Lösung ist ein entscheidender Motivationsfaktor[224]. Um ihren Ansprüchen an ein gutes Mediationsverfahren gerecht werden zu können, bringen die Richtermediatoren ein hohes Maß an **Engagement und Belastbarkeit** ein. Die Justiz stellte ihnen eine Ausbildung und laufende Supervisionsangebote zur Seite. Der Erwartungsdruck an hohe Erledigungszahlen als messbares Ergebnis einer Gerichtsmediation war stets eine Herausforderung für die Mediationsrichter[225].

Von Anbeginn der Modellversuche an war umstritten, ob gerichtsin- **248** terne Mediation wirklich zu einer **Entlastung** innerhalb der Justiz führt. Mehr Entlastung würde eine Stärkung der außergerichtlichen Mediation

---

[222] Zöller/*Greger*, ZPO, 29. Auflage, § 278 Rn. 33.
[223] *Bielecke*, ZKM 2009, 173.
[224] *Bielecke*, ZKM 2009, 174.
[225] *Bielecke*, ZKM 2009, 174.

bringen, da dann die Justiz mit dem Konflikt nicht befasst wird. Generell ist ein Mediationsverfahren aus Richtersicht nicht immer die schnellste und einfachste Lösung. Das Güterichtermodell schafft hier **Klarheit**, bezogen auf die Erwartungshaltung der Parteien und ihrer Prozessvertreter, aber auch bezogen auf den Anspruch, den die Güterichter an sich stellen. Eine qualifizierte Güteverhandlung dauert nicht mehrere Sitzungen. Mit den prozessualen Befugnissen, die dem Güterichter zur Verfügung stehen, achtet das Güterichtermodell daher eher die Ressourcen der Justiz als eine richterliche Mediation.

249 Der Güterichter fügt sich auch problemlos in die **Erwartung**, welche die **Rechtsuchenden** an die Gerichte stellen. Der Güterichter bleibt Richter. Er darf rechtliche Einschätzungen geben, er kann Lösungsvorschläge mit der richterlichen Autorität einbringen, er kann mit den Parteien die Nichteinigungsalternative erarbeiten und ihre Vorstellungen an einem Realitätscheck messen. Dies sind alles bekannte und bewährte Methoden des richterlichen Vergleichsgesprächs.

250 Neu ist die **Trennung von Entscheidungs- und Vermittlungstätigkeit**, denn der Güterichter ist nicht der entscheidende Richter. Reicht diese Trennung aus, um die von den Richtermediatoren und den Medianden formulierte Besonderheit der gerichtsinternen Mediation zu behalten? Wie viele Elemente des Mediationsverfahrens müssen auch vom Güterichter eingesetzt werden, um den **Paradigmenwechsel** vom Kompromiss zur Kooperation zu vollziehen?

Was ist der Unterschied zum Vergleichsgespräch vor dem streitentscheidenden Richter und dem Gespräch beim Güterichter? Diese Fragen sind besonders aktuell für die Arbeitsgerichtsbarkeit mit ihrer ausgeprägten **Vergleichskultur** im streitigen Verfahren.

III. Der Güterichter in der Arbeitsgerichtsbarkeit

1. Der Mehrwert der qualifizierten Güterverhandlung

251 Damit das qualifizierte Güterichtermodell in der Arbeitsgerichtsbarkeit eine **Chance** hat, angenommen zu werden, sollte es sich von dem bekannten und vertrauten **Verhandlungsalltag deutlich abheben**. Die Vorteile der gerichtsinternen Mediation sollten in dieses Modell überführt werden. Diese betrachtet man am besten aus dem Blickwinkel des Gerichtsverfahrens. In nachstehender Gegenüberstellung werden die Unterschiede deutlich[226].

252 – Sachlich orientiert sich das Gerichtsverfahren am **Streitgegenstand**, die Mediation am **Konflikt**.

---

[226] *Trossen* in: Haft/Schlieffen, Handbuch der Mediation, § 40.

– Persönlich nehmen am Gerichtsverfahren die **Verfahrensbeteiligten** teil, in der Mediation die **Konfliktbeteiligten**, die mit den Verfahrensbeteiligten nicht identisch sein müssen.

– Die Sichtweise des Gerichtsverfahrens ist idealtypischerweise **normorientiert**, die Sichtweise der Mediation **interessenorientiert**.

– Methodisch richtet das Gerichtsverfahren den Blick in die **Vergangenheit**, um dort zu klären, was geschehen ist, während die Mediation in die **Zukunft** fragt und Lösungen sucht, wie es in Zukunft besser gehen kann.

– Das Gerichtsverfahren ist **öffentlich**, die Mediation findet im geschlossenen Kreis (**vertraulich**) statt.

– Erzielbare Lösungen sind im Gerichtsverfahren die **Gewinner-Verlierer-Konstellation**, im Mediationsverfahren sollte es **zwei Gewinner** geben.

– Das Ziel von Gerichtsverfahren ist neben der materiellen Gerechtigkeit im Einzelfall das Schaffen von Rechtssicherheit, während das Mediationsverfahren sich nur an den individuellen Interessen des aktuellen Konfliktes orientiert

Diese **Gegenüberstellung** macht deutlich, dass die Parteien in der bisher praktizierten gerichtsinternen Mediation unter Umständen erstmals eigene Gestaltungsmacht erlebten und nicht hilflos einer ihnen fremden Situation ausgesetzt waren. Die Evaluierung von Gerichtsmediationen hat ergeben, dass allein dieser Unterschied zu einem Mehr an Zufriedenheit führte, unabhängig vom erzielten Ergebnis[227]. Konkret erlebten die Parteien **schnelle Termine** und eine **offene zugewandte Gesprächsatmosphäre**, in welcher versucht wurde, das Problem insgesamt zu erfassen. Der Richter wendete sich ihnen zu, sie konnten ihren Konflikt darstellen, so wie sie ihn verstehen. Die Situation, dass die Partei nicht einmal versteht, was ihr eigener Anwalt schriftsätzlich vorträgt, unterblieb.

Diese **Vorteile** gilt es in dem vom Gesetzgeber konzipierten Güterichtermodell zu behalten. Das heißt konkret, dass die **Rolle des Rechts** zugunsten der Bearbeitung der Interessen der Medianden **zurücktritt**. Erst dann gelingt es, den Maßstab für eine an den Parteiinteressen orientierte individuelle Lösung zu finden. Andererseits kann der Güterichter sich – ohne gegen die Prinzipien der Mediation zu verstoßen – in die Lösungssuche und Bewertung aktiv einbringen. Um die Balance zwischen der aktiven Mitgestaltung und dem Hören und Herausarbeiten der Bedürfnisse der Parteien zu halten, braucht der Güterichter eine gute Ausbildung, idealerweise eine **Mediationsausbildung** entsprechend den Standards des Mediationsgesetzes. Ohne eine solche Ausbildung wird es ihm schwer fallen, seine gewohnten Verhandlungsmuster zu verlassen. Ferner sollte eine Einbeziehung der Parteien bei der Terminierung, ein **großzügiger Zeitrahmen** (für gerichtsinterne Mediationen waren in der Regel zwei bis drei Stunden angesetzt) und ein deutlich anderes **Setting** als im Gerichtssaal erhalten bleiben.

253

254

---

[227] *Gottwald* in: Haft/Schlieffen, Handbuch der Mediation, § 39 Rn. 36 ff.

2. Wann passt die qualifizierte Güteverhandlung?

255 Mehr als der Richtermediator bleibt der Güterichter **Verhandler**. Die Orientierung am Streitgegenstand des Klageverfahrens und das vorab definierte Zeitfenster unterscheiden die Verhandlung vor dem Güterichter vom breiter angelegten Ansatz der Mediation. Verhandlungen vor dem Güterichter passen daher dann, wenn der Konflikt zumindest partiell mit der Regelung der streitigen Prozessfrage einer Lösung zugeführt werden kann und nicht grundsätzliche Überlegungen einer individuellen Lösung entgegenstehen. Bei **komplexen Konfliktlagen**, die zu vielen verschiedenen „Baustellen" führen, welche systemisch miteinander verknüpft sind, wird **der Zeitrahmen** der Verhandlung vor dem Güterichter in der Regel nicht ausreichen. Solche Konflikte sollten durch Mediation begleitet werden. Gleiches gilt für Konfliktfelder, an denen eine **Vielzahl von Personen** beteiligt sind. Auch hier ist das Verfahren mit einem Zeitfenster von 2 bis 3 Stunden und einem Güterichter (im Gegensatz zu einem Mediatorenteam) in der Regel überfordert. Hoch eskalierte Konflikte und eine große **emotionale Betroffenheit** der Beteiligten brauchen ebenfalls den Rahmen einer Mediation, ggfls mit einem psychologischen Mediator. Hier müssen erst die Emotionen bearbeitet werden, um die Parteien zu einer Verhandlungslösung auf der Sachebene zu führen.

Zeichnen sich zu Beginn der Verhandlung vor dem Güterichter solche Fallkonstellationen ab, so kann im Zeitfenster einer Güteverhandlung vor dem Güterichter eine Mediation gut vorbereitet werden.

IV. Mediative Elemente im Gerichtsverfahren

1. Die Idee der „integrierten Mediation"

256 Kooperation ist auch im Gerichtssaal nicht ausgeschlossen. Das Modell der **integrierten Mediation** beschreibt „eine Verfahrensweise, welche die Mediation wie ein hybrides Verfahren in streitige Prozesse einbezieht, um eine konsensual verhandelte Streitbeilegung zu ermöglichen"[228]. Unabhängig von diesen Modellansätzen können mediative Elemente in jeder Phase eines streitigen Verfahrens eingesetzt werden.

257 Mediation und Gerichtsverfahren sind in weiten Teilen kein Gegensatzpaar, sondern fußen auf ähnlichen Grundsätzen[229]. Betrachtet man die **Rolle des Richters**, so lassen sich folgende unabdingbare Grundsätze formulieren:

– Bindung an Recht und Gesetz
– Unabhängigkeiten, Neutralität

---

[228] *Trossen* in: Haft/Schlieffen, Handbuch der Mediation, § 40 Rn. 10.
[229] *Trossen* in: Haft/Schlieffen, Handbuch der Mediation, § 40.

– Genaue Kenntnis und sorgfältige Anwendung des materiellen und formellen Rechts
– Schaffung von Rechtsfrieden und Rechtssicherheit
– Wahrung der Grundsätze der Gleichheit vor dem Gesetz und des fairen Verfahrens

Die mündliche Verhandlung orientiert sich an folgende **Verfahrens-** **258** **prinzipien**:

– Transparenz der Verfahrensabläufe
– Entscheidung in angemessener Zeit und verständlicher Sprache
– Rechtliches Gehör und Beachtung der Interessen der Verfahrensbeteiligten
– Wahrung der Persönlichkeitsrechte der Betroffenen und Rücksichtnahme auf ihre besondere psychische Situation (Beschluss der Bundesvertretung des deutschen Richterbundes vom 15.11.2002)

Ähnliche Grundsätze finden wir auch im Bereich der **Mediation**, so **259**

– die Bindung an Recht und Gesetz
– die Orientierung an Gerechtigkeitsvorstellungen
– Transparenz
– zeitlich angemessene Bearbeitung
– Beachtung der Interessen
– den Blick auf das betroffene Individuum

Elemente der Mediation lassen sich sowohl auf der Ebene der Struktur **260** als auch inhaltlich problemlos in eine **Gerichtsverhandlung einbauen**. Auch eine Gerichtsverhandlung weist eine klare Struktur auf, beginnend mit dem Kontaktaufbau und der Bestandsaufnahme. Neben der Diskussion rechtlicher Gesichtspunkte können die Verhandler aber auch die Frage nach dem Unterstützungsbedarf der Parteien in den Vordergrund rücken. Es können Bedürfnisse formuliert werden, auf deren Grundlage dann Lösungsoptionen verhandelt werden. Weichenstellung ist eine saubere Zielermittlung, indem das Gericht mit den Parteien erörtert, welches Ergebnis sie anstreben, welche Interessen dabei zu beachten sind und woran sie den Erfolg messen.

2. Die Güteverhandlung vor dem streitentscheidenden Richter

„**Vom Modell zur Wirklichkeit**" könnte dieser Abschnitt auch heißen. **261** Die oben aufgezeigten Möglichkeiten mediativer Verhandlungsansätze im gerichtlichen Verfahren werden wenig genutzt. Nach wie vor wird der Terminkalender für die klassische Güteverhandlung im arbeitsgerichtlichen Verfahren überwiegend nicht vom Richter, sondern von den Geschäftsstellen geführt. Hier gilt für alle Prozesse der Einheitsmaßstab 10 bis 15 Minuten. Eine Ausnahme machen allenfalls Zeugnisstreitigkeiten oder Beschlussverfahren. Auch wenn viele Richter das persönliche Erscheinen der

Parteien zur Güteverhandlung anberaumen, findet in diesem Zeitfenster kaum Austausch statt.

262 Unter diesen Bedingungen setzt gelingende Kommunikation eine **gute Vorbereitung** voraus. Wenn die anwesenden Parteien nicht auf ein Vergleichsgespräch eingestimmt sind und eine rechtliche Bewertung des Richters erwarten, am Besten mit einer Bestätigung ihrer Rechtsansicht, kommt es zu Enttäuschungen und dem Erlebnis, ohne genaue Kenntnis des Sachverhaltes vom Richter zu einem Vergleich gedrängt zu werden. Der Richter hingegen wird eher mit dem Vergleichsgespräch beginnen, um die konträren Positionen der Parteien nicht zu vertiefen und die Gesprächsatmosphäre zu belasten.

263 Anders als in der Mediation ist die Kommunikation sehr auf den Richter bezogen, den es zu überzeugen gilt. Er fördert die Vergleichsverhandlungen mit eigenen begründeten Vorschlägen.

264 Um dem **Zeitdruck** zu entgehen, können Vergleiche in der Güteverhandlung auch bei Anwesenheit der Parteien auf Widerruf geschlossen werden. Kommt es zu einem Widerruf, ist ein erneuter kooperativer Verhandlungsansatz aber erschwert. Es bietet sich daher an, einen richterlichen Vergleichsvorschlag zu erbitten, der dann als Ausgangspunkt weiterer Verhandlungen dient oder im schriftlichen Verfahren protokolliert werden kann, § 278 Abs. 6 ZPO.

265 Korrespondierend zur guten Vorbereitung der Anwälte und ihrer Parteien auf die Güteverhandlung werden die Richter vielleicht angeregt, die **Terminierung der Güteverhandlung** der Prozesssituation anzupassen und mehr Raum für eine Kommunikation aller Beteiligten zu eröffnen.

V. Vom Gericht in die Mediation

266 Viele Pilotprojekte zur gerichtsinternen Mediation sind eingeführt worden unter dem Blickwinkel, dass sie **Türöffner** für die Mediation sein werden. Diese **Erwartung** hat sich bislang nicht erfüllt. Gründe hierfür liegen zum einen außerhalb der Gerichte, nämlich unter anderem in der fehlenden Transparenz des Marktes und der kostenmäßigen Belastung. Sie liegen aber auch innerhalb der Gerichte, denn die Abgabe eines Verfahrens gemäß § 278 Abs. 5 Satz 2 aF. ZPO in die außergerichtliche Mediation verlangt sowohl von der Richterschaft wie von den Anwälten Kenntnis und Engagement.

267 Nachdem die gerichtsinterne Mediation weggefallen ist, müssen sich Gerichte und externe Berater verstärkt mit der von den Parteien gewählten „Konfliktdelegation" auseinandersetzen, gegebenenfalls Widerstände abbauen und die Parteien zum **Beschreiten eines neuen Weges motivieren.** Nur dann erfüllt sich der Anspruch des Gesetzgebers an eine **Stärkung der außergerichtlichen alternativen Konfliktlösung.**

268 Der Weg vom Gericht in die Mediation unterscheidet eine Werbephase und eine Umsetzungsphase.

1. Die Werbephase

Mit der **Werbephase** ist zum einen die Überzeugung der Parteien für **269** diesen alternativen Weg gemeint. Zum anderen bedarf es aber auch solcher **Überzeugungsarbeit** auf der Ebene der Richter und der begleitenden Anwälte.

Wer für den Weg „weg vom Gericht" in die Mediation werben möchte, **270** hat sich einerseits mit der gewählten **Konfliktdelegation** auseinanderzusetzen, Andererseits bietet die Klärung **der Ziele** der Verfahrensbeteiligten einen guten Ansatzpunkt, den gewählten Rahmen zu verlassen. Das Gerichtsverfahren kommt zwei wesentlichen Bedürfnissen entgegen, die im Konflikt immer wieder anzutreffen sind. Aus der **Forschung zur Konflikteskalation** weiß man, dass mit zunehmendem Eskalationsgrad die Konfliktbeteiligten von ihrer Sicht der Dinge zunehmend überzeugt sind und zur Unterstützung dieser Überzeugung Verbündete suchen[230]. Wie dieses Eskalationsverhalten im Prozess ausgelebt wird, kennen alle Prozessbeteiligten. Auf dieser Konfliktstufe angekommen, emotional angefüllt mit Ärger, Empörung, Wut/Hilflosigkeit werde ich als Konfliktbeteiligter das Gerichtsgebäude erst dann verlassen, wenn ich emotional eine gewisse Beruhigung erfahre habe. Daher ist es in der „Werbephase" für Mediation ganz wichtig, zunächst die vorhandenen **Gefühle** zu sehen und anzuerkennen. Im Stress erreiche ich die Beteiligten nicht allein auf der **kognitiven Ebene**. Es geht hier nicht um psychologische Intervention, sondern allein um das Anerkennen und gegebenenfalls auch Benennen dieser Emotionen. Schon dies schafft emotionale Entlastung. Erst wenn die Konfliktbeteiligten sich hier verstanden und angenommen fühlen, kann auf der kognitiven Ebene für die Vorteile der Mediation geworben werden.

Diese **(kognitive)** Werbephase kann damit beginnen, dass zunächst ge- **271** klärt wird, welche **Ziele** die Beteiligten mit dem Gerichtsverfahren verfolgen. Es gibt hier Ziele, die sich tatsächlich auch nur mit dem Gerichtsverfahren erfüllen lassen, etwa die Klärung grundsätzlicher Fragen. Oft heißt das Ziel aber „ich will doch nur in Frieden arbeiten können" oder „ich möchte eine für mich unerträgliche Situation beenden". Bei solchen Zielformulierungen wird (ganz) klar, dass hier das juristische Verfahren, fokussiert auf einen einzelnen Streitgegenstand, keine Befriedigung schaffen kann. Die Hinweise auf die größere Mitsprache und Gestaltungsmöglichkeiten der Mediation, die Bedürfnisorientierung und die Nachhaltigkeit der mit größerer Akzeptanz gefundenen Ergebnisse sind Treppenstufen auf dem Weg vom Gericht in die Mediation.

Bis jetzt wurde die Werbephase aus dem Blickwinkel der Parteien – **272** Kläger und Beklagter – betrachtet. Für die Werbephase sind aber auch das **Rollenverständnis**, die Sozialisation, Bedürfnisse und Anreize des wer-

---

[230] Vgl. Die Eskalationsstufen nach *Glasl*, insbesondere Abstufe 4 in: *Glasl*, Selbsthilfe in Konflikten, S. 137 ff.

benden **Richters** zu berücksichtigen. Das Rollenverständnis des Richters könnte wie folgt aussehen:

– Das Recht bietet eine gute und gerechte Lösung
– Die Parteien haben sich für diese Option entschieden, und ich nehme meine Aufgabe an
– Rechtsentwicklung läuft über Rechtsprechung

273 Ein solches Rollenverständnis macht es dem Richter nicht leicht, für einen anderen Weg der Konfliktregelung zu werben. Gleiches gilt für die richterliche **Sozialisation**. Richter erleben sich in einer aktiven Rolle mit einem Handlungsauftrag, einem Lösungsauftrag, dem Gebot von Effizienz und Tempo.

274 Von ihnen wird eine „vernünftige" Lösung erwartet, verbunden mit dem herkömmlichen Verständnis, dass es hierfür keiner Bearbeitung der Emotionen und der Beziehungsebene bedarf. Sollen Richter wirklich „Türöffner" für Mediation werden, so brauchen sie flächendeckend eine Ausbildung in Mediation, verbunden mit dem Erwerb von Kenntnissen über Konflikte. Mediationsrichtern fällt es daher auch leichter, Verfahren in die außergerichtliche Mediation zu geben, als ihren Kollegen.

275 Die Entwicklung von **Zuweisungskriterien** für die Mediation ist im Fluss[231]. Die empirische Begleitforschung konnte bisher keine validen Kriterien benennen[232].

Aus der **Sicht der Richterschaft** lassen sich eher Fälle erkennen, die keiner zufriedenstellenden justiziablen Lösung zugeführt werden können. Ob diese auch mediationsgeeignet sind, hängt ganz erheblich vom Eskalationsgrad des Konfliktes und der Kooperationsbereitschaft und Autonomie der Parteien ab. Dies sind im Arbeitsrecht typischerweise Konflikte mit familiärem Bezug, wo arbeitsrechtlich eine Kündigung bearbeitet wird, der familiäre Kontakt aber erhalten bleiben soll oder Mobbingvorwürfe, die in einem weiter bestehenden Arbeitsverhältnis in Form von Schadensersatzansprüchen thematisiert werden.

276 Im Rahmen der anwaltlichen Beratung ist die Fallauswahl sicher größer, da der Anwalt in seinem Vorbereitungsgespräch mit dem Mandanten dessen individuelle Interessen bespricht[233].

2. Die Umsetzungsphase

277 Allein die Bereitschaft, eine Mediation durchzuführen, stellt noch nicht den Beginn der Mediation dar. Bei der Mediation tauchen jetzt zwei wichtige Fragenkomplexe auf:

– Wie wähle ich den geeigneten Mediator
– Wie hoch sind die Kosten und wer trägt die Kosten?

---

[231] *Gottwald* in: Haft/Schlieffen, Handbuch der Mediation, § 39 Rn. 55 f.
[232] *Gottwald* in: Haft/Schlieffen, Handbuch der Mediation, § 39 Rn. 56.
[233] Vgl. Kapitel 6 Rn. 307, 314.

Schon die erste Frage stellt eine große Hürde dar. Der **Markt** ist völlig   **278**
unübersichtlich. Bisher gab es keine einheitlichen Standards. Hier mag das
Zertifizierungsmodell nach seiner Umsetzung Abhilfe schaffen. Auch die
vielen Anwaltsmediatoren kommen eher selten zum Zuge. Möglicherweise empfinden die Anwälte sich wechselseitig als Konkurrenz.

Ein zweiter wichtiger Impuls würde von **Kostenanreizen** für die Media-   **279**
tion ausgehen. Dies könnte die Einführung einer **Mediationskostenhilfe**,
vergleichbar der Prozesskostenhilfe, sein. Zwar wird eine Mediationskostenhilfe von Anwälten und Richtern gefordert, der Gesetzgeber hat sich
zunächst aber nur auf Pilotprojekte verständigen können, § 7 MediationsG. Kostenanreize durch eine Änderung der Gerichtskostenerstattung
bei der Teilnahme an einer Mediation sind in geringem Umfang den Ländern überlassen, § 69 b GKG.

Kapitel 6. Die Anwaltschaft und Mediation

I. Der Anwalt als Mediator

Nach der „reinen Lehre" ist es unerheblich, aus welchem **Herkunftsbe-** **280**
ruf Mediatoren stammen. Im Selbstverständnis der Anwaltschaft gehört
Mediation zur **anwaltlichen Tätigkeit, § 18 BORA**. Die Tätigkeit des Anwalts umfasst jede Beratung, jede außergerichtliche oder prozessuale Vertretung sowie jede andere Beistandshandlung. § 18 BORA befasst sich
mit der vermittelnden, schlichtenden oder mediativen Tätigkeit des Anwalts und lautet: „Wird der Rechtsanwalt als Vermittler, Schlichter oder
Mediator tätig, so unterliegt er den Regeln des Berufsrechtes". Der Anwaltsmediator unterliegt den Regeln des Berufsrechts und kann bei Nach-
weis der geeigneten Ausbildung die Berufsbezeichnung Mediator verwenden, § 7 a BORA.

Führt der Anwalt eine Mediation durch, so gelten für das Mediations- **281**
verfahren keine Besonderheiten. Der Anwalt kann aber neben dem Mediationsauftrag auch einen Auftrag zur Formulierung der Schlussvereinbarung in rechtsverbindlicher Weise übernehmen. Dieser Auftrag sollte sich
klar vom Mediatonsauftrag abgrenzen und entbindet die Medianden nicht
von der Einholung parteilicher Beratung[234].

Die **Kosten** für eine Anwaltsmediation werden frei ausgehandelt und **282**
sind in einer **Gebührenvereinbarung** festzuhalten, § 34 RVG. Üblich sind
Stundenhonorare oder Tagessätze (auch anteilig)[235]. Daneben kann für den
Fall einer Einigung im Mediationsverfahren eine Einigungsgebühr vereinbart werden[236].

Anwälte werden nur in einem geringen Maß forensisch tätig und erledi- **283**
gen an sie herangetragene Streitigkeiten in einem großen Prozentsatz außergerichtlich durch Vergleich[237]. Man könnte glauben, Anwaltsmediatoren hätten einen ungehinderten Zugang zum **Mediationsmarkt**, da sie die
Hauptansprechpartner für Konflikte mit rechtlichen Bezügen sind. Diese
Vermutung entspricht jedoch nicht der Wirklichkeit. Ganz deutlich wird
das bei den **Modellprojekten gerichtsnaher Mediation durch Anwälte**.

---

[234] *Friedrichsmeier* in: Haft/Schlieffen Handbuch der Mediation, § 34 Rn. 46.
[235] In der Literatur werden Stundenhonorare zwischen 150,– € und 400,– € angegeben, vgl. *Friedrichsmeier* in: Haft/Schlieffen, Handbuch der Mediation, § 34 Rn. 54 ff.,
Engel/Müller, ZKM 2012, 39 ff.
[236] Einigungsgebühr gem. Ziffer 1000 ff. des Gebührenverzeichnisses zum RVG,
vgl. die Ausführungen von *Horst* in: Haft/Schlieffen, Handbuch der Mediation, § 47
Rn. 82 ff.
[237] Vgl. die Stellungnahme der Bundesrechtsanwaltskammer zum Referentenentwurf für ein Mediationsgesetz, S. 15.

Beim Landgericht Köln gab es seit 2000 unterschiedliche Initiativen zur gerichtsnahen Mediation. Im Laufe der Zeit wurde das Projekt den üblichen Justizprojekten zur gerichtsinternen Mediation angeglichen und war bis 2010 für die Medianden kostenlos. Seitdem wird den Medianden für die ersten vier Stunden eine Pauschale von 300,– € in Rechnung gestellt. Für weitere Sitzungen wird ein Stundenhonorar vereinbart. Unterstützt wurde die gerichtsnahe Mediation am LG Köln durch die Rechtsanwaltskammer Köln, den Kölner Anwaltverein sowie die Soldanstiftung. In anhängigen Verfahren können die Gerichte mediationsgeeignete Fälle in das Projekt verweisen. Die Mediatoren verpflichten sich, 10 Jahre lang keine Mandate von den Beteiligten des Mediationsverfahrens anzunehmen. Von 2007 bis 2009 wurden 86 Fälle in die Mediation verwiesen[238].

Bei dem von der Rechtsanwaltskammer Celle mitfinanzierten Vorhaben am Landgericht Hildesheim wurden von 80 Fällen im Zeitraum Juli 2007 bis April 2009 37 einem Vergleich zugeführt. Auch beim Landgericht Stade gibt es eine Verknüpfung mit der gerichtsnahen Anwaltsmediation. Im Zeitraum Juli 2007 bis April 2009 wurden 74 Verfahren in die Mediation abgegeben[239]. Der aktuellste Versuch (September 2010) der gerichtsnahen Mediation durch Anwälte findet am Landgericht Wuppertal statt.

284 Welchen Aufschwung die Modellprojekte der Anwaltsmediation mit Wegfall der Gerichtsmediaiton bekommen, bleibt abzuwarten. Da der kurze Weg vom Gerichtssaal zum Mediator ein wesentliches Argument für die Akzeptanz von Gerichtsmediation war, könnten Mediationsbüros bei Gericht und damit die Mediation nun einen Aufschwung erleben.

285 Inwieweit Anwaltsmediatoren im Bereich der **außergerichtlichen Mediation** angesprochen werden, ist nicht statistisch erfasst. Es lässt sich jedoch sagen, dass die Mehrzahl der Anwaltsmediatoren ihren Hauptberuf – Anwalt – fortsetzt und die Mediation nur als weiteres (kleines) Standbein sieht. Im Bereich der gerichtsnahen Mediation mag die Konkurrenz zu den Richtermediatoren die größte Barriere gewesen sein. Für den Bereich der außergerichtlichen Mediation und besonders für die Frage, inwieweit Anwälte „Türöffner für Mediation" sind, ist die mangelnde Akzeptanz von Mediation bisher nur unzureichend erforscht. Hier reicht nicht der Hinweis auf die gerichtliche Mediation als „Konkurrenzprodukt". Vielmehr dürften andere Blockaden eine Rolle spielen. Dies mag zum einen das in der Ausbildung und der Erwartung der Mandanten zum Ausdruck kommende Verständnis einer parteilichen Beratung sein, zum anderen dürften Kostengesichtspunkte eine wichtige Rolle spielen[240].

---

[238] Vgl. zur Auswertung dieses Projekts *Fischer* in: ZKM 2011, 103 ff.
[239] Zitiert nach *Jost/Neumann*, ZKM 2009, 164.
[240] Vgl. die Stellungnahme der Bundesrechtsanwaltskammer zum Referentenentwurf eines Mediationsgesetzes vom Oktober 2010, abrufbar unter www.brak.de.

II. Der Anwalt ist der Türöffner für Mediation

Es gibt kaum eine Berufsgruppe, die den Konflikten so nahe kommt wie **286**
die Anwälte. Dennoch werden wenige Konflikte von Anwälten in die Mediation empfohlen. Prof. Dr. *Fritz Jost* und Rechtsanwalt *Tobias Neumann* haben insoweit **5 Hindernisse** indentifiziert[241]:

– Bei Erledigung einer Sache in der Mediation lässt sich das Gebührenpotential eines Mandats nicht ausschöpfen (insbesondere das Gebührenpotential mehrerer Instanzenzüge).
– Die geglückte Mediation weist dem Mandanten den Weg, bei zukünftigen Streitigkeiten ohne den Anwalt als Parteivertreter zu recht zu kommen.
– Die Kollegin/der Kollege, der gekonnt und erfolgreich die Mediatorrolle spielt, empfiehlt sich dem Mandanten als Berater und Vertreter in zukünftigen Fällen.
– Wenn dem Mandanten eine Mediation angeraten wird, fährt der Anwalt nicht die (harte) Linie gegenüber dem Kontrahenten, die der Mandant erwartet.
– Unsicherheit, welcher Kollege/welche Kollegin als Mediator in Betracht kommt.

Eigene Vorschläge zur Aufnahme einer Mediation fallen demnach schwer, Vorschläge der Gegenseite werden mit **Misstrauen** betrachtet. Der Mediator, aber auch der gegnerische Kollege erhält (unerwünschte) Einblicke in die Mandatsbeziehung.

Im beruflichen **Selbstverständnis der Anwaltschaft** ist der Anwalt in **287**
erster Linie der **Experte des Rechts** und **einseitiger Interessenvertreter**, § 3 Abs. 1 BRAO. Seine juristische Prägung in der Ausbildung und seine Beratungskompetenz beziehen sich ausgeprägt auf die Fähigkeit, juristische Probleme zu lösen. Eine interessenbasierte Lösung als gleichwertig zu betrachten, fällt Anwälten oft schwer. In seinem persönlichen Selbstverständnis mag der Anwalt zudem dazu neigen, die **Verantwortung für den Konflikt** und seine Lösung zu übernehmen. Diese Erwartung vom Mandanten an ihn und an sich selbst kann er jedoch nur dann erfüllen, wenn er im Rahmen der rechtlichen Vorgaben bleibt. Experte für die interessenorientierte autonome Konfliktlösung im Sinne einer Mediation ist der Mandant, nicht der Anwalt. Die aufgezeigten **Selbstblockaden** können, wie auch bei der Richterschaft, nur durch **Kenntnisse** des Mediationsverfahrens und **eigene Erfahrung** abgebaut werden. Als Begleiter eines Mediationsverfahrens kann der Anwalt diese Erfahrungen in vielfältiger Art und Weise sammeln.

---

[241] Vgl. *Jost/Neumann* in: ZKM 2009, 164 f.

III. Die Mitwirkung eines Rechtsanwaltes im Mediationsverfahren

288 Mediation findet nicht im rechtsfreien Raum statt. Das Recht setzt der **Vertragsfreiheit Grenzen** und spielt eine Rolle bei der Absicherung der Umsetzung gefundener Lösungen. Es kann als **Fairnessmaßstab** Beachtung finden, sichert die **Verfahrensprinzipien der Mediation** ab (Vertraulichkeit, Neutralität) und schützt vor **Rechtsnachteilen** durch die Mediation (z. B. Verjährung). Neben diesen rechtlichen Aspekten, deren Beachtung Anwälten anvertraut ist, ist anwaltliche Unterstützung während der Mediation auch für eine persönliche Unterstützung einer Partei, beispielsweise bei einem **Kräfteungleichgewicht** zwischen den Medianden, angezeigt.

1. Die Rolle des Rechts in der Mediation

289 Gemäß § 2 Abs. 6 MediationsG ist den Parteien, die ohne entsprechende Beratung an einer Mediation teilnehmen, immer die Möglichkeit einzuräumen, die Vereinbarung bei Bedarf durch externe Berater überprüfen zu lassen. Hierauf sind die Parteien hinzuweisen, § 2 Abs. 6 Satz 2 MediationsG. **Externe Rechtsberatung** spielt daher eine große Rolle bei Mediationen, jedenfalls soweit diese rechtliche Fragestellungen berühren. Diese **Rechtsberatung** kann vor der ersten Mediationssitzung eingeholt werden, während des laufenden Verfahrens, sei es im Zusammenhang mit dem Abschluss des Mediationsvertrages, sei es bei Auftauchen entsprechender Fragestellungen, und im Rahmen der Formulierung der Abschlussvereinbarung.

2. Die Rolle des Anwaltes in einem Mediationsverfahren

290 Neben dem rechtlichen Kernbereich kommt anwaltliche Begleitung von Mediationsverfahren in vielerlei Form vor. Im Folgenden wird zwischen drei Arten der Begleitung unterschieden:

– Der Anwalt als aktiver Teilnehmer an der Mediation
– Der Anwalt als stiller Teilnehmer an der Mediation
– Der Anwalt auf Abruf

In allen drei Konstellationen ist die Rolle des Anwaltes vor Beginn der Mediation zu definieren. In einem ersten Schritt ist die Rollenverteilung zwischen Anwalt und Mandant zu klären.

291 **a) Die aktive Teilnahme des Anwalts.** Eine aktive Teilnahme des Anwalts in der Mediation wird am ehesten dann in Betracht kommen, wenn der Mandant einen „**Fürsprecher**" braucht oder zu brauchen glaubt. Der Anwalt kann seinen Mandanten darin unterstützen, seine Anliegen präzise zu formulieren und vorzutragen. Eine Gefahr besteht darin, dass die Anwälte unter Umständen die Diskussion an sich ziehen und der eigene Mandant nicht mehr zu Wort kommt. Ohne Kenntnis der genauen Beweggründe des Mandanten kann das Verfahren zu rechtslastig werden und die Chance einer interessenbasierten Lösung vergeben werden.

b) Die stille Begleitung während der Mediation. Die Anwesenheit **292** des Anwaltes als „stiller" **Teilnehmer** ist häufig im Bereich der Wirtschaftsmediation anzutreffen, da sie sich für komplexe Themen eignet, bei denen das Recht als Referenzrahmen und Fairnessfaktor eine große Rolle spielt. Auch in dieser Konstellation sitzt der Anwalt mit im Mediationsraum, hält sich aber in den Phasen zwei (Themensammlung) und drei (Arbeit durch den Konflikt) zurück.

Sind in den **Phasen zwei und drei** die Wortbeiträge des Beraters und Ex **293** perten zu groß, besteht die Gefahr, dass das Verfahren zu formal abläuft und die Parteien sich nur **zurückhaltend** beteiligen. Der sachliche und informative Gesprächston der nicht vom Konflikt Betroffenen kann auf das Verfahren dergestalt abfärben, dass die Parteien jetzt weniger über persönliche Aspekte des Konfliktes sprechen und damit die Beziehungsebene auch geringer bearbeitet wird.

Von Vorteil ist, dass der Berater bei der Suche nach **Lösungsoptionen,** **294** der Bewertung dieser Optionen und der Formulierung der **Schlussvereinbarung direkt angesprochen** werden kann, so dass vor Ort eine verbindliche Vereinbarung geschlossen werden kann. Ein weiterer Vorteil der Anwesenheit liegt darin, dass die begleitenden Anwälte die Ablaufdynamik erfahren und damit bei der rechtlichen Beratung die nun auch ihnen bekannten Interessen berücksichtigen können. Hierbei soll nicht unterschätzt werden, dass der anwaltliche Berater in einen Rollenkonflikt geraten kann, zwischen seiner rechtlichen Einschätzung (parteiliche Beratung) und dem Verstehen der erarbeiteten Bedürfnisse seines Mandanten. Diese mögen ihm sehr fremd sein.

Ein **Zurückfallen** hinter erreichte Verhandlungsergebnisse durch **ex** **295** **terne rechtliche Beratung** kommt seltener vor, wenn die Anwälte durch das kooperative Verhandlungsklima positiv motiviert wurden. Mit der Teilnahme an der Mediaiton wächst das Bewusstsein für den Mehrwert einer win-win Lösung.

c) Der Anwalt auf Abruf. Die Medianden reagieren **vollständig auto** **296** **nom**, wenn der Anwalt während der Mediation nicht körperlich anwesend ist. Er bleibt als **Berater im Hintergrund**. Diese Form der Begleitung wird meist dann gewählt, wenn die Klärung der **Beziehungsebene** zwischen den Medianden im Vordergrund steht und rechtliche Ansprüche weniger betroffen sind.

Beispiel: Im Fall der Mediation bei arbeitsrechtlichen Konflikten ist **297** dies die klassische Konstellation für **Teamkonflikte** und Auseinander setzungen zwischen **Mitarbeitern** und der nächsten **Vorgesetztenebene.** Vordergründig mag es zwar um eine Abmahnung, eine Versetzung oder ähnliche arbeitsrechtliche Maßnahmen gehen. Von der Mediation wird aber in erster Linie eine Klärung der Beziehungsstruktur zwischen den Beteiligten erwartet. Ist auf dieser Ebene „Frieden" hergestellt, kann in einem nächsten Schritt unter Einbeziehung der Personal- und/oder Rechtsabteilung die Frage der arbeitsrechtlichen Konsequenzen gelöst werden.

298 Eine solche Trennung ist nicht ungefährlich. Sie setzt eine **intensive Information** des Anwaltes voraus, da der Anwalt sonst möglicherweise seine rechtliche Beratung zu Sachverhalten gibt, die (sich) im laufenden Verfahren schon überholt haben. Hier muss der Mandant für die Rechtsberatung sein Anliegen klar formulieren können. Gleichzeitig trägt der **Mediator** die **Verantwortung** dafür, sich zu vergewissern, dass die Medianden während des gesamten Verfahrens über die Fähigkeit verfügen, **eigenverantwortlich** eine Lösung zu erarbeiten.

299 **d) Rollenklärung zwischen Anwälten und dem Mediator.** Die Rolle der Rechtsanwälte muss auch zwischen Anwälten und dem Mediator geklärt sein. So wie der Mediator sich auf die Rolle des Anwaltes einstellen können muss, muss auch der Anwalt den Mediationsansatz des Mediators kennen. Die anwaltliche Begleitung von Mediationen wird am ehesten zu einem **unterstützenden moderierenden Mediationsstil** passen. Im Falle einer **evaluativen Mediation**[242] besteht die Gefahr, dass Anwälte und juristische Mediatoren in einen Rollenkonflikt geraten, gerade dann, wenn sie unterschiedlicher juristischer Meinung sind.

300 **e) Die Beziehung der teilnehmenden Anwälte untereinander.** Einer letzten **Rollenklärung** bedarf das Verhältnis der beteiligten Anwälte untereinander. Wesentlich ist hier ein **übereinstimmendes Verständnis** ihrer Aufgabe während der Mediation. Werden hier vereinbarte Grenzen überschritten, so wird es zu einem **Sonderkonflikt** zwischen den Anwälten kommen.

301 **Beispiel:** Eine aktive Rolle des Anwaltes A durch häufige Wortbeiträge oder rechtliche Stellungnahmen wird Anwalt B nicht mit Schweigen beantworten. Schnell rutschen die Berater in bekannte gegnerische Positionen und die Mediation gleicht eher einem Gerichtstermin.

Es ist daher Aufgabe des Mediators, im Sinne der Verfahrensgerechtigkeit darauf zu achten, dass die Anwälte die vereinbarte Rolle ein-

---

[242] *Greger/von Münchhausen*, Verhandlungs- und Konfliktmanagement für Anwälte, § 17 Rn. 501.

halten, um so den interessenorientierten Arbeitsstil der Mediation zu ermöglichen.

Ein **weiteres Konfliktpotential** kann darin bestehen, dass der Anwalt der **302** Partei A sich direkt an die Partei B wendet. Dies kann vom Anwalt der Partei B sowie von der Partei B selbst als bedrohlicher **Übergriff** empfunden werden. Nur bei einer allseits akzeptierten aktiven Rolle der beteiligten Anwälte und einer zwanglosen Kommunikation zwischen allen Beteiligten bestehen gegenüber dieser Gesprächführung keine Bedenken. Der Grundsatz lautet daher: „**Rollenklarheit**" und „**Überwachen**" der Einhaltung **des Arbeitsbündnisses.**

3. Das Honorar der Parteianwälte

Die Höhe der anwaltlichen Vergütung bestimmt sich nach den §§ 2, 13 **303** **RVG sowie dem Vergütungsverzeichnis und richtet sich nach dem Streitwert.** Hier kommt zum einen eine anwaltliche Gebühr für die Beratung in Betracht, eventuell auch eine Termingebühr und im Falle einer Einigung eine Einigungsgebühr gem. Ziffer 1000 Vergütungsverzeichnis zum RVG (VV RVG). Grundlage der Gebührenrechnung können die Tatbestände Ziffer 2303 VV RVG, Ziffer 2300 VV RVG sein[243]. Alternativ sind Honorarvereinbarungen denkbar[244].

4. Exkurs: Teilnahme an der Verhandlung vor dem qualifizierten Güterichter

An den Güterichtersitzungen nehmen im Regelfall die Anwälte teil. **304** Zwar gilt das **einschlägige Prozessrecht** für die Verhandlung vor dem ersuchten Richter, eine Nichtteilnahme der Anwälte würde das Verfahren aber erheblich verzögern, da dann außerhalb der Gütesitzung Rechtsrat eingeholt werden müsste.

Bei der Verhandlung vor dem Güterichter, ist ganz entscheidend, nach **305** welchen Methoden dieser das Gütegespräch führt. Immer hat der Anwalt die Rolle des **Experten des Rechts**. Dies kann zum einen so aussehen, dass der Anwalt seine Partei im **Einzelgespräch berät**, es kann zum anderen auch so aussehen, dass die anwesenden Anwälte im Rahmen der Lösungsbewertung in ein offenes Rechtsgespräch treten und so ihre gegebenenfalls unterschiedlichen Ansichten den Parteien offenbaren. Für die Teilnahme

---

[243] *Horst* in: Haft/Schlieffen, Handbuch der Mediation, § 47 Rn. 93 ff.; *Engel/Müller*, ZKM 2012, 39 ff.
[244] Nach Umfragen werden hier Stundensätze von 85,– € bis 350,– € angegeben; *Engel/Müller*, ZKM 2012, 39 ff.

am Gütegespräch entstehen keine zusätzlichen Gebühren; die weitere Güteverhandlung ist Teil des Gerichtsverfahrens. Kommt es zu einem Vergleich, der das Verfahren beendet, fällt die Einigungsgebühr an.

IV. Die Aufgaben des Anwalts in den einzelnen Mediationsphasen

306 Um die oben angesprochene Rollenklarheit zu schaffen, ist es für die Beratungspraxis des Anwalts wichtig, seine möglichen Aufgaben in den einzelnen Phasen der Mediation zu kennen. Erst dann kann er mit dem Mandanten vereinbaren, welche Rolle ihm zukommen soll. Hierbei ist zwischen Aufgaben zu unterscheiden, die **disponibel** sind und solchen, die zu seinen **standesrechtlichen Beratungspflichten** gehören, wie die Beratung über alternative Konfliktlösungsverfahren.

1. Die Vorphase – Aufklärung über das Verfahren

307 Abgeleitet aus § 1 Abs. 3 BORA gehört es zu den Aufgaben der Anwaltschaft, den Mandanten in geeigneten Fällen über die Möglichkeit einer Mediation aufzuklären und zu beraten. Eine solche Verpflichtung setzt voraus, dass der Anwalt über das Verfahren der Mediation und anderer außergerichtlicher Streitbeilegungsverfahren[245] informiert ist und erfordert die Fähigkeit zur Konfliktanalyse. Eine solche **Konfliktanalyse** nimmt nicht nur die rechtlichen Dimensionen des Konfliktes ins Blickfeld, sondern auch die Interessen des Mandanten, systemische Aspekte sowie die Fähigkeit des Mandanten zur Autonomie. Hier werden beispielsweise die Auswirkungen eines Gerichtsverfahrens erörtert, der Einbezug weiterer Personen in die Konfliktlösung, die Belastung des Mandanten durch eine rechtliche Auseinandersetzung, die Nachhaltigkeit der einzelnen Lösungswege, die Komplexität der Konfliktlage.

2. Die Startphase – Einleitung des Verfahrens

308 Die Kontrolle des **Mediationsvertrages/Mediationsauftrages** ist eine wichtige Aufgabe anwaltlicher Beratung, wenn es im Mediationsverfahren um rechtliche Kontexte geht. Die Beratung umfasst einmal die unabdingbaren Voraussetzungen nach dem Mediationsgesetz und die Kontrolle darüber hinausgehender Vereinbarungen, wie z.B. Vereinbarungen unter den Medianden zur Verschwiegenheit.

---

[245] Vgl. Kapitel 4 Rn. 182 ff.

3. Beratung/Kontrolle und Formulierung der Schlussvereinbarung

Unabhängig von der Frage der persönlichen Anwesenheit während der **309** Mediation liegt die Hauptaufgabe des Anwalts in der Schlussphase der Mediation. Hier geht es um die Bewertung der von den Parteien gefundenen Lösungsoptionen und, falls die Partei sich schon für eine Option entschieden hat, um die Überprüfung dieser Option am geltenden Recht. Ähnlich wie in Verhandlungen überprüft der Anwalt mögliche **Nichteinigungsalternativen.** Einigen sich die Medianden auf eine Lösung, so wird diese vom Mediator im **sog. Memorandum** festgehalten. Zwischen Memorandum und **vollstreckungsfähigem Abschlussvertrag** bestehen jedoch Unterschiede. Das Memorandum hält fest, wie die Parteien ihren Konflikt lösen wollen. Das Memorandum ist aber nicht die rechtlich abgesicherte Übersetzung des Parteiwillens.

Hier geht es um die **Grenze zur Rechtsberatung,** die nicht-anwaltlichen **310** Mediatoren versagt ist. Der anwaltliche Mediator sollte für die Formulierung des Abschlussvertrages nach rechtlichen Maßstäben eine **gesonderte Vereinbarung** treffen. Im Rahmen der gerichtsnahen Mediation obliegt es auch den Anwälten, das Prozessverfahren nunmehr zu beenden oder wieder aufzunehmen. Vor dem Güterichter kann direkt ein Vergleich geschlossen werden.

4. Unterstützende Begleitung in den Phasen zwei bis vier (Themensammlung, Interessenklärung, Sammeln von Lösungsoptionen)

Nimmt der begleitende Anwalt nicht persönlich an den Mediationsge- **311** sprächen teil, so kann er die einzelnen Phasen der Mediation im gesonderten Beratungsgespräch mit seinem Mandanten vor- und nachbereiten. Der Anwalt ist hier mehr als ein Rechtsratgeber, er wird eher zum **Coach** seiner Partei. Eine solche Einbeziehung macht dann Sinn, wenn der Anwalt mit den Methoden der Mediation vertraut ist und hierzu eine positive und unterstützende Haltung einnimmt. Dann kann er seinem Mandanten helfen, die einzelnen Mediationssitzungen gut vorzubereiten, den Prozess der Selbstreflexion fördern und eine Vielzahl von Optionen zu entwickeln. Ist der Anwalt hingegen unsicher, ob Mediation das geeignete Verfahren ist, so sollte er der Dynamik des Mediationsprozesses lieber vertrauen und sich in diesen Phasen zurückhalten.

Nehmen die Anwälte an der Mediation teil, so hängt ihre Beteiligung, **312** wie dargelegt, von der **Rollenvereinbarung** ab. Der „stille" Begleiter bringt sich entweder erst mit dem Ende der Phase vier „Bewerten der Lösungsoptionen" ein, indem er hier die rechtlichen Rahmenbedingungen klärt und mit seinem Mandanten gegebenenfalls eine rechtlich denkbare Nichteinigungsalternative erörtert oder er wird schon in der Kreativphase des Sammelns von Lösungsideen aktiv. Anwälte mit einer aktiveren Rolle können die Mandanten auch in den vorhergehenden Phasen unterstützen. In der Phase der Themensammlung können sie gegebenenfalls Themen benennen, die sie aus dem Mandantengespräch kennen, die bis jetzt jedoch nicht benannt wurden. In der Phase der Interessenklärung können sie darauf achten, dass der Mediator die Interessen richtig erfasst und gegebenenfalls Formulierungsangebote machen.

V. Mediation, ein Thema auch für Anwälte

313 In der Zusammenfassung lassen sich folgende wesentlichen Argumente für einen Anwalt finden, warum er sich mit Mediation beschäftigen sollte Das Werben für Mediation schafft

– Kompetenzgewinn
– Entlastung
– eröffnet Handlungsalternativen und
– fördert die Mandantenzufriedenheit

314 Die Erwartungshaltung der Mandanten ist heute neben der rechtlichen Beratung auch auf einen möglichst preisgünstigen, zügigen und schonenden Weg durch den Konflikt gerichtet. Dieser umfassende Beratungsansatz rückt den Anwalt in die Nähe eines Coaches oder Konfliktberaters[246]. Je mehr der Mandant in den Lösungsprozess einbezogen wird, desto größer ist seine Zufriedenheit und die Akzeptanz des Ergebnisses. Auch hier passt das Schlagwort vom mündigen Verbraucher/Bürger. Mit der Mediation steht Anwalt und Mandant ein akzeptiertes und professionelles Instrument einer Konfliktlösung zur Verfügung, welches alle Elemente für eine selbstgesteuerte Regelung beinhaltet. Vermeidet die Mediation Rechtsstreite über mehrere Instanzen oder Folgeprozesse, so ist sie trotz der Vergütung von Mediator und anwaltlichem Begleiter auch kostengünstig. Rechtsschutzversicherer decken zunehmend auch die Mediationskosten ganz oder teilweise ab. Bei dieser Berechnung werden die Kosten, die durch den Faktor Zeit entstehen, noch nicht berücksichtigt.

Die Frage nach der Mediationseignung des streitigen Sachverhaltes spielt bei der Empfehlung zu einer Mediation eine geringere Rolle als die Frage nach der Bereitschaft und Fähigkeit des Mandanten, diesen Weg zu gehen. Dem Mandanten kommt es in der Regel nicht auf eine abstrakte Klärung der Rechtslage an, sondern auf sein konkretes Problem. Ob er bei der Lösung seines Problems einen kooperativen Weg zu gehen bereit ist, mit der Bereitschaft, auch die Bedürfnisse seines Konfliktgegners anzuerkennen, hängt sicher auch von der Haltung und Überzeugungskraft seines Anwaltes ab.

---

[246] *Hohmann*, FPR 2012, 437.

Kapitel 7. Der Methodenkoffer des Mediators

Es gibt nicht „die Mediationsmethode". Der Methodenreichtum der **315** Mediatoren ist vielmehr eine wertvolle Ressource, um die Konfliktarbeit den Besonderheiten der jeweiligen Situation anzupassen. Damit Mediation aber nicht in einer Beliebigkeit endet, gibt es gemeinsame Grundhaltungen und eine Grundausstattung für das Ausüben von Mediation. Hierzu zählen beispielhaft:

I. Methoden der Gesprächsführung

Mediation ist in erster Linie ein Kommunikationsprozess: Sammeln **316** von Informationen, Bearbeiten der Beziehungsbotschaften, Strukturieren und Protokollieren sind alles Verfahrensschritte, die ohne Kommunikation nicht denkbar sind. Eine der Situation angemessene und gleichzeitig lösungsorientierte Kommunikation ist daher das Hauptwerkzeug des Mediators.

1. Nonverbale Kommunikation

Ein hoher Prozentsatz der Kommunikation läuft nonverbal ab[247]. Sind **317** verbale und nonverbale Signale unterschiedlich, setzt sich die nonverbale Information durch, Körpersprache ist eindrucksvoll ehrlich[248]. Die so gewonnene Information ist nur schwer zu löschen. Der erste Eindruck, nicht der erste Satz prägen das folgende Gespräch[249], da körpersprachliche Signale auch soziale Signale sind[250].

Zum Bereich der **nonverbalen Kommunikation** gehören Fragen wie **318** Raumgestaltung, Sitzordnung, Körperhaltung, Kleidung. Hier drückt sich der soziale Kontext unserer nonverbalen Kommunikation aus. Ziel der Mediation ist es, ein Klima der Zugehörigkeit und Akzeptanz zu schaffen.

Für **die Sitzordnung** empfiehlt es sich, zunächst darauf zu achten, dass **319** die Parteien einerseits nicht unbedingt direkten Blickkontakt haben, sondern sich eher auf den Mediator konzentrieren (Deeskalation) und der Abstand der Parteien zum Mediator gleichmäßig ist. Die Anwälte werden sich neben ihre Parteien setzen, deren Kontaktaufnahme aber nicht behin-

---

[247] *Mühlisch*, Fragen der Körpersprache, S. 8.
[248] *Mühlisch*, Fragen der Körpersprache, S. 10; *Samy Molcho*, Alles über Körpersprache, S. 21.
[249] *Mühlisch*, Fragen der Körpersprache, S. 72.
[250] *Samy Molcho*, Alles über Körpersprache, S. 40.

dern. Es ist daher sinnvoll, dass der Mediator zu Beginn der Sitzung den Parteien ihren Platz zuweist.

320 Durch die **Gestaltung des Raumes** soll eine gute Atmosphäre geschaffen werden. Hierzu gehört ein freundlicher heller, nicht überladener Raum, der allen einen gleichberechtigten Platz ermöglicht. Zum ungestörten, konzentrierten Arbeiten gehört selbstverständlich das Bereitstellen von Getränken, das Vermeiden von zu starker Sonneneinstrahlung, Papier für Notizen und sonstiges Arbeitsmaterial, gegebenenfalls auch das Bereitstellen von Taschentüchern.

Die Wirkung der Raumgestaltung zeigt sich in der speziellen Gütesitzung vor dem Güterichter und der früheren gerichtsinternen Mediation deutlich, wenn die Parteien den Gerichtssaal verlassen und den Mediationsraum betreten.

Zur Vermeidung von „Heimvorteilen" sollte die Mediation in einem neutralen Raum stattfinden, sei es das Büro des Mediators oder angemietete Konferenzräume. Weder die Kanzlei eines Anwaltes noch die Räume des Arbeitgebers sind neutral. Der neutrale Raum bietet zudem Abstand zum Konflikt und den damit verbundenen negativen Erfahrungen.

321 Bezüglich der **Kleidung** empfiehlt es sich für den Mediator, diese dem jeweiligen Kontext anzupassen. Die Kleidung der Medianden kann schon viel über den Konflikt aussagen, so wenn bestimmte Berufskleidung (Arztkittel) nicht abgelegt wird.

322 **Gestik und Tonfall** spielen ebenfalls eine deutliche Rolle in der non-verbalen Kommunikation. Hierzu gehören Augenkontakt, kongruente Mimik, nonverbale Bestätigungen durch Zunicken, zustimmende Lautäußerungen.

2. Kommunikationsverständnis

323 Von den eingesetzten Kommunikationstechniken sollen im folgenden einige **Basistechniken** dargestellt werden. Kommunikationstechniken werden von erfahrenen Verhandlern intuitiv eingesetzt. Es lohnt sich aber, ihre Wirkungsmechanismen bewusst wahrzunehmen. Kommunikationstechniken kann man zudem nicht einfach lernen, dazu noch verbunden mit der Erwartung, dann sei ein wechselseitiges Verstehen garantiert. Neben der Technik sind grundlegende Kenntnisse zur Funktionsweise von Kommunikation notwendig.

324 **a) Subjektivität der Wahrnehmung.** Der Kommunikationswissenschaftler *Schulz von Thun* hat in seinen Schriften ein sehr anschauliches Modell über das Senden und Empfangen von Nachrichten entwickelt, das sogenannte Nachrichtenquadrat[251]. Danach haben alle Nachrichten **vier Bedeutungsebenen**, nämlich die Ebenen

– der Sachaussage (Information über einen bestimmten Sachverhalt)
– der Selbstaussage (Information über die Person des Senders)

---

[251] *Schulz von Thun*, Miteinander Reden, Bd 1, S. 25 ff.

– die Beziehungsaussage (Information darüber, wie Sender den Empfänger und die Beziehung zu ihm sieht)
– der Appell (Information darüber, wozu der Sender den Empfänger veranlassen will)

Zum Verständnis einer Botschaft ist es daher wichtig, die unterschiedlichen Ebenen zu erfassen und zu differenzieren.

In einer Nachricht/Mitteilung stecken immer **vier Botschaften**, die **325** gleichzeitig kommuniziert werden. Diese Grundtatsache kann vom Sender der Nachricht nicht beeinflusst werden[252]. Sie kann aber auch genutzt werden, indem neben der vermeintlichen Hauptaussage auf der Sachebene bewusst weitere, auch widersprüchliche Botschaften mit versandt werden. „Transportmittel" für solche **Doppelbotschaften** können körpersprachliche Signale sein, übertriebene Formulierungen oder der Zusammenhang im Gesamtkontext. Das abwertend vorgetragenen Lob an den geschätzten Kollegen in der Verhandlung, ironische Bemerkungen zur Gesundheit, wenn ein Arbeitnehmern sich krank meldet.

Der Empfänger einer Botschaft hat seinerseits **„vier entsprechende Oh-** **326** **ren"**, mit denen er die Botschaft hört[253]. Je nach Stimmung, Vorannahmen bezüglich der Person des Senders oder der Situation wird er die Botschaft zunächst mit seinem „Lieblingsohr" wahrnehmen und schon kann es zu einer Fehlinterpretation kommen.

Der „vierohrige Empfänger" prüft nachstehende Fragen:

– Was ist das für einer, der mit mir spricht?
– Wie redet der mit mir?
– Wie ist der Sachverhalt zu verstehen? Und
– Was soll ich tun, denken, fühlen, aufgrund seiner Mitteilung?[254]

Beispiel: Mitarbeiterin A fühlt sich von ihrer Vorgesetzen seit länge- **327** rem kritisch beobachtet. Geführte Feedback-Gespräche erlebt die Mitarbeiterin nicht als konstruktiv. Als der Urlaubsantrag der Mitarbeiterin abgelehnt wird, kommt es zu einer Auseinandersetzung mit der Vorgesetzten. Direkt nach diesem Gespräch meldet sich A arbeitsunfähig. Die Mitarbeiterin A war durch die Vorgeschichte auf ihrem Beziehungs- und Appellohr (wie redet die Vorgesetzte mit mir und was soll ich tun?) sensibilisiert und hörte nur die Botschaften: „Von dir halte ich nichts, du hast keinen Urlaub verdient!" (Beziehungsohr) und: „Du musst erst Leistung zeigen!" (Appell).
Die Botschaft: „In der gewünschten Zeit gibt es keine Vertretung" (Sachebene) und: „Ich, die Vorgesetzte, bin verantwortlich für den reibungslosen Ablauf" (Selbstaussage) bleiben ausgeblendet.

---

[252] *Schulz von Thun*, Miteinander Reden, Bd 1, S. 26.
[253] *Schulz von Thun*, Miteinander Reden, Bd 1, S. 44 ff.
[254] *Schulz von Thun*, Miteinander Reden, Bd 1, S. 45.

Sender und Empfänger können hier für Klarheit sorgen, wenn sie an der Reaktion des anderen merken, was dieser verstanden hat (Verständnis über nonverbale Signale). Im Konflikt braucht es aber häufig den Dritten als **Übersetzer.**

328   **b) Unterschiedliche „Wirklichkeiten".** Für das Verständnis von Kommunikation ist es weiterhin entscheidend, dass sich Kommunikation auf einen Austausch subjektiver und relativer Wahrnehmungen bezieht, die sich situationsabhängig ändern können. Die Suche nach einer **„objektiven" Wahrheit** ist eher vergeblich. Vielmehr verständigen sich die Kommunizierenden bei gelingender Kommunikation auf eine „gemeinsame" Wahrheit[255]. Die Gesprächsteilnehmer können immer nur vermuten und durch Fragen absichern, was der Andere denkt oder fühlt. Sie können es auf keinen Fall wissen oder gar „besser wissen".[256]

329   **Beipiel:** Nach einer Krebserkrankung kommt der Mitarbeiter M wieder zum Dienst. Für seinen Arbeitgeber ist er ausweislich der ärztlichen Atteste wieder arbeitsfähig und damit einsatzfähig. Er selber freut sich über seinen gesundheitlichen Zustand. Auf der sachlichen Ebene besteht keine Dissonanz. Zum Streit kommt es, als es um die Zuweisung einzelner Aufgaben geht. Hier offenbaren sich subjektiv gefühlte Einschränkungen. Diskussionen auf der Ebene, der Mitarbeiter sei doch ohne attestierte Einschränkungen an seinen Arbeitsplatz zurückgekehrt, wären in diesem Fall fruchtlos. Nicht eine festgestellte und attestierte Arbeitsfähigkeit (vermeintlich objektive Wahrheit) sollte Gegenstand des Gesprächs sein, sondern die Frage, was der Mitarbeiter M aus seiner subjektiven Sicht braucht, um einem Einsatz zu bestimmten Bedingungen zuzustimmen. Das kann vielleicht ein Wort des Trostes und des Zuspruchs sein, da die unauffällige und von Routine geprägte Wiederaufnahme der Tätigkeit den Mitarbeiter nach seiner bedrohlichen Krankheitserfahrung zu wenig beachtet hat.

3. Kommunikationstechniken

330   Von den denkbaren Kommunikationstechniken werden im Folgenden einige Basistechniken dargestellt. Die Bedeutung dieser Kernkompetenz wird deutlich in der Diskussion um den **zertifizierten Mediator.** So verlangt § 5 Abs. 1 MediationsG für den Mediator Kenntnisse der Verhandlungs- und Kommunikationstechnik. Für den zertifizierten Mediator gem. § 5 Abs. 2 MediationsG erwartet der Gesetzgeber gemäß seiner Begrün-

---

[255] *Duss-von Werdt*, Einführung in Mediation, S. 31 ff.
[256] *Duss-von Werdt*, Einführung in Mediation, S. 31.

dung zum Mediationsgesetz eine Ausbildung in den Grundlagen der Verhandlungstechnik und Kompetenz mit 12 Stunden und eine Ausbildung im Bereich Gesprächsführung und Kommunikationstechniken von 18 Stunden. Zu den Ausbildungsinhalten im Bereich der Kommunikationstechniken zählen aktives Zuhören, Paraphrasieren, Fragetechniken, Verbalisieren, Reframing, verbale und nonverbale Kommunikation[257]

a) Aktives Zuhören und Paraphrasieren. Eine Basistechnik im Be-   **331** reich der Kommunikation ist das sog. aktive Zuhören. Hier wird über das **bloße Zuhören** hinaus dem anderen **aktiv Rückmeldung** gegeben, über das, was man gehört hat (Sender- und Empfängermodell nach *Schulz von Thun*[258]). Dies geschieht am besten dadurch, dass die Kernaussage des Gesprächspartners durch eine **zusammenfassende Wiederholung** auf den Punkt gebracht wird. Das aktive Zuhören kann auch weitergehen (sog. Paraphrasieren), indem neben Blickkontakt und zugewandter Körperhaltung auch

– die Gefühle, die sich hinter den Fakten verbergen, wiedergegeben werden **(verbalisieren)**
– Angriffe abgemildert werden, indem das Gesagte in das Gemeinte übersetzt und damit die eigentliche Botschaft verdeutlicht wird
– Verallgemeinerungen durch gezieltes Nachfragen konkretisiert werden
– die non-verbalen Botschaften in direkte Botschaften umformuliert werden
– Einschränkungen beachtet („eigentlich") und verbalisiert werden[259]

Mit diesem Werkzeug zur Konfliktbearbeitung wird der Konfliktpartei neben den Worten des „Gegners" immer noch **eine weitere Version** angeboten. Die „**Übersetzung**" des Mediators enthält keinen Angriff und keine Verallgemeinerungen, sondern macht die Bedürfnisse und Gefühle der Konfliktbeteiligten sichtbar. So können sie von der zuhörenden Partei eher angenommen werden. Durch das so beschriebene „**Spiegeln**" kann der Mediationsprozess gut gesteuert werden. Der „spiegelnde" Mediator setzt Schwerpunkte, regt die Betroffenen zum „mehr erzählen" an, fördert die Eigenreflexion des Sprechenden und wirkt entschleunigend. In eskalierten Situationen im sog. Schlagabtausch der Vorwürfe kann das **Unterbrechen und Zusammenfassen** seitens des Mediators die Konflikteskalation stoppen. Daher sollten Mediatoren nicht scheuen, sich aktiv, auch unterbrechend in den „Schlagabtausch" der Konfliktbeteiligten einzuschalten[260].

b) Drastifizieren und Doppeln. Eine besondere Spielart des aktiven   **332** Zuhörens ist das sog. drastifizieren[261]. Bei dieser Methode werden unter-

---

[257] Gesetzesbegründung zu § 6.
[258] *Schulz von Thun*, Miteinander Reden, Bd 1.
[259] *Busch/Witte*, Mediation, Ein Rollenspielbuch, S. 61.
[260] *Kessen/Troja* in: Haft/Schlieffen Handbuch der Mediation, § 13 Rn. 30 ff.
[261] *Busch/Witte* Mediation, Ein Rollenspielbuch, S. 64.

schwellige Gefühle verstärkend ausgedrückt. Das Drastifizieren wird eingesetzt, wenn die Konfliktpartei zögert über ihre Emotionen zu sprechen oder ihr eigenes Empfinden herunterspielt[262].

Beim sog. **Doppeln** holt sich der Mediator die Erlaubnis ein, neben eine Konfliktpartei zu treten und für diese in der direkten Rede mit eigenen Worten zu sprechen[263]. Mit dieser Technik des Übersetzens und Vermittelns erfährt die Konfliktpartei, die „gedoppelt" wird, Verständnis und damit Entlastung, während die andere Konfliktpartei die Formulierung des Mediators oft besser annehmen kann. Mit seiner Formulierung kann der Mediator zudem einzelne Aspekte des Konfliktes vertiefen oder vervollständigen[264].

333   **c) Reframing.** Reframing bedeutet wörtlich **einen neuen Rahmen geben**. Mit der Einbettung in einen neuen Rahmen sollen bestimmte Aussagen oder auch Empfindungen unter einem anderen Blickwinkel betrachtet werden[265]. Negative Zuschreibungen und Interpretationen können aufgelöst werden, wenn man das kritisierte Verhalten in einem anderen Kontext mit einer anderen Bedeutung versehen erleben kann. Häufig ist die Interpretation eines bestimmten Verhaltens abhängig vom Kontext, der Persönlichkeit des Bewertenden und seinen Wertvorstellungen.

334   **Beispiel:** Der Vorwurf, jemand arbeite langsam, könnte aus einem anderen Blickwinkel positiv als überlegte und gründliche Arbeitsweise beschrieben werden. Der Hinweis eines Mitarbeiters, er erlebe eine Überforderung, könnte in einen Bedeutungszusammenhang von Vertrauen in die Leistungsfähigkeit des Mitarbeiters gestellt werden.

335   **d) Ich-Botschaften.** Aufgabe des Mediators ist es, aus Vorwürfen, Anschuldigungen und Verletzungen (Du-Botschaften) die Ich-Botschaft des Senders herauszuhören und diese zu spiegeln.

Du-Botschaften:
- „Du bist immer so unpünktlich"
- „Du hast mich bei dieser Arbeit im Stich gelassen"
- „Du bist ein Ausbeuter"

Ich-Botschaften:
- Ich bin ärgerlich, dass wir gestern morgen nicht pünktlich beginnen konnten, da du erst um 9.30 Uhr eingetroffen bist; ich wünsche mir, dass wir morgen um 9.00 Uhr beginnen.
- „Ich hätte diesen Auftrag gerne bekommen und dafür deine Unterlagen gebraucht; bitte stelle die Unterlagen bis … fertig.

---

[262] *Busch/Witte* Mediation, Ein Rollenspielbuch, S. 64.
[263] *Thomann*, Klärungshilfe 2, S. 291 ff.
[264] Ausführlich *Thomann*, Klärungshilfe 2, S. 291 ff.
[265] *Busch/Witte* Mediation, Ein Rollenspielbuch, S. 65.

– „Ich fühle mich bei meinem Einsatz für das Projekt bezogen auf die geleisteten Stunden und meine kreativen Ideen schlecht bezahlt und dieses Gefühl demotiviert mich; können wir über einen Bonus sprechen?

Im Rahmen einer gelungenen Mediation werden die Parteien befähigt, **336** selbst ihre Aussagen in Ich-Botschaften umzuformulieren. Kernanliegen einer Ich-Botschaft ist es, genau zu unterscheiden zwischen dem **beobachteten Verhalten** oder der **beobachteten Situation**, dem **Gefühl**, welches dadurch ausgelöst wurde, der Begründung dieses Gefühls und dem daraus folgenden **Wunsch**[266]. Damit entspricht die Ich-Botschaft den 4 Seiten einer Nachricht gemäß dem Nachrichtenquadrat von *Schulz von Thun*[267].

Um eine Ich-Botschaft korrekt formulieren zu können, bedarf es auch **337** hier der Aufschlüsselung der verschiedenen Aspekte der Botschaft, nämlich des Aspektes des Sachinhaltes – was habe ich beobachtet –, des Appells – was wünsche ich mir –, der Beziehungsaspekt – welches Gefühl löst dein Verhalten in mir aus – und der Aspekt der Selbstoffenbarung – was hat das Gefühl mit mir zu tun/welches Bedürfnis liegt dahinter.

Die Konfliktpartei ist im Konfliktgeschehen nicht in der Lage, diese vier **338** Aspekte zu trennen und klar zu kommunizieren. Es ist Aufgabe des Mediators, hier zu übersetzen, indem er die vier Aspekte herausarbeitet. Er braucht hierfür nicht immer alle Aspekte zu spiegeln, sondern kann im Sinne einer Steuerung des Prozesses den jeweils relevanten Aspekt herausgreifen. Für den Verlauf der Mediation lässt sich allgemein sagen, dass in der Phase der Problemdarstellung eher die Sachebene gespiegelt wird, in der Phase der Konflikterhellung eher die Beziehungs- und Selbstoffenbarungsebene und in der Phase der Lösungssuche eher die Appellebene dominiert.

e) Herausarbeiten von Gemeinsamkeiten. Neben dem Zusammen- **339** fassen ist das Betonen des Erreichten, der gefundenen Gemeinsamkeiten und das Unterstützen von wertschätzenden Äußerungen der „gegnerischen Partei" ein Mittel der Konfliktbearbeitung. Das Wissen um Gemeinsamkeiten ist eine Ressource für die spätere Lösungssuche.

f) Perspektivwechsel. Im Rahmen der Konfliktbearbeitung können die **340** Parteien auch konkret aufgefordert werden, die Rollen zu tauschen (**gezielter Perspektivwechsel**). Konkret geht es darum, in die „Geschichte" des Anderen einzusteigen und die geschilderten Vorfälle und Zusammenhänge aus seinem Blickwinkel und aus seiner Gefühlswelt zu betrachten[268]. Es geht nicht darum, die andere Sichtweise als „richtig" zu akzeptieren, sondern die Wahrnehmung des anderen als mögliche Interpretation anzuerkennen und daraus resultierende Interpretationen zu verstehen. Da der Perspektivwechsel vor allem auf der Ebene der erlebten Gefühle stattfindet, erlebt der Gesprächspartner Entlastung und Zuwendung.

---

[266] *Busch/Witte* Mediation, Ein Rollenspielbuch, S. 65 ff.
[267] *Schulz von Thun* Miteinander Reden Bd 1, S. 25 ff., vgl. auch Kapitel 7 Rn. 9 f.
[268] *Ponschab/Schweizer*, Kooperation statt Konfrontation, S. 238 f.

341 **Beispiel:** Im Rahmen einer Auseinandersetzung zwischen zwei Teamkollegen äußert Kollege A den Vorwurf, B beachte ihn nicht, grenze ihn aus. Deshalb habe es keinen Sinn, mit B zusammenzuarbeiten. Arbeitsergebnisse kommuniziere er daher direkt an den Vorgesetzten C. B kann jetzt in eine fruchtlose Diskussion über einzelne Ereignisse einsteigen und sich rechtfertigen. Er kann auch gegenüber A massiv einfordern, von diesem informiert zu werden. Beide Mitarbeiter werden dann bestenfalls in dem Gefühl auseinandergehen, der andere verstehe einen nicht. Üblicherweise lösen solche „fruchtlosen" Diskussionen aber eine Konflikteskalation mit weiteren Vorwürfen aus. B könnte einen Perspektivwechsel dadurch einleiten, dass er die Wahrnehmung von A nicht weiter kommentiert, sondern sich auf dessen Geschichte einlässt, die von A geschilderten Gefühle nachspürt und so versteht, warum A nicht mehr mit ihm kommunizieren will. Signalisiert B auf diese Weise Verständnis, können A und B nach einem Umgang suchen, den A nicht als bedrohlich erlebt.

342 Ein Perspektivwechsel kann auch dadurch eingeleitet werden, dass der Mediator Konfliktmuster aufdeckt, etwa **sog. Teufelskreise.**[269] Verstehen die Medianden die Dynamik ihres Konfliktes, endet der Kreislauf der Schuldzuweisung. Jetzt können die Medianden nach neuen Verhaltensformen suchen, die ihren Bedürfnissen eher entsprechen.

343 **Beispiel:** Nach einem Fehler kontrolliert der Projektleiter P die Mitarbeiterin M in den nächsten Wochen stichprobenartig. Diese Kontrollen verunsichern die Mitarbeiterin so sehr, dass sie immer unkonzentrierter wird und die Fehler sich häufen. Daraufhin verstärkt der Projektleiter seine Kontrollen. Irgendwann wird der Projektleiter von der Unfähigkeit der Mitarbeitern M überzeugt sein, während diese gegen den Projektleiter schwere Vorwürfe erheben wird. Sinnvoll ist es, dass M und P gemeinsam erarbeiten, wie ein gutes Arbeitsergebnis gefunden werden kann.

II. Fragetechniken

344 Fragen sind aus der Mediation nicht hinweg zu denken. Sie dienen dem Sammeln von Informationen und dem Benennen von Zielen, sie klären Bedeutungsinhalte („Was genau verstehen Sie unter ..."), und mit ihrer Hilfe werden Wahlmöglichkeiten gesucht. Fragen sind auch hilf-

---

[269] *Schuz von Thun*, Miteinander Reden, Bd 2.

reich, wenn der Gesprächsfluss stockt oder die Parteien sich in einer ge-
fühlten Sackgasse befinden. Aus Aussagen wie „Ich will nicht …" kann
mit dem Fragewort „sondern" aus der Verneinung eine Alternative erarbeitet werden[270]. Der Einsatz entsprechend formulierter Fragen ist in der Mediation von
großer Bedeutung. Aus dem Repertoire möglicher Fragetechniken seien
hier nur einige beispielhaft aufgezählt:

1. Offene Fragen

Offene Fragen regen die Befragten an, sich mit dem Konfliktgeschehen **345**
und ihren Erlebnissen auseinanderzusetzen und viele Informationen zu geben. Offene Fragen beginnen mit wann, was, welche, wozu.
Charakteristisch für diese Frageform ist, dass sie nicht nur mit einem Ja
oder Nein beantwortet werden können.
Offene Fragen dienen auch der **Konkretisierung** „Was meinen Sie konkret, wenn Sie von Unordnung sprechen?" und lösen so konfliktverstär-
kende Verallgemeinerungen auf. **Teilnehmende Fragen** ermuntern die Medianden, sich zu öffnen (Was macht Sie bei dem Gedanken an … so
ärgerlich?); **klärende Fragen** leiten über in die Bedürfnisarbeit („Warum
ist Ihnen diese Position wichtig?").

2. Konstruktiv lösungsorientierter Ansatz

In der Mediation werden offene Fragen verbunden mit einem **konstruk-** **346**
tiven lösungsorientierten Ansatz gestellt, der davon ausgeht, dass es eine
Lösung gibt. Solche Fragen lauten beispielsweise:

– Was erwarten Sie von dieser Sitzung?
– Was haben Sie bisher an Lösungsmöglichkeiten gewählt?
– Was hat sich seit … verändert?
– Welche Fähigkeiten waren hilfreich für …?
– Was schätzen Sie an …?

3. Zirkuläre Fragen

Aus der systemtherapeutischen Praxis stammen die sog. zirkulären Fra- **347**
gen. Sie zielen darauf ab, Kommunikations- und Interaktionsmuster, die
zu Konflikten zwischen den Beteiligten führen, zu erkennen[271]. Indem unterschiedliche Beobachterpositionen eingenommen werden, unterstützen

---

[270] *Prior*, Minimax – Interventionen, S. 24 ff.
[271] *Busch/Witte*, Mediation, S. 72.

diese Frage den Perspektivwechsel[272]. So kann der Mediator einerseits die Konfliktpartei A befragen, wie sie sich in einer bestimmten Situation gefühlt hat, wie sie die Situation einschätzt, was ihr Anteil an der Situation war.

Er kann aber auch fragen, wie etwa eine dritte Person diese Situation möglichicherweise sehen würde oder was seines Erachtens die andere Konfliktpartei zu der Situation sagt.

Mit der Formulierung „Was denken Sie, was Ihre Kollegin über diese Situation denkt?" wird ein Denkprozess angestoßen, der es den Beteiligten ermöglicht, ihren Blickwinkel zu verlassen und die Situation von den eigenen Gefühlen distanzierter zu betrachten.

4. Lösungsfragen

348 Mit Fragen können die Mediatoren auch das Denken in Alternativen unterstützen. **Hypothesefragen** erweitern den Horizont und bringen neue Ideen ein[273]. Eine solche Frage könnte beispielsweise lauten:

„Wäre es aus Ihrer Sicht für den Dienstplan denkbar, dass ihr Kind auch an einem Nachmittag fremd betreut wird?".

Mit der **sog Wunderfrage**[274] können Medianden zu Phantasiereisen angeleitet werden:

„Stellen Sie sich vor, über Nacht wäre ein Wunder geschehen und das Problem wäre verschwunden. Sie wissen zwar noch nicht wie, aber alles ist gelöst. Was wäre das erste Zeichen dafür, dass solch ein Wunder geschehen ist?"

Durch solche und vergleichbare Fragen werden die Medianden ermuntert, statt gewohnter Erklärungen ihrer Phantasie Raum zu geben. Gleichzeitig verlassen Sie mit der Wunderfrage den Kontext des Problems und gehen in die lösungsorientierte Sicht[275].

---

[272] *Kessen/Troja* in: Haft/Schlieffen, Handbuch der Mediation, § 13 Rn. 41.
[273] *Kessen/Troja* in: Haft/Schlieffen, Handbuch der Mediation, § 13 Rn. 41.
[274] *Insa Sparrer*, Wunder, Lösung und System, S. 56 ff.; *Kessen/Troja* in: Haft/Schlieffen, Handbuch der Mediation, § 13 Rn. 41.
[275] *Insa Sparrer*, Wunder, Lösung und System, S. 56 ff.;.

Kapitel 8. Weitere alternative Konfliktlösungsverfahren

Im Bereich der alternativen Konfliktlösungsverfahren ist zwischen in- **349** formellen Verfahren ohne Beteiligung eines Dritten und solchen unter Einbeziehung eines Dritten zu unterscheiden.

I. Informelle Verfahren der Konfliktlösung ohne Einbeziehung eines Dritten

Diese Verfahren betreffen den großen Bereich der Bearbeitung von Pro- **350** blemsituationen und Konflikten auf einer niedrigen Eskalationsstufe.

Lösungsansatz ist hier die **unmittelbare Kommunikation** zwischen den Beteiligten, beispielsweise den betroffenen Kollegen am Arbeitsplatz, das Gespräch zwischen Mitarbeiter und Führungskraft, oder das durch die Führungskraft moderierte Teamgespräch.

Für ein gutes Gelingen solcher Gespräche sind **kommunikative Fähig-** **351** **keiten** der Beteiligten von elementarer Bedeutung. Unterstützend wirken **Kenntnisse** der Beteiligten über das Entstehen von Konflikten, über die Einordnung derselben und das Wissen, wann Konflikte nicht mehr mit eigenen Mitteln gelöst werden können.

1. Konflikte und Konflikteskalation

Probleme werden nicht automatisch zu Konflikten. Unter Problemen **352** versteht man umstrittene Sachverhalte auf der Sachebene. Erst mit dem Hinzutreten der Beziehungsebene wird aus dem Problem ein Konflikt[276].

Aus psychologischer Sicht kann von einem Konflikte gesprochen werden, wenn folgende Parameter erfüllt sind:

– Die subjektiv erlebte Unvereinbarkeit wichtiger Ziele und Interessen
– Das damit verbundene Gefühl der Beeinträchtigung oder Bedrohung
– Die Zuschreibung der Verantwortung für das (Nicht)Handeln an den Anderen
– Verschärfend trotz des Wissens um die Beeinträchtigung erfolgt keine Änderung des Handelns[277].

---

[276] *Duss-von Werdt*, Einführung in Mediation, S. 43 f.
[277] *Kals/Ittner*, Wirtschaftsmediation, S. 21.

353 | **Beispiel:** Wenn sich Kollegen über einen Dienstplan einigen müssen, kann eine solche Einigung unproblematisch geschehen, wenn jeder Kollege an dem Wochenende dienstfrei hat, an welchem ihm dies wichtig ist.

Hat sich **beispielsweise** kein Kollege freiwillig für das 1. Wochenende im Monat gemeldet, so wird auch hier eine Einigung unproblematisch möglich sein. Ein oder mehrere Kollegen haben sich zufällig nicht für dieses Wochenende gemeldet. Es bestehen **keine Interessenskonflikte.**

Haben alle Kollegen an diesem Wochenende einen privaten Termin, kann in einem guten Betriebsklima das Problem gelöst werden. Voraussetzung dafür ist, dass die Kollegen in der Regel eine ihren Interessen entsprechende Dienstplangestaltung erleben. Dann nämlich werden sie bereit sein, „**nachzugeben**". Ist das nicht der Fall, so befinden sie sich jetzt in einem konfliktträchtigen Feld. Hier wird möglicherweise vom Anderen ein Nachgeben erwartet, es werden „alte Rechnungen" beglichen, das Angebot einer Kompensation wird abgelehnt, da man befürchtet, durch „Nachgeben" seinen Stand in der Gruppe negativ zu beeinflussen.

Wiederholen sich solche oder ähnliche Konflikte, beginnt eine Eskalation, die oft nicht verständlich ist, betrachtet man nur den scheinbaren Auslöser.

354 Es gibt typische Veränderungen eines Konfliktes, die den Stand der Konflikteskalation sichtbar machen.

Schematisch lässt sich das Eskalationsgeschehen an der von *Glasl* beschriebenen **Eskalationstreppe** verdeutlichen[278]:

Stufe 1–3
– Verhärtung
– Polarisierung und Debatte
– Taten statt Worte

Stufe 4–6
– Image und Koalitionen
– Gesichtsverlust
– Drohstrategien

Stufe 7–9
– begrenzte Vernichtungsschläge
– Zersplitterung
– gemeinsam in den Abgrund.

---

[278] *Glasl*, Selbsthilfe in Konflikten, S. 98 ff.

Im Einzelnen:

Stufe 1: Verhärtung
Hier gibt es unterschiedliche Positionen, es kommt nicht zu einer schnel- 355
len Einigung. Die Beteiligten argumentieren. Alle glauben an eine Lösung.

Stufe 2: Polarisierung und Debatte
Die Beteiligten versuchen sich wechselseitig zu überzeugen. Zuneh- 356
mend werden die eigenen Argumente mit Nachdruck vorgetragen, das Zuhören tritt ganz in den Hintergrund. Erste verbale Angriffe finden statt.
Dritte sollen die eigene Meinung bestätigen.

Stufe 3: Taten statt Worte
Reden wird nicht mehr als realistische Möglichkeit der Konfliktklärung 357
angesehen. „Reden hat doch keinen Sinn; mit Herrn M oder Frau N kann
man nicht sprechen." Statt miteinander zu reden, werden Fakten geschaffen. Im Arbeitsumfeld ist das beispielsweise die Anweisung statt der Bitte,
die Abmahnung statt eines konstruktiven Kritikgesprächs, die Flucht in
die innere Kündigung. Das Klima zwischen den Beteiligten ist emotional
aufgeladen.

Stufe 4: Image und Koalitionen
Jetzt geht es nicht mehr um den sachlichen Inhalt des Konfliktes; viel- 358
mehr steht die Beziehungsebene im Vordergrund. Der Konfliktgegner wird
diffamiert, während man seine eigene Position erhöht. Feindbilder entstehen und werden durch die Bildung von Gruppen verstärkt.

Stufe 5: Gesichtsverlust
Auf dieser Stufe kommt es zur sozialen Ausgrenzung. Der andere trägt 359
die alleinige Schuld am Geschehen. Auf dieser Stufe und den folgenden
Eskalationsstufen kann Mobbing eingeordnet werden. Das entscheidende
Abgrenzungsmerkmal vom Konflikt zum Mobbing liegt in der Personifi-
zierung des Konflikts. Im Zentrum der Auseinandersetzung steht die Person des Betroffenen"[279].

Stufe 6: Drohstrategien
Ausübung von Macht ist jetzt ein wichtiges Mittel, den Gegner zu besie- 360
gen. Bei Machtungleichgewichten, wie wir sie im Arbeitsumfeld antreffen,
kann diese Macht durch Vorgesetzte ausgeübt werden. Vorgesetzte können
aber auch durch gezielte Informationen bewusst instrumentalisiert werden.

**Stufe 7 bis 9: Begrenzte Vernichtungsschläge, Zersplitterung, gemein-
sam in den Abgrund**
Es geht nicht mehr um Gewinnen, sondern um das Überleben oder falls 361
auch das nicht möglich ist, um den gemeinsamen Untergang.
Wenn A sein Ziel nicht erreichen kann, dann soll es auf jeden Fall B
auch nicht möglich sein.

---

[279] Vgl. *Christa Kolodej*, Mobbingberatung, S. 30.

2. Selbsthilfe bei Konflikten

362 Gemessen an den oben genannten Konfliktstufen gibt es einen Bereich der Selbsthilfe und einen Bereich der Fremdhilfe. Nach *Glasl* ist eine Konfliktklärung nur zwischen den Beteiligten im Sinne einer **Selbstregulation** auf den Stufen 1–3 möglich; hier handelt es sich um eine win-win Situation[280].

Auf Stufe 4 bis 6 geht es um die **Einschaltung eines vermittelnden Dritten**. Mit dessen Hilfe kann die win-lose Situation in eine win-win Situation gewandelt werden,[281] die Konflikteskalation ist noch zu stoppen. Hier ist das Aufgabenfeld für Mediation[282].

Stufen 7–9 sind reine lose-lose Situationen. Hier geht es nur noch darum, durch einen Dritten die „Vernichtung" zu stoppen. Ein solcher Eingriff verlangt Autorität und Macht[283].

II. Konfliktbearbeitung mit Unterstützung eines Dritten (Fremdhilfe)

363 Dritte können auf vielfältige Art und Weise unterstützend bei der Konfliktlösung helfen. So können sie als **stille Begleiter** die einzelnen Konfliktbeteiligten im Hintergrund unterstützen (Empowerment), sie können als Unterstützer **offen** neben ihre Partei treten (beispielsweise Anwälte), sie können für alle am Konflikt Beteiligten eine **neutrale Expertenposition** mit oder ohne Entscheidungsbefugnis einnehmen oder als **Streitentscheider** mit Entscheidungsbefugnis auftreten.

1. Die einseitige Unterstützung einer Konfliktpartei

364 Die bekannteste Form dieser Art von Konfliktlösung ist das Verhandeln, wobei alle Verhandler jeweils einen Unterstützer (Anwalt, Steuerberater, sonstiger Experte) neben sich haben. Zusätzlich zu den bekannten Verhandlungsmodellen, insbesondere dem Verhandeln nach dem Konzept von Harvard[284], hat sich für ein solches Verhandlungssetting in letzter Zeit das Modell der kooperativen Praxis entwickelt.

---

[280] *Glasl*, Selbsthilfe in Konflikten, S. 141.
[281] *Glasl*, Selbsthilfe in Konflikten, S. 141.
[282] *Glasl*, Selbsthilfe in Konflikten, S. 195.
[283] *Glasl*, Selbsthilfe in Konflikten, S. 195.
[284] Vgl. Kapitel 1 Rn. 19, 22 ff.

2. Kooperative Praxis, CP-Verfahren

Ausgangspunkt des Konzepts ist das sog. Colaborative Law. Hierbei **365** handelt es sich um ein außergerichtliches freiwilliges Verfahren zur Lösung eines Konfliktes, bei dem die Streitparteien gemeinsam mit ihren jeweiligen Rechtsanwälten auf der Grundlage eines Verhandlungsvertrages versuchen, eine eigenverantwortliche und einvernehmliche rechtlich wirksame Vereinbarung zu finden[285].

In der Weiterentwicklung dieses Modells können **weitere Experten** hin- **366** zugezogen werden oder die Anwälte ersetzen. Zentral für diese Form der Verhandlung ist die **Vereinbarung der Anwälte mit ihren Mandanten, im Fall des Scheiterns keine Vertretung vor Gericht zu übernehmen** und dort auch **nicht als Zeuge** zur Verfügung zu stehen. Damit wird eine **klare Trennung** zwischen dem Verhandlungsbegleiter und dem Begleiter vor Gericht gemacht.

Im Rahmen von CP übernehmen die beteiligten Rechtsanwälte eine **367** Doppelfunktion: Einerseits tragen sie wie Mediatoren die **Verfahrensverantwortung**, andererseits haben sie die jeweils von ihnen vertretene Partei in fachlichen rechtlichen Fragestellungen **parteilich zu beraten**. Anders als im Modell der Mediation arbeiten die juristischen Berater jedoch intensiver zusammen.

Mittlerweile werden **qualifizierte Ausbildungen** in diesem mediations- **368** analogen Verfahren angeboten. Es zeichnet sich ein Markt für Anwälte ab, die mit ihrer Erfahrung in Verhandlungen sehr gut zu diesem Konzept passen.

III. Konfliktdelegation

Der Gang vor die **Gerichte** ist eine klassische Konfliktlösung durch De- **369** legation. Sie zeichnet sich dadurch aus, dass der Dritte entweder einen Entscheidungsvorschlag macht oder den Streitpunkt verbindlich regelt. Damit kann eine Konfliktklärung verbunden sein. Im Fokus solcher Ansätze steht aber eher die **streitbeendende Wirkung**.

1. Schlichtung

Kennzeichnend für eine Schlichtung ist neben der Moderation die Un- **370** terbreitung eines **Lösungsvorschlages**[286]. Dieser kann von den Parteien angenommen werden, ist aber nicht bindend. Lehnen die Parteien oder

---

[285] *Lenz/Salzer/Schwarzinger* in: Konflikt Kooperation Konsens, das Modell der kooperativen Praxis – über die Mediation hinaus, S. 14.
[286] *Greger/von Münchhausen*, Verhandlungs-und Konfliktmanagement für Anwälte, § 16 Rn. 385.

eine Partei ihn ab, so hat er dennoch eine **faktische Wirkung**. Die Konfliktparteien kennen jetzt die Einschätzung eines neutralen Dritten und werden diese in ihre eigenen Überlegungen einfließen lassen und mit ihr argumentieren[287].

Neben der Möglichkeit, eine Schlichtung ad hoc zu vereinbaren, gibt es institutionalisierte Schlichtungsstellen.

371 Die im Arbeitsrecht bekanntesten **Schlichtungsstellen** sind die Schlichtungsstellen zur Beilegung von Streitigkeiten in einem Ausbildungsverhältnis gemäß § 111 Abs. 2 ArbGG. Weiterhin gibt es die Schiedsstelle beim Deutschen Patentamt für Ansprüche gemäß §§ 28 f. Arbeitnehmererfindungsgesetz oder die Schlichtungsmöglichkeiten im kirchlichen Bereich. Daneben gibt es in Nordrhein-Westfalen auf der Grundlage des Kontrollratsgesetzes Nr. 35 vom 20.8.1946 einen Landesschlichter, der als unparteiisch und neutraler Moderator und Schlichter dann aktiv wird, wenn die Sozialpartner oder die Betriebsparteien dies freiwillig und gemeinsam wünschen. Zu den Aufgaben des Landesschlichters gehören die Schlichtung von Tarifstreitigkeiten, die Begleitung betrieblicher Bündnisse für Arbeit, Moderation von Betriebskonflikten im Vorfeld von Arbeitsgerichtsverfahren, sowie der Vorsitz von betrieblichen Einigungsstellen.[288]

Der Landesschlichter kann von den Tarifvertragsparteien im Streitfall angerufen werden. Der Spruch des Landesschlichters ist grundsätzlich nicht verbindlich. Die Sozialpartner können jedoch vereinbaren, dass sie sich einem Schlichterspruch unterwerfen werden.

2. Betriebliche Einigungsstelle

372 Eine weitere privatrechtliche innerbetriebliche Schlichtungsstelle ist die sog. Einigungsstelle gemäß § 76 BetrVG[289]. Ihre Aufgabe ist die Beilegung von Meinungsverschiedenheiten zwischen Arbeitgeber und Betriebsrat, Gesamtbetriebsrat oder Konzernbetriebsrat. Durch Betriebsvereinbarung kann eine ständige Einigungsstelle errichtet werden, § 76 Abs. 1 BetrVG. In Fragen der zwingenden Mitbestimmung ist das Verfahren vor der Einigungsstelle gesetzlich in seinen Grundzügen geregelt, nämlich Errichtung der Einigungsstelle, Verhandlungsgegenstand vor der Einigungsstelle, Wirkung und Überprüfung des Einigungsstellenspruchs.

373 Was die Ausgestaltung des Verfahrens betrifft, so hat der Einigungsstellenvorsitzende unter Berücksichtigung einiger elementarer Verfahrens-

---

[287] *Greger/von Münchhausen*, Verhandlungs-und Konfliktmanagement für Anwälte, § 16 Rn. 387 ff.

[288] www.landesschlichter.nrw.de, diese Möglichkeit ist praktisch von nur geringer Relevanz.

[289] Vgl. *Richardi*, Betriebsverfassungsgesetz, § 76 Rn. 6 f., *Thiele* in: GK Betriebsverfassungsgesetz, § 76 Rn. 54.

prinzipien Handlungsspielräume. Zu den allgemeinen unabdingbaren Verfahrensgrundsätzen gehört der Anspruch auf rechtliches Gehör und der Verhandlungsgrundsatz[290]. Mit der Möglichkeit der sog. Shuttle-Diplomatie („Beichtstuhl") entfernt sich die Einigungsstelle weit vom gerichtlichen Verfahren (Grundsatz der Öffentlichkeit und Unmittelbarkeit). Die Fähigkeit des Vorsitzenden der Einigungsstelle, die Beteiligten zu einem Konsens zu führen, ist entscheidend für den Erfolg derselben. In diesem Zusammenhang sind mediative Techniken hilfreich und werden vielfältig eingesetzt. Der grundlegende Unterschied zur Mediation besteht darin, dass der Einigungsstellenvorsitzende Entscheidungskompetenz hat. Da in der Einigungsstelle Entscheidungen fallen können, ist das gesamte Verfahren mitgeprägt von strategischen Elementen, wie der Vorsitzende überzeugt werden kann, wie man es vermeiden kann, der „Gegenseite" zu tief Einblick in die eigene Motivation zu geben[291].

3. Ist Mediation eine Alternative zur Einigungsstelle?

Die Konstellation der Einigungsstelle deckt viele Merkmale ab, die **374** den oft genannten **Eignungskriterien für eine Mediation** entsprechen: Es geht um eine auf Dauer angelegte Beziehung, nicht um einen Einzelkontakt. Die Probleme wiederholen sich häufig, so dass eine Klärung der grundsätzlichen Interessen hilfreich ist. Eine Verrechtlichung ist bei vielen Themen nicht sinnvoll, daher hat der Gesetzgeber einen betrieblichen Regelungsmechanismus gewählt. Mediation könnte die Kommunikation zwischen den Beteiligten auch in anderen Bereichen positiv beeinflussen.

Mediation setzt aber voraus, dass die Beteiligten ein vielleicht unbewusstes **„Lagerdenken"** wirklich verlassen wollen. Dies kann ein aufwändiger Weg sein, der nicht so schnell zu vorzeigbaren Resultaten führt.

Geht es um **kurzfristige Lösungen** und **begrenzte Themenstellungen**, lässt sich auch durch **kluge Moderation** ein Konsens finden. In dem Maße, in dem die Fähigkeiten der Beteiligten zur Kooperation gestört ist, sollte jedoch darüber nachgedacht werden, eine Einigungsstelle mit einem Vorsitzenden und einem Mediator durchzuführen. Eine solche Konstellation verbindet die (zeitlichen) Vorteile eines möglichen Einigungsstellenspruchs mit dem Erfahren einer interessenorientierten Gesprächsführung.

Unabhängig von einer konkreten Einigungsstelle ist eine Mediation zur **Förderung der Kommunikationsfähigkeit** zwischen den Betriebspartnern sinnvoll.

---

[290] Vgl. *Unberath*, ZKM 2011, 47; *Faulenbach*, NZA 2012, 953.
[291] Zu Art und Natur der Kommunikation bei nicht evaluativen Verfahren *Unberath*, ZKM 2011, 46.

4. Schiedsverfahren gemäß § 101 ff. ArbGG

375   Die Sonderregelungen zur Schiedsgerichtsbarkeit in den §§ 101 ff. ArbGG sind abschließender Natur. Daneben kommen die §§ 1025 ff. ZPO nicht zur Anwendung, § 101 Abs. 3 ArbGG. Schiedsgerichte können nur tätig werden bei bürgerlichen Rechtsstreitigkeiten aus Tarifverträgen oder Streitigkeiten über das Bestehen oder Nichtbestehen eines Tarifvertrages zwischen den Tarifvertragsparteien, § 101 Abs. 1 ArbGG. Ferner kann nach § 101 Abs. 2 ArbGG der Ausschluss der Zuständigkeit des Arbeitsgerichtes für bürgerliche Rechtsstreitigkeiten aus einem tariflich bestimmten Arbeitsverhältnis bei bestimmten Berufsgruppen vereinbart werden, z. B. Bühnenschiedsgerichtsbarkeit[292]. In Tarifverträgen können auch tarifliche Gutachterabreden vereinbart oder paritätische Kommissionen eingesetzt werden mit der Folge, dass diese Stellen zunächst einzuschalten sind[293].

---

[292] Hierbei handelt es sich um ein sehr aufwändiges Verfahren, ggfls über fünf Instanzen.

[293] Z. B. MTV KfZ-Gewerbe, § 6 ERA.

Kapitel 9. Falldokumentationen

I. Falldokumentation zu einer Mediation bei einem ruhend gestellten Gerichtsverfahren

1. Der Ausgangsfall

Nach einem Fusionsprozess kommt es zur Umorganisation der IT-Abteilung, wobei zwei bisher bestehende Abteilungen zusammengelegt werden sollen. Es wird eine neue Leitungsspitze gebildet (Doppelspitze), einzelne Positionen fallen nun weg. Infolge der Umorganisation stehen auf der Ebene der Mitarbeiter Umsetzungen an. Nach Ausspruch zweier Abmahnungen, gestützt auf verhaltensbedingte Pflichtverletzungen, wird der Mitarbeiter A nach einem Gespräch mit der Personalabteilung und seinem neuen Abteilungsleiter L in eine andere Abteilung außerhalb des IT-Bereiches versetzt. Gegen diese Versetzung erhebt der Mitarbeiter A Klage vor dem örtlich zuständigen Arbeitsgericht. Um die Situation nicht eskalieren zu lassen, sieht der Mitarbeiter A nach anwaltlicher Beratung zunächst von einer Klageerweiterung bezogen auf die Abmahnungen ab. Im Gütetermin verständigen sich der Mitarbeiter A und der Arbeitgeber, vertreten durch die Personalabteilung, auf die Durchführung einer Mediation. Das Gerichtsverfahren wird zwecks Durchführung der Mediation ruhend gestellt.

376

2. Die Vorphase: Erste Kontaktaufnahme/Auftragsklärung

a) Telefonischer Kontakt mit der Arbeitgeberin. Die **Personalabteilung** wendet sich telefonisch an den Mediator. In diesem telefonischen Kontakt stellt sich der Mediator zunächst kurz vor, erklärt **grundlegende Verfahrensprinzipien** der Mediation, insbesondere die Freiwilligkeit, die Verschwiegenheit und die Ergebnisoffenheit.

377

Er sichert ab, dass die Mediation nur dann zustande kommt, wenn alle Beteiligten sowohl mit der Mediation als auch mit ihm als Mediator einverstanden sind. Auf die Frage, ob einzelne Kollegen des Mitarbeiters A oder sein Vorgesetzter zur Teilnahme an der Mediation angewiesen werden können, erläutert der Mediator, dass von Seiten des Arbeitgebers ein entsprechender Wunsch an die Mitarbeiter herangetragen werden kann mit der Bitte, die Konfliktarbeit zu unterstützen. Bei Bedarf könnte den Mitarbeitern Gelegenheit zu einem informativen Vorgespräch innerhalb der Arbeitszeit gegeben werden. Eine Anweisung zur Teilnahme könne allenfalls den körperlichen Kontakt im Erstgespräch sicherstellen, nicht aber eine sinnvolle Teilnahme an der Mediation; diese setze Freiwilligkeit voraus.

111

Er werde sich bei Beginn der Mediation nochmals vergewissern, ob die Mitarbeiter tatsächlich bereit und in der Lage seien, konstruktiv an der Konfliktarbeit teilzunehmen.

Zum Verfahrensgrundsatz „Ergebnisoffenheit" erläutert der Mediator, dass das Verfahren der Mediation nur dann sinnvoll ist, wenn der Arbeitgeber bereit ist, sich mit möglichen Ergebnissen der Mediation offen auseinanderzusetzen. Dies bedeutet konkret, dass der Arbeitgeber die Bereitschaft hat, das von den Medianden gefundene Ergebnis zu einer Beschäftigung des Mitarbeiters A entweder umzusetzen, oder sich selbst mit an den Mediationstisch zu begeben. Weiterer Bestandteil des telefonischen Vorklärungsgespräches ist die Erläuterung der Verschwiegenheit im Rahmen des Mediationsverfahrens. Der Mediator macht deutlich, dass er keine Inhalte aus der Mediation an die Arbeitgeberin weiterleiten wird, die nicht mit den Medianden abgesprochen sind. Auch die Mediationsteilnehmer würden im sog. Arbeitsbündnis eine Vereinbarung zur Verschwiegenheit treffen, mit der Konsequenz, dass der Arbeitgeber auch aus dieser Runde keine Informationen bekommt, es sei denn, solche sind mit der Runde abgestimmt.

Zum Ende des Telefonats wird die Übersendung des Entwurfs für einen **Mediationsauftrag** vereinbart.

Inhaltliche Fragen des Konfliktes werden nur insoweit angesprochen, als dass der Mediator um Auskunft bittet, wer aus Sicht der Personalabteilung an der Mediation teilnehmen soll, ob es eine zeitliche oder kostenmäßige Begrenzung gibt und wo die Mediation stattfinden soll. Die Personalabteilung schlägt vor, dem Mediator Unterlagen aus der Gerichtsakte zu überlassen. Für die Zusammensetzung der Mediationsrunde soll der Mediator nach einer groben Konfliktanalyse Vorschläge unterbreiten. Er hat insoweit freie Hand. Aus Sicht der Personalabteilung sollten auf jeden Fall der Mitarbeiter A und der neue Abteilungsleiter L teilnehmen. Der Mediator erhält die Kontaktdaten des Abteilungsleiters. Die Arbeitgeberin wird die Kosten der Mediation übernehmen. Das Telefonat endet mit der Vereinbarung, dass der Mediator zunächst mit dem Prozessvertreter des Mitarbeiters A Kontakt aufnimmt und sich sodann wieder melden wird.

378 **b) Das Telefonat mit dem Prozessvertreter des Mitarbeiters A.** Dieses Telefonat läuft inhaltlich ähnlich dem oben geschilderten. Auch der Prozessvertreter des Mitarbeiters A ist mit der Zusendung einer Kopie der Klageschrift und der Klageerwiderung einverstanden. Was den zeitlichen Rahmen der Mediation anbelangt, so weist er darauf hin, dass der Mitarbeiter bereit sei, für die Dauer der Mediation an seinem neuen Arbeitsplatz zu arbeiten, ihm jedoch sehr an einer Beschleunigung des Verfahrens liege. An der Mediation sollen auch aus Sicht des Prozessvertreters auf jeden Fall der Mitarbeiter A und sein neuer Abteilungsleiter L teilnehmen. Eine anwaltliche Begleitung der Mediation durch persönliche Anwesenheit ist nicht beabsichtigt. Der Mediator erhält die Kontaktdaten des Mitarbeiters A. Es wird vereinbart, dass er mit dem Mitarbeiter A telefoni-

schen Kontakt aufnimmt; der Prozessvertreter wird dem Mediator
Auszüge seiner Handakte zusenden.

c) Telefonischer Kontakt zu dem Mitarbeiter A und dem Abteilungslei- **379**
ter L. Es folgen zwei weitere Telefonate mit dem Mitarbeiter A und dem
Abteilungsleiter L. Diese Kontaktaufnahmen sind wichtig, um den Beteiligten deutlich zu machen, dass sie die zentrale Rolle im Mediationsge-
schehen spielen, nicht die den Mediationsauftrag vorbereitenden Berater
bzw. die Personalabteilung. Der Mediator stellt sich in diesen Telefonaten
nochmals kurz vor und klärt mit den Beteiligten, ob eine Mediation unter
seiner Teilnahme auch von diesen gewünscht ist. Das Telefonat mit dem
Mitarbeiter A gibt dem Mediator darüber hinaus einen Einblick in den
Konflikt. Der Mitarbeiter ist sehr belastet und führt den derzeitigen Konflikt auf eine längere Vorgeschichte zurück, an welcher nicht nur sein
neuer Abteilungsleiter L beteiligt sei. Aufgrund dieser erweiterten Sicht
auf das Konfliktgeschehen schlägt der Mediator vor, zunächst mit Einzelgesprächen zu beginnen, wobei auch dem Abteilungsleiter L diese Möglichkeit eingeräumt werden soll. Mit dem Einzelgespräch soll insbesondere vermieden werden, die Konfliktarbeit zu sehr auf den Ausschnitt
Mitarbeiter A und neuer Abteilungsleiter L zu begrenzen. Es wird verab-
redet, dass A – bei Einverständnis des Abteilungsleiters L – zu einem Gesprächstermin in das Büro des Mediators kommt. Für das Gespräch wird
ein zeitlicher Rahmen von 1,5 Stunden angesetzt.

Das folgende Telefongespräch mit dem Abteilungsleiter L zeigt, dass
dieser einerseits bereit ist, konstruktiv an diesem Konflikt zu arbeiten, andererseits sich selbst nur eine geringe Rolle zuweist. Er sei recht neu und
nicht vorbelastet durch die Vergangenheit. Er ist mit Einzelgesprächen
einverstanden. Auch mit ihm wird ein Einzelgespräch im Büro der Mediators vereinbart.

d) Ende der Vorphase. Der Mediator kommuniziert die Ergebnisse der **380**
telefonischen Gespräche mit A und L dem Prozessbevollmächtigten und
der Personalabteilung. Mittlerweile liegt ihm auch der unterzeichnete Mediationsauftrag sowie Kopien aus der Handakte vor.

3. Die Mediation

a) Einzelgespräch mit dem Mitarbeiter A. Um Einzelgespräche gut zu **381**
strukturieren, arbeitet der Mediator nach einem Leitfaden. Eine solche
Vorgehensweise erleichtert die „Auswertung" von Einzelgesprächen, insbesondere wenn es eine Vielzahl solcher Gespräche gibt.

b) Checkliste für das Gespräch:

– Kurze Beschreibung von Mediation und der Rolle des Mediators
– Kurze Erläuterung der Verfahrensprinzipien der Mediation, insbesondere Freiwilligkeit, Vertraulichkeit, Offenheit, Respekt, Akzeptanz anderer Wahrnehmungen und Meinungen

– Erläuterung des Gebotes der Allparteilichkeit
– Bearbeitung inhaltlicher Fragen nach folgender Struktur:
1. Wenn ein guter Journalist über die Probleme eine Geschichte schreiben würde, welche Überschrift könnte er wählen, so dass der Kern des Ganzen getroffen wird?
2. Wenn die Mediation erfolgreich ist, was ist für sie dann Wesentliches geklärt?
3. Wer ist am Konflikt beteiligt?
4. Wie lange besteht der Konflikt schon?
5. Wie stark ist der Konflikt eskaliert – Anfertigung einer Skala von 1(wenig) bis 10 (stark)
6. Was haben die Konfliktbeteiligten oder andere Personen bisher an Lösungsmöglichkeiten versucht und welche Alternativen gibt es gegebenenfalls zur Mediation?
7. Für wie wahrscheinlich halten Sie es, dass der Konflikt lösbar ist?
8. Anfertigen eines Organigramms.

382 Das Einzelgespräch mit A zeigt, dass seine Einstellung zu dem Konflikt sehr von Vorannahmen geprägt ist. Der neue Chef wolle keine altgedienten Kräfte, lehne eine offene Diskussion ab und grenze ihn bewusst aus, da er zum alten Stamm gehöre. Außerdem habe er sowieso einen schlechten Ruf. In seiner Gradlinigkeit sei er oft der Buhmann für andere und stehe auf der Abschussliste. Aufgrund seiner fachlichen Kompetenz sei es für ihn aber ganz wichtig, wieder in den alten Bereich zurückzukommen. Hier habe er sich einen guten Stand erarbeitet, den er nicht bereit sei aufzugeben. Seine Konfliktüberschrift lautet daher auch folgerichtig: „Neue Besen kehren gut". Der Konflikt ist aus der Einschätzung des Mitarbeiters schon weit eskaliert. Die im Rahmen der Abmahnungen geführten Personalgespräche hat A als eskalierend und nicht als deeskalierend erlebt. Hier hat sich für ihn das Gefühl verstärkt, schutzlos zu sein. Dennoch hält er den Konflikt für lösbar, wichtig seien ihm klare Rahmenbedingungen für seine Arbeit.

383 **c) Das Einzelgespräch mit dem Abteilungsleiter L.** Auch dieses Gespräch wird nach der oben genannten Checkliste geführt. „Sand im Getriebe" ist die gewählte Überschrift. L hat den Konflikt nur am Rande wahrgenommen; es kam zu Beschwerden, die Bearbeitung wurde letztlich an die Personalabteilung delegiert, da er mit anderen Problemen beschäftigt war. Er ist durchaus daran interessiert, den Mitarbeiter mit seiner fachlichen Kompetenz wieder in seiner Abteilung einzugliedern, er erwartet Loyalität, Respekt und Kundenorientierung. Streitpunkte aus der Vergangenheit interessieren ihn nicht. Vielmehr sieht er in der Neuausrichtung der gesamten Abteilung und seiner unbelasteten Sicht auf die Mitarbeiter eine Chance, den Konflikt zu lösen.

384 **d) Vorbereitung der nächsten Gesprächsrunde.** Der Mediator wird im nächsten Schritt A und L zu einem gemeinsamen Gespräch einladen. Zur

Zeit sieht er keinen Bedarf, auf weitere Gesprächsteilnehmer zuzugehen. Die Vorbereitung dieses ersten Gespräches umfasst drei Arbeitsfelder:

1. Der juristische Hintergrund – es geht darum, einen vertragsgemäßen und allseits akzeptierten Arbeitsplatz zu finden.
2. Der psychologische Hintergrund – hier geht es um Gefühle und erlebte Verletzungen.
3. Hypothesen zur Gestaltung des Mediationsprozesses.

Zum Arbeitsfeld 1 – **juristischer Hintergrund**: Die Gerichtsakte fokussiert sich auf den Streit, ob der jetzige Arbeitsplatz vertragsgerecht ist. Dieser Streit spielt für die Mediation gar keine Rolle, da vertragsgerechte Beschäftigung und Akzeptanz der angebotenen Beschäftigung nicht deckungsgleich sind. Der juristische Hintergrund ist jedoch wichtig, um beizeiten die richtigen Entscheidungsträger einzuschalten. Über die vertragsgemäße Beschäftigung entscheidet letztlich nicht ausschließlich der Abteilungsleiter L.

Nicht Bestandteil der Akte, aber dennoch wichtig für den juristischen Hintergrund sind die vom Mitarbeiter A angesprochenen Abmahnungen. Auch hier ist es wichtig, im Blick zu behalten, wer bei einer Vereinbarung der maßgebliche Entscheidungsträger ist.

Zweites Arbeitsfeld: **Psychologischer Hintergrund**:
Aus dem Einzelgespräch mit A ergibt sich für den Mediator der Eindruck, dass A sich möglicherweise selber auf eine Rolle festgelegt hat, die er nur schwer verlassen kann. Aus dieser Rollenperspektive interpretiert er das Verhalten seiner Umgebung. Hier könnte es wichtig werden, dem Mitarbeiter eine Brücke zu bauen, diese selbst zugeschriebene Rolle zu verlassen und so wieder neue Motivation zu erlangen. Die Hypothese des Mediators lautet: „A braucht eine Stärkung. Seine selbst gegebene Rollenzuschreibung dient ihm als Schutz". Eine zentrale Frage könnte lauten: „Wie kann der Mitarbeiter von außen diesen Schutz bekommen, gegebenenfalls durch den Abteilungsleiter L, um sich dann wieder engagiert und kompetent seiner Arbeit zuwenden zu können." Das Gespräch mit dem Abteilungsleiter hat deutlich gemacht, dass dieser die Dimension des Konfliktes bis jetzt nicht wahrgenommen hat. Aus der Haltung „ich will keinen Störenfried haben" könnte die Haltung erwachsen, „Ich übernehme Verantwortung für meine Mitarbeiter und unterstütze sie, störendes Verhalten abzubauen".

Arbeitsfeld Nummer 3: **Mediationshypothesen**.
Die Vorgespräche haben auch gezeigt, dass es einige Unruheherde außerhalb des zunächst geplanten Mediationssettings gibt. So sind im Umfeld Beschwerden gegenüber A erhoben worden und die Personalabteilung hat mit der Versetzung sehr deutlich reagiert. Gegebenenfalls ist der Mediationskreis daher auf weitere Entscheidungsträger auszuweiten.

385 **e) Erstes gemeinsames Gespräch mit A und L – Dauer 1,5 Stunden.**
Das gemeinsame Gespräch beginnt mit der Unterzeichnung des **Arbeitsbündnisses**, in welchem die Gesprächsteilnehmer die Regeln der Mediation anerkennen, sich gegenseitig die Vertraulichkeit zusichern und bezüglich des Mediators vereinbaren, dass sie diesen nicht als Zeugen vor Gericht in einem möglichen Streitverfahren benennen werden[294].

Bezogen auf das „Verhandlungsmandat" der beteiligten Gesprächsteilnehmer lautet das **Thema** des gemeinsamen Gespräches

– eine Tätigkeit des Mitarbeiters A im Bereich des Abteilungsleiters L –

Für den Fall einer Arbeitsaufnahme im Bereich des Abteilungsleiters äußert A folgende **Bedürfnisse**):

– Anerkennung der Arbeit
– Fairness
– Klare Regeln für die Kommunikation zum Kunden
– Klare Arbeitsanweisungen
– Offene und ehrliche Kommunikation bei Problemen
– Fairness auch gegenüber dem Kunden (kein Aufschwatzen, keine falschen Angaben …)

Bedürfnisse von L:

– Service und Kundenorientierung
– Korrekte Umgangsformen
– Effizienz
– Erfolg und Ansehen der Abteilung

Im Gespräch zwischen den Medianden wird deutlich, dass L den Mitarbeiter fachlich sehr schätzt, sich durchaus seine Rückkehr wünscht und bereit ist, in Konfliktfällen die Kommunikation gegenüber dem Kunden zu übernehmen. Er erwartet vom Mitarbeiter, dass dieser ihn ehrlich, offen und fachlich korrekt informiert und damit eine Expertenrolle einnimmt.

A entspannt sich während des Gespräches zunehmend. Er ist überrascht, dass mit seiner Person keine Vorurteile verknüpft werden und ihm seine Schwierigkeiten im Kundengespräch nicht vorgehalten werden.

Im Rahmen der Suche nach **Lösungsoptionen** werden verschiedene Einsatzmöglichkeiten diskutiert. Übereinstimmend gehen die Medianden davon aus, dass eine Rückkehr an den alten Arbeitsplatz aufgrund der Umstrukturierung nicht möglich ist.

Da unterschiedliche Tätigkeitsfelder in Betracht kommen, wird eine **Zwischenvereinbarung** getroffen dergestalt, dass der Mitarbeiter für sich eine Auswahl vornimmt, diese mit seinem Anwalt durchspricht und den Abteilungsleiter entsprechend informiert. Aufgrund der entstandenen vertrauensvollen Atmosphäre erklärt sich der Abteilungsleiter bereit, mit den Leitern der einzelnen Aufgabenbereiche je nach Wahl des Mitarbeiters zu

---

[294] Rechtslage vor Inkrafttreten des MediationsG.

klären, ob diese mit einer entsprechenden Arbeitszuweisung einverstanden sind bzw. Klärungsbedarf im Rahmen der Mediation haben. Bis zur endgültigen Klärung wird A in dem jetzt durch Versetzung zugewiesenen Arbeitsbereich bleiben. Es wird ein weiterer Gesprächstermin vereinbart.

f) Zwischen den Gesprächen. Die Medianden sind nach Ansicht des **386** Mediators in der Lage, die diskutierten Zwischenschritte alleine umzusetzen.

Nach ca. einer Woche erhält der Mediator eine E-Mail des Mitarbeiters A. Es hat sich ein neues Konfliktfeld aufgetan. Die derzeitige Vorgesetzte möchte den Mitarbeiter A nicht gehen lassen und setzt ihn „gefühlt" unter Druck. Konkret bittet sie um die Durchführung eines Personalgespräches. A reagiert sehr unruhig und erwägt, den Rechtsstreit wieder aufzunehmen, um für sich Rechtssicherheit zu erhalten.

Der Mediator telefoniert zunächst mit A und mit dessen Einverständnis schildert er L telefonisch die Situation. L erklärt sich sofort bereit, mit der Personalabteilung und der derzeitigen Vorgesetzten des Mitarbeiters A Kontakt aufzunehmen, um der Mediation einen ungestörten Raum zu geben. Konkret geht es um die Bitte, zur Zeit von einem Personalgespräch Abstand zu nehmen. Der Vorgesetzten soll gleichzeitig eine Einladung ausgesprochen werden, an der Lösungsarbeit in der Mediation mitzuwirken. L bietet an, A vom Ergebnis der Gespräche unmittelbar in Kenntnis zu setzen.

g) Das zweite Gespräch zwischen A und L. Im Rahmen des zweiten **387** Gespräches werden die **Optionen** für einen Arbeitsplatz des Mitarbeiters A zusammengetragen, der Inhalt der mit den einzelnen Bereichen geführten Vorgespräche wird wiedergegeben. Ebenso das Gespräch mit der derzeitigen Vorgesetzen von A.

Zusammengefasst haben A und L ein **umfassendes Verhandlungsmandat**; die von einer Lösung „Betroffenen" sind mit den einzelnen Varianten einverstanden.

Da auf Seiten des Mitarbeiters A eine **Rechtsberatung** stattgefunden hat, steht einer Vereinbarung der Beteiligten nichts mehr im Wege.

Aus dem Vorgespräch mit A weiß der Mediator, dass es für A noch ein weiteres Thema gibt, welches er bisher nicht benannt hat – die Abmahnungen –.

A zögert, die gute Stimmung angesichts seiner vereinbarten Rückkehr zu stören. Auch für L ist aber spürbar, dass A noch etwas „auf dem Herzen" hat. Aufgrund des Einzelgesprächs kann der Mediator A unterstützen, indem er allgemein fragt, ob die Medianden noch etwas brauchen, um zu einem guten Neustart zu kommen. Jetzt spricht A die Abmahnungen an.

Das Bedürfnis nach einem unbelasteten Neustart führt zu einer Lösungsidee, die im Einflussbereich von L liegt, das Verhältnis zu L aber nicht belastet:

A wird ein klärendes Gespräch mit dem Beschwerdeführer haben. Falls in diesem Gespräch die Irritationen ausgeräumt werden können, wird sich L für eine Entfernung der Abmahnung aus der Personalakte einsetzen. Sollte es zu einer solchen Klärung nicht kommen, erklärt A, dass er sich entweder nochmals an den Mediator wendet oder die Abmahnungen zur Zeit in der Personalakte belässt, um den Neustart nicht zu belasten. Für ihn ist wichtig, dass L die Beurteilung seiner Person nicht mit den Abmahnungen verknüpft. Alle Vereinbarungen werden in einem **Memorandum** festgehalten. Die Medianden beauftragen ihre Prozessvertreter, die Art und Weise der Prozessbeendigung zu regeln. Eine vereinbarte Nachfrage des Mediators nach ca. 3 Wochen ergibt, dass das gerichtliche Verfahren einvernehmlich beendet wurde.

4. Fazit

388   Dieses Beispiel steht exemplarisch für viele „gerichtsnahe" Mediationen. Der Streitstoff, sowie er in den Klageanträgen seinen Niederschlag findet, hat oft mit der eigentlichen Problematik nichts zu tun. Die Aufbereitung des Sachverhaltes und die juristische Übersetzung durch die Prozessvertreter „verzerren" häufig das Bild. Einmal in den Prozess eingetreten, finden alle Beteiligten schwer aus diesem Rahmen heraus.

Im vorliegenden Fall wurden arbeitsrechtliche Schritte eingeleitet, ohne dass im Vorfeld ernsthaft eine Konfliktklärung versucht wurde. Prozessual hätte das Gerichtsverfahren höchstens die Frage der vertragsgemäßen Beschäftigung geklärt, der gewonnene Versetzungsprozess hätte dem Mitarbeiter A weder geholfen, Vertrauen in seinen neuen Vorgesetzten zu fassen, noch den Vorgesetzten zu der Überzeugung geführt, hier einen motivierten Mitarbeiter zu bekommen. Für alle Beteiligten war die Mediation eine positive Erfahrung.

II. Falldokumentation zu einer gerichtsinternen Mediation nach der alten Rechtslage

1. Die Ausgangslage

Die Mitarbeiterin P ist bei einem kleinen Unternehmen (15 Mitarbeiter) **389** seit 15 Jahren als kaufmännische Angestellte beschäftigt. Sie war zunächst die einzige kaufmännische Kraft im Betrieb. Mittlerweile arbeiten im kaufmännischen Bereich 3 Mitarbeiter. Neben den kaufmännischen Mitarbeitern gibt es im Betrieb Monteure, den Leiter der Monteure und den Geschäftsführer. Nachdem die Mitarbeiterin P eine Abmahnung wegen Störung des Betriebsklimas erhielt und gleichzeitig eine Reduzierung der Arbeitszeit von 40 auf 35 Stunden ausgesprochen wurde sowie das 13. Monatsgehalt für das laufende Jahr gestrichen wurde, erhob die Mitarbeiterin P Klage vor dem Arbeitsgericht. Im Gütetermin vereinbarten die Mitarbeiterin P und der Geschäftsführer V die Durchführung einer Gerichtsmediation, an welcher zunächst nur Frau P und Herr V teilnehmen sollen, ohne anwaltliche Begleitung.

2. Vorbereitung der Mediation

Über die **Mediationsgeschäftsstelle** gelangt die Akte zum Mediator. Die **390** Mediationsgeschäftsstelle führt insoweit ein alphabetisch geordnetes Register der bei Gericht zur Verfügung stehenden Mediatoren und verteilt die eingehenden Mediationsakten der Reihe nach. Der so „bestimmte" Mediator nimmt zunächst **Kontakt** zu den Rechtsanwälten auf. Hintergrund dieser Kontaktaufnahme ist die Einholung der Bestätigung, dass der Mediator sich direkt an die Medianden wenden darf, da die Anwälte, wie im Gütetermin besprochen, nicht an dem Mediationsverfahren teilnehmen wollen. Zudem **informiert** der Mediator auch die Anwälte über **das Verfahren und die Grundprinzipien der Mediation** und weist darauf hin, dass es keine Vereinbarung ohne ihre **Rechtskontrolle** geben wird und sie für eine eventuelle prozessbeendende Maßnahme zuständig bleiben.

Mit dem Einverständnis beider Prozessvertreter wendet sich der Mediator nun an die Parteien. Auch hier erfolgt zunächst ein kurzes telefonisches Gespräch, in welchem sich der Mediator vorstellt, kurz erläutert, wie die Mediationsakte zu ihm gelangt ist und darauf hinweist, dass die Medianden nach der **Mediationsordnung des Gerichtes** die Möglichkeit haben, ihn als Mediator abzulehnen. In einem nächsten Schritt informiert er über das Verfahren und die Grundprinzipien der Mediation. Da im Gütetermin schon angedacht wurde, das Mediationsgespräch zunächst auf die Mitarbeiterin P und den Geschäftsführer V zu beschränken, knüpft der Mediator hieran an, stellt aber darüber hinaus die Frage, wer aus Sicht des Gesprächspartners noch am Konflikt beteiligt sein könnte.

Um eine zügige Arbeitsweise zu ermöglichen, ist es hilfreich, schon im telefonischen Erstkontakt Informationen zu sammeln, ohne jedoch den Konflikt zu kommentieren. Benennen die Parteien weitere Konfliktbeteiligte, so kann im Vorgespräch geklärt werden, ob diese weiteren Beteiligten gegebenenfalls während der Mediation telefonisch kontaktiert werden können, auf Abruf bereit stehen oder in anderer Art und Weise einbezogen werden können.

Die Telefongespräche enden mit einer **Terminsvereinbarung**, wobei am Mediationsgespräch, wie ursprünglich vorgesehen, die Mitarbeiterin P und der Geschäftsführer V teilnehmen. Es erfolgt eine schriftliche Einladung nebst Übersendung der Informationsbroschüre zur Gerichtsmediation und eines **Mediationsvertrages**.

3. Die Mediation

391 Das Mediationsgespräch beginnt mit einer kurzen Frage, nach den **Erwartungen** der anwesenden Medianden verbunden mit der Bitte, diese in ein bis zwei Sätzen zu formulieren.

Mit dieser Begrüßung werden die Beteiligten zunächst dort abgeholt, „wo sie gerade stehen" und der Mediator erhält die Möglichkeit, bezugnehmend auf die Erwartungen nochmals das Verfahren und die Prinzipien der Mediation anhand des Mediationsvertrages zu erläutern.

Um den Eintritt von Verfallfristen zu verhindern, vereinbaren die Medianden, dass über die Anwältin von P das 13. Monatsgehalt eingeklagte werden kann, dies jedoch nicht den Prozess der Mediation stört und insoweit zunächst kein streitiger Schriftwechsel erfolgen soll. V wird seinen Prozessanwalt entsprechend informieren.

Bezüglich der **Verschwiegenheit** wird vereinbart, dass neben der Information ihrer Prozessvertreterin die Mitarbeiterin P sich auch mit ihrer Familie über die Inhalte der Mediation austauschen darf, der Geschäftsführer verzichtet auf die Weitergabe der Inhalte der Mediation im privaten Bereich. Er wird über die Inhalte der Mediation nur mit seinem Prozessvertreter sprechen.

4. Die Konfliktgeschichte

392 Beide Medianden schildern zunächst aus ihrer Sicht die Vorgeschichte zu der eskalierten Situation, die in der Konsequenz den Arbeitgeber zu den streitgegenständlichen Maßnahmen veranlasst hat.

Während der Geschäftsführer Schwierigkeiten im Verhältnis der Mitarbeiterin P zum Leiter der Monteure sieht, fühlt P sich insgesamt von ihren Kolleginnen im Sekretariat schon seit längerer Zeit ausgegrenzt, so dass sie sich aus ihrer Sicht nunmehr distanziert, aber nicht unhöflich verhält.

Es ergeben sich aus der Diskussion für die Themenliste 3 mögliche **Themen**:

– Umgang mit Konflikten
– Aufgabenbereich der Mitarbeiterin P
– Sonderzahlungen

5. Die Konfliktbearbeitung

Die Konfliktbearbeitung startet mit dem Thema „Aufgabenbereiche von **393** Frau P". da beide Medianden hier eine Überlastungssituation und die Quelle von Konflikten sehen.

Kernpunkt von Unzufriedenheit im Aufgabenbereich ist eine nicht klar kommunizierte und eingehaltene Aufgabentrennung zwischen Buchhaltungsaufgaben und der Unterstützung der Monteure. Sowohl die Mitarbeiterin als auch der Vorgesetzte gehen davon aus, dass die Buchhaltungsaufgaben mit einem Arbeitszeitumfang von 32 bis 35 Stunden zu erledigen sind. Dies ist jedoch nur dann realistisch, wenn P nicht immer wieder unterbrochen wird und für den Außendienst Telefonate, Terminsverschiebungen und ähnliches erledigen soll.

Bei der Ermittlung der **Bedürfnisse**, macht P deutlich, dass sie einerseits die Konzentration auf ihren Arbeitsbereich sucht, andererseits es ihr schwerfällt, durch die langjährige Verbundenheit mit den übrigen Mitarbeitern sich von Aufgaben zurückzuziehen, die sie früher mit wahrgenommen hat.

Für V ist eine Beschränkung auf den Kernarbeitsbereich seitens P ebenfalls wichtig, nur dann sei für ihn die Buchhaltung im eigenen Haus kostenmäßig attraktiv.

Im weiteren Gesprächsverlauf wird vertieft erörtert, wie die Bedürfnisse der Mitarbeiterin nach Austausch und „Fürsorge" für die Kollegen und das Bedürfnis nach Konzentration auf die Arbeit und ungestörtes Arbeiten in Einklang gebracht werden können.

Für den Vorgesetzten geht es um sein Bedürfnis nach Wirtschaftlichkeit und seine unternehmerischen Freiheit, entscheiden zu dürfen, welche Mitarbeiter Sonderzuwendungen bekommen und welche nicht. Diese Entscheidungsfreiheit sieht er nicht als Instrument der Maßregelung, sondern als Instrument einer sinnvollen Kostenverteilung. Deshalb habe die Streichung der Sonderzahlung nur die Buchhaltung getroffen, da hier in letzter Zeit zu viele Kosten entstanden seien.

In einem weiteren Schritt wird überlegt, wie die Mitarbeiterin P unterstützt werden kann in der notwendigen Abgrenzung ihres Aufgabenbereichs. Hier werden klare Kommunikationswege besprochen. Die Mitarbeiterin selbst formuliert, dass ein Rückzug von einer „Allzuständigkeit" für sie auch Entlastung bedeuten kann. Dieser Rückzug darf jedoch nicht in einer Ausgrenzung enden. Das Verständnis des Geschäftsführers auch nach privatem Austausch in Form von kurzen Gesprächen mit Kollegen, erleichtert der Mitarbeiterin die Akzeptanz ihres klar definierten Aufgabenbereichs.

Bezüglich der wirtschaftlichen Bedürfnisse formuliert P, ihr sehr wichtig, mit den anderen Mitarbeitern gleichbehandelt zu werden und klare Regelungen für die Zukunft zu bekommen.

Für das aktuelle Weihnachtsgeld finden die Beteiligten eine Kompensationslösung, dergestalt, dass die Mitarbeiterin einen Warengutschein erhält. Für die Zukunft wird keine verbindliche Regelung festgelegt, sondern vereinbart, dass im Falle einer „Ungleichbehandlung der Mitarbeiter" zunächst Gespräche geführt werden mit dem Ziel einer einvernehmlichen Regelung. Mit diesen Gesprächen soll vermieden werden, dass die Entscheidung des Geschäftsführers zur Frage der Sonderzahlung als intransparent und „bestrafend" erlebt wird. Transparenz und Nachvollziehbarkeit sind P zunächst wichtiger als die abstrakte Höhe einer Zahlung.

Im dritten **Lösungsschritt** wird die Arbeitszeit einvernehmlich auf 35 Stunden bei einer 4-Tage-Woche angepasst. Nach der klaren Aufgabenbeschreibung gibt es keinen Dissens zu der Frage, ob die Arbeit in dieser Zeit zu schaffen ist. Die Freiheit der 4 Tage-Woche kompensiert den finanziellen Verzicht.

Nach einer Besprechung mit ihren Prozessvertretern wird das Klageverfahren durch Klagerücknahme einvernehmlich beendet.

6. Fazit

394 Dieser Fall einer Gerichtsmediation macht sehr deutlich, dass während der Mediation rechtliche Erwägungen oft keine Rolle spielen. Darüber hinaus zeigt diese Mediation, wie konfliktträchtig erlebte Verletzungen von Fairness und Gerechtigkeitsvorstellungen sein können. Selbst wenn auf der Sachebene zwischen Beteiligten Übereinstimmung besteht, behindern entsprechende „Verletzungen" den Weg zu einer einvernehmlichen Lösung. Der Wunsch nach Verhaltensänderung ist zudem oft Gegenstand von Konflikten. Damit dieser Wunsch schrittweise in Erfüllung gehen kann, ist es sinnvoll, die Motive für das Verhalten zu erforschen und so Unterstützungsmöglichkeiten zu entwickeln. Für die Mitarbeiterin hieß dies in der fraglichen Mediation: „ich werde vom Vorgesetzten nicht als unkonzentriert und geschwätzig eingestuft, sondern erlebe Verständnis für meine Rolle als langgediente Insiderin und bekomme positive Motivation für das Annehmen einer neuen Rolle = kompetente Buchhalterin". Trotz des beschränkten Zeitfensters für die Gerichtsmediation war es sinnvoll, zwei Mediationstermine anzusetzen. Im Hinblick auf die unterschiedlichen Streitpunkte und die zu erwartenden Folgestreitigkeiten (z.B. Wegrationalisierung der Buchhaltung) wurde mit zwei Mediationssitzungen ein umfangreiches Prozessgeschehen erledigt.

III. Falldokumentation zu einer innerbetrieblichen Mediation

1. Die Ausgangssituation

Der Geschäftsführer eines kleinen Produktionsunternehmens sieht sich **395** mit folgender Situation konfrontiert: Die Belegschaft ist an ihn herangetreten mit Vorwürfen gegenüber dem langjährigen Mitarbeiter M. Dessen Benehmen sei unerträglich, insbesondere fühlt sich der Hallenmeister angegriffen und gemobbt. Die gesamte Belegschaft droht, das Unternehmen zu verlassen, wenn der Geschäftsführer nichts gegen den Mitarbeiter M unternehme.

Die rechtliche Situation bietet keinen vertretbaren Grund für eine Kündigung, ein freiwilliges Ausscheiden lehnt der Mitarbeiter strikt ab und erhebt seinerseits Mobbingvorwürfe. Der Geschäftsführer sieht einerseits gute Gründe für den Verbleib es Mitarbeiters, andererseits fürchtet er wirtschaftliche Nachteile, wenn es nicht zu einer Verbesserung der Situation in der Abteilung kommt. Er ist ergebnisoffen.

2. Vorüberlegungen und erste Kontaktaufnahme

Der Geschäftsführer wendet sich auf Anraten seines Anwalts an den **396** Mediator mit der Bitte, ihn zu unterstützen. Nachdem er die Ausgangsituation geschildert hat, erklärt der Mediator, einen solchen Auftrag nur in **Co-Mediation** zu bearbeiten. Eine Einbeziehung des Teams in Gruppenarbeit lasse sich effektiv nur mit zwei Personen begleiten. Gerne schlage er einen Co-Mediator vor.

3. Auftragsklärung mit dem Geschäftsführer

Es wird ein Termin für eine Auftragsklärung vereinbart, an welchem der **397** Geschäftsführer, sein Anwalt, der Mediator und der Co-Mediator teilnehmen. In diesem **Vorgespräch** informieren die Mediatoren über das Verfahren der Mediation und ihre Rolle als Mediatoren. Inhaltlich geht es in dem Gespräch zudem um eine **knappe Konfliktanalyse**, mit der Fragestellung, ob eine Mediation in diesem Falle überhaupt durchgeführt werden kann. Die Mediatoren lassen sich den aktuellen Anlass für den Mediationswunsch schildern, es wird besprochen, wer möglicherweise Verhandlungspartei ist, wer noch am Konflikt beteiligt ist, was bisher an Lösungsmöglichkeiten versucht wurde und welche Alternativen es zur Mediation geben könnte. Weiterhin vereinbaren die Mediatoren mit dem Geschäftsführer, dass sie ein Gespräch vergleichbaren Inhalts auch mit dem Mitarbeiter M führen werden, falls dieser einverstanden ist.

Vor der Aufnahme der geplanten Einzelgespräche unterzeichnet der Geschäftsführer einen **Mediationsauftrag**. Auch wenn es letztlich nicht zu einer Mediation unter Beteiligung der Kollegen und des Mitarbeiters M kommen sollte, gelten die Regeln der Mediation auch schon für die Einzelgespräche. Nur so können die Mediatoren den Arbeitnehmern strikte Vertraulichkeit zusichern.

4. Vorgespräch mit dem Mitarbeiter M

398   Nach diesem Erstkontakt und der grundsätzlichen Bereitschaft der Geschäftsführung, die Kosten der Mediation zu tragen, wenden sich die Mediatoren an den Mitarbeiter M. An dem **Einzelgespräch** nimmt neben dem Mitarbeiter M die mittlerweile eingeschaltete Anwältin des Mitarbeiters teil. Nach dem Muster des Gespräches mit der Geschäftsführung wird auch hier verfahren. Der Mitarbeiter M kann sich grundsätzlich eine „Vermittlung" durch die Mediatoren vorstellen, eine Gesprächsrunde mit seinen Kollegen ist ihm derzeit aber nicht vorstellbar. M ist arbeitsunfähig erkrankt.

5. Vorgespräch mit den Kollegen

399   Da die Kollegen des Mitarbeiters M eine entscheidende Rolle spielen, soll auch mit den Kollegen ein Vorgespräch zur Konfliktanalyse geführt werden. Ziel dieses Gespräches ist es, zu hinterfragen, ob die Kollegen zu einer konstruktiven Konfliktarbeit bereit sind. Das Gespräch mit den Kollegen ist für die Mediatoren auch deswegen wichtig, um zu sehen, ob sich in der Gruppe der Kollegen neben Beschwerdeführern auch neutrale Personen oder Unterstützer des Mitarbeiters M befinden. Für Einzelgespräche mit den Kollegen ist der zeitliche Rahmen zu eng gesetzt. Es bedarf daher einer guten methodischen Vorbereitung, die es ermöglicht, dass alle Mitarbeiter individuell Stellung nehmen.

Das Gespräch mit den Mitarbeitern beginnt mit einer kurzen Vorstellung der Mediatoren. Sodann stellt sich jeder Teilnehmer mit seinem Namen und seiner Funktion vor. Um die Mitarbeiter weiter in ihrem Befinden abzuholen, werden sie gebeten, eine vorbereitete Skala auszufüllen im Hinblick auf die **Bewertung ihrer Arbeitsbedingungen**. Die eine Seite der Skala lautet „alles muss sich ändern, ich bin stark in den Konflikt einbezogen", die andere Seite „alles ist o.k., ich bin vom Konflikt nicht betroffen". Diese Bewertung wird anonym ausgeführt, die Mediatoren sammeln die Stellungnahmen ein und gewinnen einen schnellen Überblick zur aktuellen Situation.

In einem nächsten Schritt stellen die Mediatoren das Verfahren und die Grundprinzipien der Mediation vor. Hier geht es zum einen um **allgemeine Verfahrensgrundsätze**, um die **Grundprinzipien** insbesondere den Umgang mit Vertraulichkeit und um die Besonderheit des vorliegenden Verfahrens, nämlich der Unterschiedlichkeit zwischen Auftraggeber und Mediationsteilnehmern. Sodann werden **vier Gruppen** gebildet zu je einer Frage, wobei die Fragen lauten:

1. Wenn die Mediation erfolgreich ist, was ist für Sie dann Wesentliches geklärt?
2. Wer ist am Konflikt beteiligt?
3. Wie lange besteht der Konflikt?
4. Wenn ein guter Journalist über die Probleme eine Geschichte schreiben würde, welche Überschrift könnte er wählen, so dass der Kern des Ganzen getroffen wird?

Nach der Gruppenarbeit findet **im Plenum ein Austausch** über die Antworten statt. Es zeigt sich eine große Skepsis der Mitarbeiter, die sich in einem Satz zusammen lässt: Alles wäre gut, wenn nur M nicht im Team wäre. Seitdem dieser arbeitsunfähig ist, gäbe es keine Probleme mehr. Auf die gezielte Nachfrage, was sich durch das Fehlen des Mitarbeiters M geändert habe, ergibt sich folgendes Meinungsbild:

– ungestörter Arbeitsablauf (keine Sabotageakte)
– Teamarbeit (jeder hilft jedem)
– Höflicher Umgangston (keine Beschimpfungen)
– Zufriedenstellendes Arbeitsergebnis (keine Fehler mehr)

Im weiteren Verlauf des Gesprächs werden die Mitarbeiter gebeten zu überlegen, wie das jetzt erreichte Gefühl der Arbeitszufriedenheit und Teamarbeit auch unter Einbeziehung von Herrn M aufrecht erhalten werden könnte. Es folgt ein Sturm der Entrüstung mit der bekannten Drohung, alle würden kündigen. Die Mitarbeiter machen deutlich, dass sie keine Hoffnung haben, das Verhalten des Mitarbeiters M könne sich ändern. Sie fühlen sich vielmehr vom Arbeitgeber im Stich gelassen, dass er nicht dafür Sorge trage, dass M den Betrieb verlasse. Die Mitarbeiter sind sich einig, dass sie aufgrund des „intriganten Verhaltens" von Herrn M nicht in der Lage wären, ihre jetzt erlebte Gemeinschaft aufrecht zu erhalten, wenn Herr M zurück käme. Erst die Frage nach den **Alternativen**, lässt sie innehalten und über ihre eigene Situation und den „Einfluss" von Herrn M nachdenken.

6. Zwischenergebnis

Das Gespräch endet mit dem Vorschlag, dass die Gruppe sich zunächst **400** selber mit ihrer Reaktion auf das „Streuen von Gerüchten" des Kollegen M auseinandersetzt. Dieses Ergebnis wird der Geschäftsleitung mitgeteilt, die mit einem **„Teamcoaching-Gespräch"** für die Mitarbeiter einverstanden ist. Ziel dieses „Teamcoaching" soll sein, die Mitarbeiter zur Teilnahme an einer Mediation zu befähigen, indem sie für sich wieder Handlungsspielräume und damit eine Ergebnisoffenheit gewinnen. Dem Kollegen M wird von den Mediatoren mitgeteilt, dass sich seine Kollegen derzeit keine Mediation vorstellen können, aber bereit sind, im Rahmen eines moderierten Teamgespräches, sich nochmals mit der Frage nach einer Mediation auseiander zu setzen. Es wird vereinbart, dass auch der Mitarbeiter M ein weiteres Einzelgespräch bekommt.

7. Das Teamcoaching

401 Für das Teamcoaching wird ein ganzer Arbeitstag angesetzt. In kleinen Gruppen wird bearbeitet, was gut läuft, was besser laufen könnte und wie Veränderungen erreicht werden können. Ausführlich wird bearbeitet, was die Mitarbeiter als Störung empfinden und wie sie konstruktiv mit diesem störenden Verhalten umgehen können. Es geht immer um ihren Anteil an der Konfliktlösung. Nachdem die Mitarbeiter für sich Lösungsoptionen erarbeitet haben, überlegen sie zum Ende des Tages, wie der Mitarbeiter M in diese Lösungsoptionen mit einbezogen werden kann. Im Sinne einer Mediation werden die mutmaßlichen Bedürfnisse des Mitarbeiters M benannt und für ihn passende Lösungsstrategien entwickelt. Der Tag endet mit der Bereitschaft, dass zwei Mitarbeiter sich an den Mediationsgesprächen beteiligen sollen, wobei es eine Schlussmediationsrunde geben soll, an der alle teilnehmen. Mit dieser Schlussrunde soll das Problem der Informiertheit und Verschwiegenheit gelöst werden. Bis zu dieser Schlussrunde werden die beiden „entsandten Mitarbeiter" schweigen; die Schlussrunde dient dazu, das gesamte Team wieder auf einen Informationsstand zu bringen.

8. Das zweite Einzelgespräch mit dem Mitarbeiter M

402 Auch das zweite Einzelgespräch wird in Anwesenheit der Rechtsanwältin geführt. Das Gespräch beginnt mit der Bitte, der Mitarbeiter M möge sich überlegen, wie sein Arbeitsplatz aussehen müsse, um mit der Arbeitssituation zufrieden zu sein. Spontan erklärt der Mitarbeiter M, dass er seinen Arbeitsplatz nicht mehr betreten werde. Eine Wiederaufnahme der Arbeit sei für ihn ausgeschlossen. Er erklärt, die Arbeit sei schmutzig und körperlich sehr belastend, seit geraumer Zeit fühle er sich von seinen Kollegen ausgegrenzt, diese seien untereinander befreundet. Sie stammten aus dem gleichen Wohngebiet und hielten zusammen. Mit dieser Gruppe wolle er nichts zu tun haben. Mittlerweile fühle er sich ganz allein. Für ihn sei eine berufliche Neuorientierung und ein guter Abschied wichtig.

9. Gesprächsrunde mit dem Geschäftsführer

403 Als Konsequenz auf dieses Gespräch wird ein gemeinsamer Gesprächstermin mit M, seiner Anwältin und dem Geschäftsführer in anwaltlicher Begleitung vereinbart. Auch dieses Gespräch soll nach den Regeln der Mediation geführt werden.

10. Das eigentliche Mediationsgespräch

Mit der Unterzeichnung des **Arbeitsbündnisses** beginnt nun das Mediationsgespräch zwischen dem Geschäftsführer und dem Mitarbeiter M jeweils in Begleitung der Anwälte. **404**

Unter dem **Thema** „berufliche Zukunft" werden die **Bedürfnisse** des Mitarbeiters und die Bedürfnisse des Geschäftsführers aufgelistet.

Der Mitarbeiter schildert, was für ihn wichtig ist und was ihm in der derzeitigen Arbeitssituation fehlt, insbesondere die Gemeinschaft mit den Kollegen und die Anerkennung derselben.

Der Geschäftsführer betont, wie wichtig eine reibungslose Teamarbeit für den Produktionsablauf ist. Der Geschäftsführer wirbt zunächst für eine Reintegration des Mitarbeiters, da er ein Ausscheiden des Mitarbeiters als persönliches Versagen im Konflikt erlebt.

Der innerliche Entschluss des Mitarbeiters, die Firma zu verlassen, hat dessen Selbstbewusstsein gestärkt, so dass er den Geschäftsführer durchaus entlastende Signale senden kann.

Die Trennung wird zur allseits akzeptierten **Lösungsoption**, Rahmenbedingungen der Trennung werden skizziert. Mit der weiteren Feinarbeit werden die Anwälte beauftragt.

Der Entschluss des Mitarbeiters M, das Unternehmen zu verlassen, soll den Kollegen in einem kurzen Anschreiben seitens der Mediatoren mitgeteilt werden.

11. Nachsorge

Eine telefonische Rückfrage der Mediatoren bestätigte, dass M unter allseits akzeptierten Bedingungen aus dem Unternehmen ausgeschieden ist. **405** Gleichzeitig erhielten die Mediatoren die Rückmeldung, dass das „Teamcoaching" die Gruppe sehr gestärkt hat und zur Zeit dort gut gearbeitet wird. Nachdem die Gruppe sich für eine Mediation geöffnet hatte, konnte sie das Ausscheiden des Mitarbeiters gut integrieren. Jetzt war nicht mehr die Gruppe dafür verantwortlich, so dass keine Schuldgefühle zurückblieben.

12. Fazit

Dieser innerbetriebliche Konflikt zeigt die Spannbreite von Mediation und ihren Schnittstellen zur Teammoderation und zum Teamcoaching. Die große **406** Flexibilität des Mediationsverfahrens erlaubt es Mediatoren, sich jeweils auf die Einzelsituation einzustellen und alle Beteiligten interessengerecht zu begleiten. Innerbetrieblich sind Konflikte, wie oben geschildert, schwer zu lösen, da Geschäftsleitung wie auch Betriebsrat Verantwortung für alle Mitarbeiter haben, sie aber von den Mitarbeitern in einer vermittelnden und neutralen Rolle selten akzeptiert werden. Es überwiegt die Erwartungshaltung, sie müssten den Konflikt lösen. Die Mitarbeiter in die Eigenverantwortung zu führen, ist oft der Schlüssel zu einer nachhaltigen Lösung.

Anhang

I. Klauseln zur Vorbereitung einer Mediation

Musterklauseln werden angeboten beispielsweise von den Mediationsverbänden wie BMWA, Verein integrierte Mediation, von einzelnen Industrie und -Handwerkskammern, vom Europäischen Institut für Confliktmanagment e. V.(eucon).

Von besonderer Bedeutung für entsprechende Klauseln ist die Vereinbarung der Vorgehensweise, wenn sich die Parteien nicht auf einen Mediator einigen können. Gleichzeitig sollte festgelegt werden, in welchem zeitlichen Rahmen die Mediation aufgenommen werden muss. Dies ist gerade im Arbeitsrecht mit Hinblick auf kurze Verfallfristen notwendig. Die Erhebung einer Kündigungsschutzklage sollte von der Klausel ausgenommen werden. Weiterhin ist die Teilnahme von Anwälten regelungsbedürftig und die Übernahme der Kosten.

Mit dem Mediationsgesetz ist die Vereinbarung einer bestimmten Verfahrensordnung nicht mehr erforderlich.

Eine einfache Klausel könnte lauten:

Zur Beilegung von Streitigkeiten aus und im Zusammenhang mit diesem Vertrag werden die Parteien vor Einleitung eines gerichtlichen Verfahrens ein Mediationsverfahren aufnehmen.

Zur Wahrung von Ausschlussfristen und gesetzlichen Klagefristen (z.B. § 4 KSchG, §§ 17, 21 TzBfG, § 61 b ArbGG) dürfen die Parteien Klage erheben und verpflichten sich, in diesem Fall das Ruhen des Verfahrens gem § 278 a Abs. 2, § 54 a Abs. 2 ArbGG analog zu beantragen.

Ein gerichtliches Eilverfahren bleibt jederzeit zulässig.

Das Mediationsverfahren beginnt mit Zugang des schriftlichen Antrages an die Gegenseite zur Aufnahme des Verfahrens. Können sich die Parteien nicht binnen drei Wochen auf einen Mediator/in einigen, unterwerfen sie sich dem Vorschlag von XXX *(z.B. eine neutrale Einrichtung, die eine Mediatorenvermittlung anbietet wie eucon).*

An der Mediation können auf Wunsch einer Partei auf jeder Seite je ein anwaltlicher Berater teilnehmen.

Die erste Mediationsverhandlung findet innerhalb von *sechs Wochen* nach Aufnahme des Verfahrens statt. Gelingt dies nicht, so kann jede Partei das Verfahren beenden.

Die Kosten der Mediation tragen die Parteien je zur Hälfte, es sei denn, sie einigen sich in der Mediation auf eine andere Verteilung. Die Kosten der beauftragten Anwälte trägt jede Partei selbst. Diese Kostenabrede gilt auch, wenn es zu einer anders lautenden Kostenentscheidung im Falle einer gerichtlichen Entscheidung kommen sollte.

II. Muster Mediationsvertrag –
Medianden sind gleichzeitig Auftraggeber

Sind die Medianden gleichzeitig Auftraggeber empfiehlt sich ein dreiseitiger Vertrag, der zum einen die Auftragsvereinbarung mit dem Mediator umfasst und zum anderen das Arbeitsbündnis zwischen den Medianden.

Mediationsvertrag

Zwischen

Name   Konfliktbeteiligter zu
ggfls vertreten durch ...

und

Name   Konfliktbeteiligter zu

sowie den weiteren Beteiligten

Herr   Rechtsanwalt

Herr   Rechtsanwalt

Herr   Mediator

Präambel

Die Konfliktbeteiligten wünschen die Durchführung eines Mediationsverfahrens, um eine gemeinsame und eigenverantwortliche Lösung der zwischen ihnen aufgetretenen Probleme zu finden.

Die Beteiligten an dem Mediationsverfahren sind sich bewusst, dass sie sich für die Mediation zur Einhaltung bestimmter Verfahrensregeln verpflichten. Die nachstehende Vereinbarung umfasst sowohl die Pflichten des Mediators, wie auch die Pflichten der Mediationsteilnehmer.

§ 1

Aufgabe des Mediators ist es, die Konfliktbeteiligten bei der Erarbeitung ihrer Lösung zu unterstützen. Er ist hierbei allen Parteien gleichermaßen verpflichtet.

Der Mediator wird nicht beratend tätig und trifft keine Entscheidung. Er trägt keine Verantwortung für den Inhalt des Verfahrens und die Vereinbarung.

Die Konfliktbeteiligten haben die Möglichkeit, vor Abschluss einer Vereinbarung externen Rat, insbesondere eine Rechtsberatung einzuholen.

§ 2

Der Mediator ist verpflichtet, für eine faire und zügige Durchführung des Verfahrens Sorge zu tragen. Er hat das Recht, die Mediation zu beenden, wenn er der Auffassung ist, dass eine eigenverantwortliche Kommunikation oder eine Einigung der Parteien nicht zu erwarten ist.

Vor einer Beendigungserklärung gibt der Mediator den Beteiligten Gelegenheit zur Stellungnahme. Die Erklärung zur Beendigung erfolgt schriftlich gegenüber allen Beteiligten.

§ 3

Der Mediator ist zur Verschwiegenheit bezüglich des Inhaltes der Mediation und aller damit zusammenhängenden Informationen verpflichtet. Von dieser Verpflichtung kann er nur einvernehmlich entbunden werden. Der Mediator wird sein Zeugnisverweigerungsrecht in Anspruch nehmen.

§ 4

Die Beteiligten verpflichten sich, fair und mit Respekt miteinander umzugehen. Sie werden alle Informationen, die zur Regelung des Konfliktes notwendig sind, offenlegen.

Während der Mediation werden keine rechtlichen Schritte eingeleitet. Verjährungsfristen und Ausschlussfristen in Bezug auf den Konfliktfall sind gehemmt.

§ 5

Die Mediationssitzungen finden grundsätzlich mit allen Beteiligten statt. Auf Vorschlag des Mediators können im Einvernehmen mit den Parteien Einzelgespräche geführt werden. Alle Beteiligten bemühen sich um eine beschleunige Durchführung des Verfahrens.

§ 6

Jede Konfliktpartei ist berechtigt, die Mediation zu jedem Zeitpunkt ohne Angabe von Gründen zu beenden. Die Beendigung wird gegenüber dem Mediator schriftlich angezeigt. Sie bedarf keiner Begründung. Im Falle einer Beendigung wird eine gemeinsame, abschließende Sitzung vereinbart.

§ 7

Die Beteiligten verpflichten sich, den Inhalt der Mediationsgespräche und alle damit zusammenhängenden Informationen vertraulich zu behandeln. Diese Verpflichtung gilt über die Beendigung der Mediation hinaus. In einem möglichen gerichtlichen oder schiedsgerichtlichen Verfahren werden die Beteiligten keine Tatsachen vortragen, die ihnen ausschließlich im Zusammenhang mit der Mediation bekannt geworden sind. Sie werden den

Mediator und die am Mediationsverfahren Beteiligten nicht als Zeugen für solche Tatsachen benennen.

§ 8

Der Mediator erhält für seine Tätigkeit inclusive Vor- und Nacharbeit ein Stundenhonorar von € … zuzüglich gesetzlicher Mehrwertsteuer. Reisezeiten werden wie folgt vergütet …

Die Konfliktbeteiligten tragen die Kosten der Mediation anteilig zu …

III. Muster Mediationsvertrag –
Auftraggeber nimmt nicht an der Mediation teil

Nimmt der Auftraggeber nicht an der Mediation teil, empfiehlt es sich, einen Vertrag, der zum einen die Auftragsvereinbarung mit dem Mediator umfasst und getrennt sodann ein Arbeitsbündnis zwischen den Medianden abzuschließen.

Mediationsauftrag

Zwischen

Name   Auftraggeber
ggfls vertreten durch …

und

Herrn   Mediator

Präambel

Das Mediationsverfahren findet statt zwischen den Konfliktbeteiligten

Frau …
Herr …

An dem Mediationeverfahren nehmen weiterhin teil:

Herr Rechtsanwalt …
Herr Rechtsanwalt …

Ziel der Mediation ist die Erarbeitung einer gemeinsamen und eigenverantwortlichen Lösung für die zwischen den Konfliktbeteiligten aufgetretenen Probleme.

§ 1

Aufgabe des Mediators ist es, die Konfliktbeteiligten bei der Erarbeitung ihrer Lösung zu unterstützen. Er ist hierbei allen Parteien gleichermaßen verpflichtet.

Der Mediator wird nicht beratend tätig und trifft keine Entscheidung. Die Konfliktbeteiligten haben die Möglichkeit, vor Abschluss einer Vereinbarung externen Rat, insbesondere eine Rechtsberatung einzuholen.

§ 2

Der Mediator ist verpflichtet, für eine faire und zügige Durchführung des Verfahrens Sorge zu tragen. Er hat das Recht, die Mediation zu beenden, wenn er der Auffassung ist, dass eine eigenverantwortliche Kommunikation oder eine Einigung der Parteien nicht zu erwarten ist. Vor einer Beendigungserklärung gibt der Mediator den Beteiligten Gelegenheit zur Stellungnahme. Die Erklärung zur Beendigung erfolgt schriftlich gegenüber allen Beteiligten.

§ 3

Der Mediator ist zur Verschwiegenheit bezüglich des Inhalts der Mediation und aller damit zusammenhängenden Informationen verpflichtet. Von dieser Verpflichtung kann er nur einvernehmlich entbunden werden. Der Mediator wird sein Zeugnisverweigerungsrecht in Anspruch nehmen.

Die Konfliktbeteiligten und weitere Teilnehmer der Mediation treffen eine gesonderte Vereinbarung zur Vertraulichkeit der Mediation.

§ 4

Während der Mediation werden keine rechtlichen Schritte eingeleitet. Verjährungsfristen und Ausschlussfristen in Bezug auf den Konfliktfall sind gehemmt.

§ 5

Der Mediator erhält für seine Tätigkeit inclusive Vor- und Nacharbeit ein Stundenhonorar von € ... zuzüglich gesetzlicher Mehrwertsteuer. Reisezeiten werden wie folgt vergütet ...

IV. Arbeitsbündnis

Wir, die Konfliktbeteiligten und Teilnehmer der Mediation, streben eine zügige und einvernehmliche Beilegung des Konfliktes an. Zu diesem Zwecke wollen wir eine gemeinsame Lösung der zwischen uns strittigen Punkte erarbeiten.

Mit der Unterzeichnung dieser Vereinbarung erklären wir uns bereit,

- fair und kooperativ miteinander zu verhandeln,
- die Bedürfnisse und Interessen der Beteiligten zu achten,
- die Mediationsteilnehmer umfassend zu informieren, sofern dies für die in der Mediation zu behandelnden Themen von Bedeutung ist,
- die Allparteilichkeit des Mediators anzuerkennen.

Jede Konfliktpartei ist berechtigt, die Mediation zu jedem Zeitpunkt zu beenden. Die Beendigung wird gegenüber dem Mediator schriftlich angezeigt. Sie bedarf keiner Begründung. Im Falle einer Beendigung wird eine gemeinsame, abschließende Sitzung vereinbart.

Wir sind uns bewusst, dass die Mediation keine Rechtsberatung darstellt. Wir sind darüber informiert, dass vor Abschluss einer rechtlichen Regelung eine externe Beratung, insbesondere eine anwaltliche Beratung dringend empfohlen wird. Der Mediator trägt keine Verantwortung für den Inhalte des Verfahrens und die Vereinbarung.

Die Mediationssitzungen finden grundsätzlich mit allen Beteiligten statt. Auf Vorschlag des Mediators können im Einvernehmen mit den Parteien Einzelgespräche geführt werden.

Der Mediator und die zur Durchführung der Mediation einbezogenen Personen sind zur Verschwiegenheit verpflichtet.

Die Beteiligten verpflichten sich, den Inhalt der Mediationsgespräche und alle damit zusammenhängenden Informationen vertraulich zu behandeln. In einem möglichen gerichtlichen oder schiedsgerichtlichen Verfahren werden die Beteiligten keine Tatsachen vortragen, die ihnen ausschließlich im Zusammenhang mit der Mediation bekannt geworden sind. Sie werden den Mediator und die am Mediationsverfahren Beteiligten nicht als Zeugen für solche Tatsachen benennen. Der Mediator und die teilnehmenden Anwälte werden von ihrem Zeugnisverweigerungsrecht Gebrauch machen.

V. Mediationsgesetz (MediationsG)[1]

Vom 21. Juli 2012
(BGBl. I S. 1577)

§ 1 Begriffsbestimmungen

(1) Mediation ist ein vertrauliches und strukturiertes Verfahren, bei dem Parteien mithilfe eines oder mehrerer Mediatoren freiwillig und eigenverantwortlich eine einvernehmliche Beilegung ihres Konflikts anstreben.

(2) Ein Mediator ist eine unabhängige und neutrale Person ohne Entscheidungsbefugnis, die die Parteien durch die Mediation führt.

§ 2 Verfahren; Aufgaben des Mediators

(1) Die Parteien wählen den Mediator aus.

(2) Der Mediator vergewissert sich, dass die Parteien die Grundsätze und den Ablauf des Mediationsverfahrens verstanden haben und freiwillig an der Mediation teilnehmen.

(3) [1]Der Mediator ist allen Parteien gleichermaßen verpflichtet. [2]Er fördert die Kommunikation der Parteien und gewährleistet, dass die Parteien in angemessener und fairer Weise in die Mediation eingebunden sind. [3]Er kann im allseitigen Einverständnis getrennte Gespräche mit den Parteien führen.

(4) Dritte können nur mit Zustimmung aller Parteien in die Mediation einbezogen werden.

(5) [1]Die Parteien können die Mediation jederzeit beenden. [2]Der Mediator kann die Mediation beenden, insbesondere wenn er der Auffassung ist, dass eine eigenverantwortliche Kommunikation oder eine Einigung der Parteien nicht zu erwarten ist.

(6) [1]Der Mediator wirkt im Falle einer Einigung darauf hin, dass die Parteien die Vereinbarung in Kenntnis der Sachlage treffen und ihren Inhalt verstehen. [2]Er hat die Parteien, die ohne fachliche Beratung an der Mediation teilnehmen, auf die Möglichkeit hinzuweisen, die Vereinbarung bei Bedarf durch externe Berater überprüfen zu lassen. [3]Mit Zustimmung der Parteien kann die erzielte Einigung in einer Abschlussvereinbarung dokumentiert werden.

---

[1] Verkündet als Art. 1 G v. 21.7.2012 (BGBl. S. 1577); Inkrafttreten gem. Art. 9 dieses Gesetzes am 26.7.2012.

§ 3 Offenbarungspflichten; Tätigkeitsbeschränkungen

(1) [1]Der Mediator hat den Parteien alle Umstände offenzulegen, die seine Unabhängigkeit und Neutralität beeinträchtigen können. [2]Er darf bei Vorliegen solcher Umstände nur als Mediator tätig werden, wenn die Parteien dem ausdrücklich zustimmen.

(2) [1]Als Mediator darf nicht tätig werden, wer vor der Mediation in derselben Sache für eine Partei tätig gewesen ist. [2]Der Mediator darf auch nicht während oder nach der Mediation für eine Partei in derselben Sache tätig werden.

(3) [1]Eine Person darf nicht als Mediator tätig werden, wenn eine mit ihr in derselben Berufsausübungs- oder Bürogemeinschaft verbundene andere Person vor der Mediation in derselben Sache für eine Partei tätig gewesen ist. [2]Eine solche andere Person darf auch nicht während oder nach der Mediation für eine Partei in derselben Sache tätig werden.

(4) Die Beschränkungen des Absatzes 3 gelten nicht, wenn sich die betroffenen Parteien im Einzelfall nach umfassender Information damit einverstanden erklärt haben und Belange der Rechtspflege dem nicht entgegenstehen.

(5) Der Mediator ist verpflichtet, die Parteien auf deren Verlangen über seinen fachlichen Hintergrund, seine Ausbildung und seine Erfahrung auf dem Gebiet der Mediation zu informieren.

§ 4 Verschwiegenheitspflicht

[1]Der Mediator und die in die Durchführung des Mediationsverfahrens eingebundenen Personen sind zur Verschwiegenheit verpflichtet, soweit gesetzlich nichts anderes geregelt ist. [2]Diese Pflicht bezieht sich auf alles, was ihnen in Ausübung ihrer Tätigkeit bekannt geworden ist. [3]Ungeachtet anderer gesetzlicher Regelungen über die Verschwiegenheitspflicht gilt sie nicht, soweit

1. die Offenlegung des Inhalts der im Mediationsverfahren erzielten Vereinbarung zur Umsetzung oder Vollstreckung dieser Vereinbarung erforderlich ist,
2. die Offenlegung aus vorrangigen Gründen der öffentlichen Ordnung (ordre public) geboten ist, insbesondere um eine Gefährdung des Wohles eines Kindes oder eine schwerwiegende Beeinträchtigung der physischen oder psychischen Integrität einer Person abzuwenden, oder
3. es sich um Tatsachen handelt, die offenkundig sind oder ihrer Bedeutung nach keiner Geheimhaltung bedürfen.

[4]Der Mediator hat die Parteien über den Umfang seiner Verschwiegenheitspflicht zu informieren.

§ 5 Aus- und Fortbildung des Mediators; zertifizierter Mediator

(1) [1]Der Mediator stellt in eigener Verantwortung durch eine geeignete Ausbildung und eine regelmäßige Fortbildung sicher, dass er über theoretische Kenntnisse sowie praktische Erfahrungen verfügt, um die Parteien in sachkundiger Weise durch die Mediation führen zu können. [2]Eine geeignete Ausbildung soll insbesondere vermitteln:

1. Kenntnisse über Grundlagen der Mediation sowie deren Ablauf und Rahmenbedingungen,
2. Verhandlungs- und Kommunikationstechniken,
3. Konfliktkompetenz,
4. Kenntnisse über das Recht der Mediation sowie über die Rolle des Rechts in der Mediation sowie
5. praktische Übungen, Rollenspiele und Supervision.

(2) Als zertifizierter Mediator darf sich bezeichnen, wer eine Ausbildung zum Mediator abgeschlossen hat, die den Anforderungen der Rechtsverordnung nach § 6 entspricht.

(3) Der zertifizierte Mediator hat sich entsprechend den Anforderungen der Rechtsverordnung nach § 6 fortzubilden.

§ 6 Verordnungsermächtigung

[1]Das Bundesministerium der Justiz wird ermächtigt, durch Rechtsverordnung ohne Zustimmung des Bundesrates nähere Bestimmungen über die Ausbildung zum zertifizierten Mediator und über die Fortbildung des zertifizierten Mediators sowie Anforderungen an Aus- und Fortbildungseinrichtungen zu erlassen. [2]In der Rechtsverordnung nach Satz 1 können insbesondere festgelegt werden:

1. nähere Bestimmungen über die Inhalte der Ausbildung, wobei eine Ausbildung zum zertifizierten Mediator die in § 5 Absatz 1 Satz 2 aufgeführten Ausbildungsinhalte zu vermitteln hat, und über die erforderliche Praxiserfahrung;
2. nähere Bestimmungen über die Inhalte der Fortbildung;
3. Mindeststundenzahlen für die Aus- und Fortbildung;
4. zeitliche Abstände, in denen eine Fortbildung zu erfolgen hat;
5. Anforderungen an die in den Aus- und Fortbildungseinrichtungen eingesetzten Lehrkräfte;
6. Bestimmungen darüber, dass und in welcher Weise eine Aus- und Fortbildungseinrichtung die Teilnahme an einer Aus- und Fortbildungsveranstaltung zu zertifizieren hat;
7. Regelungen über den Abschluss der Ausbildung;
8. Übergangsbestimmungen für Personen, die bereits vor Inkrafttreten dieses Gesetzes als Mediatoren tätig sind.

§ 7 Wissenschaftliche Forschungsvorhaben; finanzielle Förderung der Mediation

(1) Bund und Länder können wissenschaftliche Forschungsvorhaben vereinbaren, um die Folgen einer finanziellen Förderung der Mediation für die Länder zu ermitteln.

(2) [1]Die Förderung kann im Rahmen der Forschungsvorhaben auf Antrag einer rechtsuchenden Person bewilligt werden, wenn diese nach ihren persönlichen und wirtschaftlichen Verhältnissen die Kosten einer Mediation nicht, nur zum Teil oder nur in Raten aufbringen kann und die beabsichtigte Rechtsverfolgung oder Rechtsverteidigung nicht mutwillig erscheint. [2]Über den Antrag entscheidet das für das Verfahren zuständige Gericht, sofern an diesem Gericht ein Forschungsvorhaben durchgeführt wird. [3]Die Entscheidung ist unanfechtbar. [4]Die Einzelheiten regeln die nach Absatz 1 zustande gekommenen Vereinbarungen zwischen Bund und Ländern.

(3) Die Bundesregierung unterrichtet den Deutschen Bundestag nach Abschluss der wissenschaftlichen Forschungsvorhaben über die gesammelten Erfahrungen und die gewonnenen Erkenntnisse.

§ 8 Evaluierung

(1) [1]Die Bundesregierung berichtet dem Deutschen Bundestag bis zum 26. Juli 2017, auch unter Berücksichtigung der kostenrechtlichen Länderöffnungsklauseln, über die Auswirkungen dieses Gesetzes auf die Entwicklung der Mediation in Deutschland und über die Situation der Aus- und Fortbildung der Mediatoren. [2]In dem Bericht ist insbesondere zu untersuchen und zu bewerten, ob aus Gründen der Qualitätssicherung und des Verbraucherschutzes weitere gesetzgeberische Maßnahmen auf dem Gebiet der Aus- und Fortbildung von Mediatoren notwendig sind.

(2) Sofern sich aus dem Bericht die Notwendigkeit gesetzgeberischer Maßnahmen ergibt, soll die Bundesregierung diese vorschlagen.

§ 9 Übergangsbestimmung

(1) Die Mediation in Zivilsachen durch einen nicht entscheidungsbefugten Richter während eines Gerichtsverfahrens, die vor dem 26. Juli 2012 an einem Gericht angeboten wird, kann unter Fortführung der bisher verwendeten Bezeichnung (gerichtlicher Mediator) bis zum 1. August 2013 weiterhin durchgeführt werden.

(2) Absatz 1 gilt entsprechend für die Mediation in der Verwaltungsgerichtsbarkeit, der Sozialgerichtsbarkeit, der Finanzgerichtsbarkeit und der Arbeitsgerichtsbarkeit.

VI. Richtlinie 2008/52/EG des Europäischen Parlaments und des Rates vom 21. Mai 2008 über bestimmte Aspekte der Mediation in Zivil- und Handelssachen

(ABl. Nr. L 136 S. 3)

Celex-Nr. 3 2008 L 0052

DAS EUROPÄISCHE PARLAMENT UND DER RAT DER EUROPÄISCHEN UNION – gestützt auf den Vertrag zur Gründung der Europäischen Gemeinschaft, insbesondere auf Artikel 61 Buchstabe c und Artikel 67 Absatz 5 zweiter Gedankenstrich,

auf Vorschlag der Kommission,

nach Stellungnahme des Europäischen Wirtschafts- und Sozialausschusses[1],

gemäß dem Verfahren des Artikels 251 des Vertrags[2],

in Erwägung nachstehender Gründe:

(1) Die Gemeinschaft hat sich zum Ziel gesetzt, einen Raum der Freiheit, der Sicherheit und des Rechts, in dem der freie Personenverkehr gewährleistet ist, zu erhalten und weiterzuentwickeln. Hierzu muss die Gemeinschaft unter anderem im Bereich der justiziellen Zusammenarbeit in Zivilsachen die für das reibungslose Funktionieren des Binnenmarkts erforderlichen Maßnahmen erlassen.

(2) Das Prinzip des Zugangs zum Recht ist von grundlegender Bedeutung; im Hinblick auf die Erleichterung eines besseren Zugangs zum Recht hat der Europäische Rat die Mitgliedstaaten auf seiner Tagung in Tampere am 15. und 16. Oktober 1999 aufgefordert, alternative außergerichtliche Verfahren zu schaffen.

(3) Im Mai 2000 nahm der Rat Schlussfolgerungen über alternative Streitbeilegungsverfahren im Zivil- und Handelsrecht an, in denen er festhielt, dass die Aufstellung grundlegender Prinzipien in diesem Bereich einen wesentlichen Schritt darstellt, der die Entwicklung und angemessene Anwendung außergerichtlicher Streitbeilegungsverfahren in Zivil- und Handelssachen und somit einen einfacheren und verbesserten Zugang zum Recht ermöglichen soll.

---

[1] **Amtl. Anm.:** ABl. C 286 vom 17.11.2005, S. 1.
[2] **Amtl. Anm.:** Stellungnahme des Europäischen Parlaments vom 29. März 2007 (ABl. C 27 E vom 31.1.2008, S. 129), Gemeinsamer Standpunkt des Rates vom 28. Februar 2008 (noch nicht im Amtsblatt veröffentlicht) und Standpunkt des Europäischen Parlaments vom 23. April 2008 (noch nicht im Amtsblatt veröffentlicht).

(4) Im April 2002 legte die Kommission ein Grünbuch über alternative Verfahren zur Streitbeilegung im Zivil- und Handelsrecht vor, in dem die bestehende Situation im Bereich der alternativen Verfahren der Streitbeilegung in der Europäischen Union dargelegt wird und mit dem umfassende Konsultationen mit den Mitgliedstaaten und interessierten Parteien über mögliche Maßnahmen zur Förderung der Nutzung der Mediation eingeleitet werden.

(5) Das Ziel der Sicherstellung eines besseren Zugangs zum Recht als Teil der Strategie der Europäischen Union zur Schaffung eines Raums der Freiheit, der Sicherheit und des Rechts sollte den Zugang sowohl zu gerichtlichen als auch zu außergerichtlichen Verfahren der Streitbeilegung umfassen. Diese Richtlinie sollte insbesondere in Bezug auf die Verfügbarkeit von Mediationsdiensten zum reibungslosen Funktionieren des Binnenmarkts beitragen.

(6) Die Mediation kann durch auf die Bedürfnisse der Parteien zugeschnittene Verfahren eine kostengünstige und rasche außergerichtliche Streitbeilegung in Zivil- und Handelssachen bieten. Vereinbarungen, die im Mediationsverfahren erzielt wurden, werden eher freiwillig eingehalten und wahren eher eine wohlwollende und zukunftsfähige Beziehung zwischen den Parteien. Diese Vorteile werden in Fällen mit grenzüberschreitenden Elementen noch deutlicher.

(7) Um die Nutzung der Mediation weiter zu fördern und sicherzustellen, dass die Parteien, die die Mediation in Anspruch nehmen, sich auf einen vorhersehbaren rechtlichen Rahmen verlassen können, ist es erforderlich, Rahmenregeln einzuführen, in denen insbesondere die wesentlichen Aspekte des Zivilprozessrechts behandelt werden.

(8) Die Bestimmungen dieser Richtlinie sollten nur für die Mediation bei grenzüberschreitenden Streitigkeiten gelten; den Mitgliedstaaten sollte es jedoch freistehen, diese Bestimmungen auch auf interne Mediationsverfahren anzuwenden.

(9) Diese Richtlinie sollte dem Einsatz moderner Kommunikationstechnologien im Mediationsverfahren in keiner Weise entgegenstehen.

(10) Diese Richtlinie sollte für Verfahren gelten, bei denen zwei oder mehr Parteien einer grenzüberschreitenden Streitigkeit mit Hilfe eines Mediators auf freiwilliger Basis selbst versuchen, eine gütliche Einigung über die Beilegung ihrer Streitigkeit zu erzielen. Sie sollte für Zivil- und Handelssachen gelten. Sie sollte jedoch nicht für Rechte und Pflichten gelten, über die die Parteien nach dem einschlägigen anwendbaren Recht nicht selbst verfügen können. Derartige Rechte und Pflichten finden sich besonders häufig im Familienrecht und im Arbeitsrecht.

(11) Diese Richtlinie sollte weder für vorvertragliche Verhandlungen gelten noch für schiedsrichterliche Verfahren, wie beispielsweise bestimmte gerichtliche Schlichtungsverfahren, Verbraucherbeschwerdeverfahren, Schiedsverfahren oder Schiedsgutachten, noch für Verfahren, die von Per-

sonen oder Stellen abgewickelt werden, die eine förmliche Empfehlung zur Streitbeilegung abgeben, unabhängig davon, ob diese rechtlich verbindlich ist oder nicht.

(12) Diese Richtlinie sollte für Fälle gelten, in denen ein Gericht die Parteien auf die Mediation verweist oder in denen nach nationalem Recht die Mediation vorgeschrieben ist. Ferner sollte diese Richtlinie dort, wo nach nationalem Recht ein Richter als Mediator tätig werden kann, auch für die Mediation durch einen Richter gelten, der nicht für ein Gerichtsverfahren in der oder den Streitsachen zuständig ist. Diese Richtlinie sollte sich jedoch nicht auf Bemühungen zur Streitbelegung durch das angerufene Gericht oder den angerufenen Richter im Rahmen des Gerichtsverfahrens über die betreffende Streitsache oder auf Fälle erstrecken, in denen das befasste Gericht oder der befasste Richter eine sachkundige Person zur Unterstützung oder Beratung heranzieht.

(13) Die in dieser Richtlinie vorgesehene Mediation sollte ein auf Freiwilligkeit beruhendes Verfahren in dem Sinne sein, dass die Parteien selbst für das Verfahren verantwortlich sind und es nach ihrer eigenen Vorstellung organisieren und jederzeit beenden können. Nach nationalem Recht sollte es den Gerichten jedoch möglich sein, Fristen für ein Mediationsverfahren zu setzen. Außerdem sollten die Gerichte die Parteien auf die Möglichkeit der Mediation hinweisen können, wann immer dies zweckmäßig ist.

(14) Diese Richtlinie sollte nationale Rechtsvorschriften, nach denen die Inanspruchnahme der Mediation verpflichtend oder mit Anreizen oder Sanktionen verbunden ist, unberührt lassen, sofern diese Rechtsvorschriften die Parteien nicht daran hindern, ihr Recht auf Zugang zum Gerichtssystem wahrzunehmen. Ebenso sollte diese Richtlinie bestehende, auf Selbstverantwortlichkeit der Parteien beruhende Mediationssysteme unberührt lassen, insoweit sie Aspekte betreffen, die nicht unter diese Richtlinie fallen.

(15) Im Interesse der Rechtssicherheit sollte in dieser Richtlinie angegeben werden, welcher Zeitpunkt für die Feststellung maßgeblich ist, ob eine Streitigkeit, die die Parteien durch Mediation beizulegen versuchen, eine grenzüberschreitende Streitigkeit ist. Wurde keine schriftliche Vereinbarung getroffen, so sollte davon ausgegangen werden, dass die Parteien zu dem Zeitpunkt einer Inanspruchnahme der Mediation zustimmen, zu dem sie spezifische Schritte unternehmen, um das Mediationsverfahren einzuleiten.

(16) Um das nötige gegenseitige Vertrauen in Bezug auf die Vertraulichkeit, die Wirkung auf Verjährungsfristen sowie die Anerkennung und Vollstreckung von im Mediationsverfahren erzielten Vereinbarungen sicherzustellen, sollten die Mitgliedstaaten die Aus- und Fortbildung von Mediatoren und die Einrichtung wirksamer Mechanismen zur Qualitätskontrolle in Bezug auf die Erbringung von Mediationsdiensten mit allen ihnen geeignet erscheinenden Mitteln fördern.

(17) Die Mitgliedstaaten sollten derartige Mechanismen festlegen, die auch den Rückgriff auf marktgestützte Lösungen einschließen können, aber sie sollten nicht verpflichtet sein, diesbezüglich Finanzmittel bereitzustellen. Die Mechanismen sollten darauf abzielen, die Flexibilität des Mediationsverfahrens und die Autonomie der Parteien zu wahren und sicherzustellen, dass die Mediation auf wirksame, unparteiische und sachkundige Weise durchgeführt wird. Die Mediatoren sollten auf den Europäischen Verhaltenskodex für Mediatoren hingewiesen werden, der im Internet auch der breiten Öffentlichkeit zur Verfügung gestellt werden sollte.

(18) Im Bereich des Verbraucherschutzes hat die Kommission eine förmliche Empfehlung[1] mit Mindestqualitätskriterien angenommen, die an der einvernehmlichen Beilegung von Verbraucherstreitigkeiten beteiligte außergerichtliche Einrichtungen ihren Nutzern bieten sollten. Alle Mediatoren oder Organisationen, die in den Anwendungsbereich dieser Empfehlung fallen, sollten angehalten werden, die Grundsätze der Empfehlung zu beachten. Um die Verbreitung von Informationen über diese Einrichtungen zu erleichtern, sollte die Kommission eine Datenbank über außergerichtliche Verfahren einrichten, die nach Ansicht der Mitgliedstaaten die Grundsätze der genannten Empfehlung erfüllen.

(19) Die Mediation sollte nicht als geringerwertige Alternative zu Gerichtsverfahren in dem Sinne betrachtet werden, dass die Einhaltung von im Mediationsverfahren erzielten Vereinbarungen vom guten Willen der Parteien abhinge. Die Mitgliedstaaten sollten daher sicherstellen, dass die Parteien einer im Mediationsverfahren erzielten schriftlichen Vereinbarung veranlassen können, dass der Inhalt der Vereinbarung vollstreckbar gemacht wird. Ein Mitgliedstaat sollte es nur dann ablehnen können, eine Vereinbarung vollstreckbar zu machen, wenn deren Inhalt seinem Recht, einschließlich seines internationalen Privatrechts, zuwiderläuft oder die Vollstreckbarkeit des Inhalts der spezifischen Vereinbarung in seinem Recht nicht vorgesehen ist. Dies könnte der Fall sein, wenn die in der Vereinbarung bezeichnete Verpflichtung ihrem Wesen nach nicht vollstreckungsfähig ist.

(20) Der Inhalt einer im Mediationsverfahren erzielten Vereinbarung, die in einem Mitgliedstaat vollstreckbar gemacht wurde, sollte gemäß dem anwendbaren Gemeinschaftsrecht oder nationalen Recht in den anderen Mitgliedstaaten anerkannt und für vollstreckbar erklärt werden. Dies könnte beispielsweise auf der Grundlage der Verordnung (EG) Nr. 44/2001 des Rates vom 22. Dezember 2000 über die gerichtliche Zuständigkeit und die Anerkennung und Vollstreckung von Entscheidungen in Zivil- und Han-

---

[1] **Amtl. Anm.:** Empfehlung 2001/310/EG der Kommission vom 4. April 2001 über die Grundsätze für an der einvernehmlichen Beilegung von Verbraucherrechtsstreitigkeiten beteiligte außergerichtliche Einrichtungen (ABl. L 109 vom 19.4.2001, S. 56).

delssachen[1] oder der Verordnung (EG) Nr. 2201/2003 des Rates vom 27. November 2003 über die Zuständigkeit und die Anerkennung und Vollstreckung von Entscheidungen in Ehesachen und in Verfahren betreffend die elterliche Verantwortung[2] erfolgen.

(21) In der Verordnung (EG) Nr. 2201/2003 ist ausdrücklich vorgesehen, dass Vereinbarungen zwischen den Parteien in dem Mitgliedstaat, in dem sie geschlossen wurden, vollstreckbar sein müssen, wenn sie in einem anderen Mitgliedstaat vollstreckbar sein sollen. In Fällen, in denen der Inhalt einer im Mediationsverfahren erzielten Vereinbarung über eine familienrechtliche Streitigkeit in dem Mitgliedstaat, in dem die Vereinbarung geschlossen und ihre Vollstreckbarkeit beantragt wurde, nicht vollstreckbar ist, sollte diese Richtlinie die Parteien daher nicht dazu veranlassen, das Recht dieses Mitgliedstaats zu umgehen, indem sie ihre Vereinbarung in einem anderen Mitgliedstaat vollstreckbar machen lassen.

(22) Die Vorschriften der Mitgliedstaaten für die Vollstreckung von im Mediationsverfahren erzielten Vereinbarungen sollten von dieser Richtlinie unberührt bleiben.

(23) Die Vertraulichkeit des Mediationsverfahrens ist wichtig und daher sollte in dieser Richtlinie ein Mindestmaß an Kompatibilität der zivilrechtlichen Verfahrensvorschriften hinsichtlich der Wahrung der Vertraulichkeit der Mediation in nachfolgenden zivil- und handelsrechtlichen Gerichts- oder Schiedsverfahren vorgesehen werden.

(24) Um die Parteien dazu anzuregen, die Mediation in Anspruch zu nehmen, sollten die Mitgliedstaaten gewährleisten, dass ihre Regeln über Verjährungsfristen die Parteien bei einem Scheitern der Mediation nicht daran hindern, ein Gericht oder ein Schiedsgericht anzurufen. Die Mitgliedstaaten sollten dies sicherstellen, auch wenn mit dieser Richtlinie die nationalen Regeln über Verjährungsfristen nicht harmonisiert werden. Die Bestimmungen über Verjährungsfristen in von den Mitgliedstaaten umgesetzten internationalen Übereinkünften, z.B. im Bereich des Verkehrsrechts, sollten von dieser Richtlinie nicht berührt werden.

(25) Die Mitgliedstaaten sollten darauf hinwirken, dass der breiten Öffentlichkeit Informationen darüber zur Verfügung gestellt werden, wie mit Mediatoren und Organisationen, die Mediationsdienste erbringen, Kontakt aufgenommen werden kann. Sie sollten ferner die Angehörigen der Rechtsberufe dazu anregen, ihre Mandanten über die Möglichkeit der Mediation zu unterrichten.

(26) Nach Nummer 34 der Interinstitutionellen Vereinbarung über bessere Rechtsetzung[3] werden die Mitgliedstaaten angehalten, für ihre eigenen

---

[1] **Amtl. Anm.:** ABl. L 12 vom 16.1.2001, S. 1. Zuletzt geändert durch die Verordnung (EG) Nr. 1791/2006 (ABl. L 363 vom 20.12.2006, S. 1).

[2] **Amtl. Anm.:** ABl. L 338 vom 23.12.2003, S. 1. Geändert durch die Verordnung (EG) Nr. 2116/2004 (ABl. L 367 vom 14.12.2004, S. 1).

[3] **Amtl. Anm.:** ABl. C 321 vom 31.12.2003, S. 1.

Zwecke und im Interesse der Gemeinschaft eigene Tabellen aufzustellen, aus denen im Rahmen des Möglichen die Entsprechungen zwischen dieser Richtlinie und den Umsetzungsmaßnahmen zu entnehmen sind, und diese zu veröffentlichen.

(27) Diese Richtlinie soll der Förderung der Grundrechte dienen und berücksichtigt die Grundsätze, die insbesondere mit der Charta der Grundrechte der Europäischen Union anerkannt wurden.

(28) Da das Ziel dieser Richtlinie auf Ebene der Mitgliedstaaten nicht ausreichend verwirklicht werden kann und daher wegen des Umfangs oder der Wirkungen der Maßnahme besser auf Gemeinschaftsebene zu verwirklichen ist, kann die Gemeinschaft im Einklang mit dem in Artikel 5 des Vertrags niedergelegten Subsidiaritätsprinzip tätig werden. Entsprechend dem in demselben Artikel niedergelegten Grundsatz der Verhältnismäßigkeit geht diese Richtlinie nicht über das für die Erreichung dieses Ziels erforderliche Maß hinaus.

(29) Gemäß Artikel 3 des dem Vertrag über die Europäische Union und dem Vertrag zur Gründung der Europäischen Gemeinschaft beigefügten Protokolls über die Position des Vereinigten Königreichs und Irlands haben das Vereinigte Königreich und Irland mitgeteilt, dass sie sich an der Annahme und Anwendung dieser Richtlinie beteiligen möchten.

(30) Gemäß den Artikeln 1 und 2 des dem Vertrag über die Europäische Union und dem Vertrag zur Gründung der Europäischen Gemeinschaft beigefügten Protokolls über die Position Dänemarks beteiligt sich Dänemark nicht an der Annahme dieser Richtlinie, die für Dänemark nicht bindend oder anwendbar ist –

HABEN FOLGENDE RICHTLINIE ERLASSEN:

Art. 1 Ziel und Anwendungsbereich

(1) Ziel dieser Richtlinie ist es, den Zugang zur alternativen Streitbeilegung zu erleichtern und die gütliche Beilegung von Streitigkeiten zu fördern, indem zur Nutzung der Mediation angehalten und für ein ausgewogenes Verhältnis zwischen Mediation und Gerichtsverfahren gesorgt wird.

(2) [1]Diese Richtlinie gilt bei grenzüberschreitenden Streitigkeiten für Zivil- und Handelssachen, nicht jedoch für Rechte und Pflichten, über die die Parteien nach dem einschlägigen anwendbaren Recht nicht verfügen können. [2]Sie gilt insbesondere nicht für Steuer- und Zollsachen sowie verwaltungsrechtliche Angelegenheiten oder die Haftung des Staates für Handlungen oder Unterlassungen im Rahmen der Ausübung hoheitlicher Rechte („acta iure imperii").

(3) In dieser Richtlinie bezeichnet der Ausdruck „Mitgliedstaat" die Mitgliedstaaten mit Ausnahme Dänemarks.

Art. 2 Grenzüberschreitende Streitigkeiten

(1) Eine grenzüberschreitende Streitigkeit im Sinne dieser Richtlinie liegt vor, wenn mindestens eine der Parteien zu dem Zeitpunkt, zu dem

a) die Parteien vereinbaren, die Mediation zu nutzen, nachdem die Streitigkeit entstanden ist,

b) die Mediation von einem Gericht angeordnet wird,

c) nach nationalem Recht eine Pflicht zur Nutzung der Mediation entsteht, oder

d) eine Aufforderung an die Parteien im Sinne des Artikels 5 ergeht,

ihren Wohnsitz oder gewöhnlichen Aufenthalt in einem anderen Mitgliedstaat als dem einer der anderen Parteien hat.

(2) Ungeachtet des Absatzes 1 ist eine grenzüberschreitende Streitigkeit im Sinne der Artikel 7 und 8 auch eine Streitigkeit, bei der nach einer Mediation zwischen den Parteien ein Gerichts- oder ein Schiedsverfahren in einem anderen Mitgliedstaat als demjenigen eingeleitet wird, in dem die Parteien zu dem in Absatz 1 Buchstaben a, b oder c genannten Zeitpunkt ihren Wohnsitz oder gewöhnlichen Aufenthalt hatten.

(3) Der Wohnsitz im Sinne der Absätze 1 und 2 bestimmt sich nach den Artikeln 59 und 60 der Verordnung (EG) Nr. 44/2001.

Art. 3 Begriffsbestimmungen

Im Sinne dieser Richtlinie bezeichnet der Ausdruck

a) „Mediation" ein strukturiertes Verfahren unabhängig von seiner Bezeichnung, in dem zwei oder mehr Streitparteien mit Hilfe eines Mediators auf freiwilliger Basis selbst versuchen, eine Vereinbarung über die Beilegung ihrer Streitigkeiten zu erzielen. Dieses Verfahren kann von den Parteien eingeleitet oder von einem Gericht vorgeschlagen oder angeordnet werden oder nach dem Recht eines Mitgliedstaats vorgeschrieben sein.

Es schließt die Mediation durch einen Richter ein, der nicht für ein Gerichtsverfahren in der betreffenden Streitsache zuständig ist. Nicht eingeschlossen sind Bemühungen zur Streitbeilegung des angerufenen Gerichts oder Richters während des Gerichtsverfahrens über die betreffende Streitsache;

b) „Mediator" eine dritte Person, die ersucht wird, eine Mediation auf wirksame, unparteiische und sachkundige Weise durchzuführen, unabhängig von ihrer Bezeichnung oder ihrem Beruf in dem betreffenden Mitgliedstaat und der Art und Weise, in der sie für die Durchführung der Mediation benannt oder mit dieser betraut wurde.

Art. 4 Sicherstellung der Qualität der Mediation

(1) Die Mitgliedstaaten fördern mit allen ihnen geeignet erscheinenden Mitteln die Entwicklung und Einhaltung von freiwilligen Verhaltenskodi-

zes durch Mediatoren und Organisationen, die Mediationsdienste erbringen, sowie andere wirksame Verfahren zur Qualitätskontrolle für die Erbringung von Mediationsdiensten.

(2) Die Mitgliedstaaten fördern die Aus- und Fortbildung von Mediatoren, um sicherzustellen, dass die Mediation für die Parteien wirksam, unparteiisch und sachkundig durchgeführt wird.

Art. 5 Inanspruchnahme der Mediation

(1) [1]Ein Gericht, das mit einer Klage befasst wird, kann gegebenenfalls und unter Berücksichtigung aller Umstände des Falles die Parteien auffordern, die Mediation zur Streitbeilegung in Anspruch zu nehmen. [2]Das Gericht kann die Parteien auch auffordern, an einer Informationsveranstaltung über die Nutzung der Mediation teilzunehmen, wenn solche Veranstaltungen durchgeführt werden und leicht zugänglich sind.

(2) Diese Richtlinie lässt nationale Rechtsvorschriften unberührt, nach denen die Inanspruchnahme der Mediation vor oder nach Einleitung eines Gerichtsverfahrens verpflichtend oder mit Anreizen oder Sanktionen verbunden ist, sofern diese Rechtsvorschriften die Parteien nicht daran hindern, ihr Recht auf Zugang zum Gerichtssystem wahrzunehmen.

Art. 6 Vollstreckbarkeit einer im Mediationsverfahren erzielten Vereinbarung

(1) [1]Die Mitgliedstaaten stellen sicher, dass von den Parteien – oder von einer Partei mit ausdrücklicher Zustimmung der anderen – beantragt werden kann, dass der Inhalt einer im Mediationsverfahren erzielten schriftlichen Vereinbarung vollstreckbar gemacht wird. [2]Der Inhalt einer solchen Vereinbarung wird vollstreckbar gemacht, es sei denn, in dem betreffenden Fall steht der Inhalt der Vereinbarung dem Recht des Mitgliedstaats, in dem der Antrag gestellt wurde, entgegen oder das Recht dieses Mitgliedstaats sieht die Vollstreckbarkeit des Inhalts nicht vor.

(2) Der Inhalt der Vereinbarung kann von einem Gericht oder einer anderen zuständigen öffentlichen Stelle durch ein Urteil oder eine Entscheidung oder in einer öffentlichen Urkunde nach dem Recht des Mitgliedstaats, in dem der Antrag gestellt wurde, vollstreckbar gemacht werden.

(3) Die Mitgliedstaaten teilen der Kommission mit, welche Gerichte oder sonstigen öffentlichen Stellen zuständig sind, einen Antrag nach den Absätzen 1 und 2 entgegenzunehmen.

(4) Die Vorschriften für die Anerkennung und Vollstreckung einer nach Absatz 1 vollstreckbar gemachten Vereinbarung in einem anderen Mitgliedstaat werden durch diesen Artikel nicht berührt.

Art. 7 Vertraulichkeit der Mediation

(1) Da die Mediation in einer Weise erfolgen soll, die die Vertraulichkeit wahrt, gewährleisten die Mitgliedstaaten, sofern die Parteien nichts anderes vereinbaren, dass weder Mediatoren noch in die Durchführung des Mediationsverfahrens eingebundene Personen gezwungen sind, in Gerichts- oder Schiedsverfahren in Zivil- und Handelssachen Aussagen zu Informationen zu machen, die sich aus einem Mediationsverfahren oder im Zusammenhang mit einem solchen ergeben, es sei denn,

a) dies ist aus vorrangigen Gründen der öffentlichen Ordnung (ordre public) des betreffenden Mitgliedstaats geboten, um insbesondere den Schutz des Kindeswohls zu gewährleisten oder eine Beeinträchtigung der physischen oder psychischen Integrität einer Person abzuwenden, oder

b) die Offenlegung des Inhalts der im Mediationsverfahren erzielten Vereinbarung ist zur Umsetzung oder Vollstreckung dieser Vereinbarung erforderlich.

(2) Absatz 1 steht dem Erlass strengerer Maßnahmen durch die Mitgliedstaaten zum Schutz der Vertraulichkeit der Mediation nicht entgegen.

Art. 8 Auswirkung der Mediation auf Verjährungsfristen

(1) Die Mitgliedstaaten stellen sicher, dass die Parteien, die eine Streitigkeit im Wege der Mediation beizulegen versucht haben, im Anschluss daran nicht durch das Ablaufen der Verjährungsfristen während des Mediationsverfahrens daran gehindert werden, ein Gerichts- oder Schiedsverfahren hinsichtlich derselben Streitigkeit einzuleiten.

(2) Bestimmungen über Verjährungsfristen in internationalen Übereinkommen, denen Mitgliedstaaten angehören, bleiben von Absatz 1 unberührt.

Art. 9 Information der breiten Öffentlichkeit

Die Mitgliedstaaten fördern mit allen ihnen geeignet erscheinenden Mitteln, insbesondere über das Internet, die Bereitstellung von Informationen für die breite Öffentlichkeit darüber, wie mit Mediatoren und Organisationen, die Mediationsdienste erbringen, Kontakt aufgenommen werden kann.

Art. 10 Informationen über zuständige Gerichte und öffentliche Stellen

Die Kommission macht die Angaben über die zuständigen Gerichte und öffentlichen Stellen, die ihr die Mitgliedstaaten gemäß Artikel 6 Absatz 3 mitteilen, mit allen geeigneten Mitteln öffentlich zugänglich.

Art. 11 Überprüfung

¹Die Kommission legt dem Europäischen Parlament, dem Rat und dem Europäischen Wirtschafts- und Sozialausschuss bis zum 21. Mai 2016 einen Bericht über die Anwendung dieser Richtlinie vor. ²In dem Bericht wird auf die Entwicklung der Mediation in der gesamten Europäischen Union sowie auf die Auswirkungen dieser Richtlinie in den Mitgliedstaaten eingegangen. ³Dem Bericht sind, soweit erforderlich, Vorschläge zur Anpassung dieser Richtlinie beizufügen.

Art. 12 Umsetzung

(1) ¹Die Mitgliedstaaten setzen vor dem 21. Mai 2011 die Rechts- und Verwaltungsvorschriften in Kraft, die erforderlich sind, um dieser Richtlinie nachzukommen; hiervon ausgenommen ist Artikel 10, dem spätestens bis zum 21. November 2010 nachzukommen ist. ²Sie setzen die Kommission unverzüglich davon in Kenntnis.

¹Wenn die Mitgliedstaaten diese Vorschriften erlassen, nehmen sie in den entsprechenden Vorschriften selbst oder durch einen Hinweis bei der amtlichen Veröffentlichung auf diese Richtlinie Bezug. ²Die Mitgliedstaaten regeln die Einzelheiten der Bezugnahme.

(2) Die Mitgliedstaaten teilen der Kommission den Wortlaut der wichtigsten nationalen Rechtsvorschriften mit, die sie auf dem unter diese Richtlinie fallenden Gebiet erlassen.

Art. 13 Inkrafttreten

Diese Richtlinie tritt am zwanzigsten Tag nach ihrer Veröffentlichung¹ im *Amtsblatt der Europäischen Union* in Kraft.

Art. 14 Adressaten

Diese Richtlinie ist an die Mitgliedstaaten gerichtet.

---

¹ Veröffentlicht am 24.5.2008.

VII. European Code of Conduct for Mediators

Europäischer Verhaltenskodex für Mediatoren[1]

1. Kompetenz und Ernennung von Mediatoren

1.1 Zuständigkeit
Mediatoren sind sachkundig und kompetent in der Mediation. Sie müssen eine einschlägige Ausbildung und kontinuierliche Fortbildung sowie Erfahrungen mit Mediationstätigkeiten auf der Grundlage einschlägiger Standards oder Zulassungsregelungen vorweisen.

1.2 Ernennung
Der Mediator vereinbart mit den Parteien geeignete Termine für das Mediationsverfahren.
Der Mediator vergewissert sich hinreichend, dass er die Voraussetzungen für die Mediationsaufgabe erfüllt und dass seine Kompetenz dafür angemessen ist, bevor er die Ernennung annimmt, und stellt den Parteien auf ihren Antrag Informationen zu seinem Hintergrund und seiner Erfahrung zur Verfügung.

1.3 Bekanntmachung der Dienste des Mediators
Mediatoren können auf professionelle, ehrliche und redliche Art und Weise ihre Tätigkeit bekannt machen.

2. Unabhängigkeit und Unparteilichkeit

2.1 Unabhängigkeit und Objektivität
Der Mediator darf seine Tätigkeit nicht wahrnehmen bzw., wenn er sie bereits aufgenommen hat, nicht fortsetzen, bevor er nicht alle Umstände, die seine Unabhängigkeit beeinträchtigen oder zu Interessenkonflikten führen könnten oder den Anschein eines Interessenkonflikts erwecken könnten, offen gelegt hat. Die Offenlegungspflicht besteht im Mediationsprozess zu jeder Zeit.
Solche Umstände sind
– eine persönliche oder geschäftliche Verbindung zu einer Partei,
– ein finanzielles oder sonstiges direktes oder indirektes Interesse am Ergebnis der Mediation oder
– eine anderweitige Tätigkeit des Mediators oder eines Mitarbeiters seiner Firma für eine der Parteien.
In solchen Fällen darf der Mediator die Mediationstätigkeit nur wahrnehmen bzw. fortsetzen, wenn er sicher ist, dass er die Auf-

---

[1] Amtliche Übersetzung des European Code of Conduct for Mediators. Die Originalversion ist abgedruckt in ZKM 4/2004 sowie unter http://europa.eu.int/comm/justice_home/ejn/new

gabe vollkommen unabhängig und objektiv durchführen kann, so-
dass die vollkommene Unparteilichkeit gewährleistet ist, und wenn
die Parteien ausdrücklich zustimmen.

2.2 Unparteilichkeit

Der Mediator hat in seinem Handeln und Auftreten den Parteien
gegenüber stets unparteiisch zu sein und ist gehalten, im Mediationsprozess allen Parteien gleichermaßen zu dienen.

3. Mediationsvereinbarung, Verfahren, Mediationsregelung und Vergütung

3.1 Verfahren

Der Mediator vergewissert sich, dass die Parteien des Mediationsverfahrens das Verfahren und die Aufgaben des Mediators und der
beteiligten Parteien verstanden haben.

Der Mediator gewährleistet insbesondere, dass die Parteien vor Beginn des Mediationsverfahrens die Voraussetzungen und Bedingungen der Mediationsvereinbarung, darunter insbesondere die
einschlägigen Geheimhaltungsbestimmungen für den Mediator
und die Parteien, verstanden und sich ausdrücklich damit einverstanden erklärt haben.

Die Mediationsvereinbarung wird auf Antrag der Parteien schriftlich niedergelegt.

Der Mediator leitet das Verfahren in angemessener Weise und berücksichtigt die jeweiligen Umstände des Falls, einschließlich einer
ungleichen Machtverteilung und des Rechtsstaatsprinzips, eventu-
eller Wünsche der Parteien und der Notwendigkeit einer raschen
Streitbeilegung. Die Parteien können unter Bezugnahme auf vor-
handene Regeln oder anderweitig mit dem Mediator das Verfahren
vereinbaren, nach dem die Mediation vorgenommen werden soll.

Der Mediator kann die Parteien getrennt anhören, wenn er dies für
nützlich erachtet.

3.2 Faires Verfahren

Der Mediator stellt sicher, dass alle Parteien in angemessener
Weise in das Verfahren eingebunden sind.

Der Mediator kann das Mediationsverfahren gegebenenfalls beenden und hat die Parteien davon in Kenntnis zu setzen, wenn

– er aufgrund der Umstände und seiner einschlägigen Urteilsfähig-
  keit die vereinbarte Regelung für nicht durchsetzbar oder für
  vorschriftswidrig hält oder
– er der Meinung ist, dass eine Fortsetzung des Verfahrens aller
  Voraussicht nach nicht zu einer Regelung führen wird.

3.3 Ende des Verfahrens

Der Mediator ergreift alle erforderlichen Maßnahmen, um sicherzustellen, dass eine einvernehmliche Einigung der Parteien in vol-

ler Kenntnis der Sachlage erzielt wird und dass alle Parteien die Bedingungen der Regelung verstehen.

Die Parteien können sich jederzeit aus dem Mediationsverfahren zurückziehen, ohne dies begründen zu müssen.

Der Mediator kann auf Antrag der Parteien im Rahmen seiner Kompetenz die Parteien darüber informieren, wie sie die Vereinbarung formalisieren können und welche Voraussetzungen erfüllt sein müssen, damit sie vollstreckbar ist.

3.4 Vergütung

Soweit nicht bereits bekannt, gibt der Mediator den Parteien stets vollständige Auskünfte über die Kostenregelung, die er anzuwenden gedenkt. Er nimmt kein Mediationsverfahren an, bevor nicht die Grundsätze seiner Vergütung durch alle Beteiligten akzeptiert wurden.

4. Vertraulichkeit

Der Mediator wahrt die Vertraulichkeit aller Informationen aus dem Mediationsverfahren oder im Zusammenhang damit und hält die Tatsache geheim, dass die Mediation stattfinden soll oder stattgefunden hat, es sei denn, er ist gesetzlich oder aus Gründen der öffentlichen Ordnung zur Offenlegung gezwungen. Informationen, die eine der Parteien dem Mediator im Vertrauen mitgeteilt hat, dürfen nicht ohne Genehmigung an andere Parteien weitergegeben werden, es sei denn, es besteht eine gesetzliche Pflicht zur Weitergabe.

VIII. Leitfaden für Berater: „Wann kommt Mediation in Betracht? Welche Fälle sind geeignet?"

Bei der Frage, für welche Konflikte sich Mediation eignet, ist zwischen **sachlicher Falleignung** bezogen auf den Konflikt und **persönlicher Eignung** bezogen auf die Konfliktbeteiligten zu unterscheiden.

Aussagen über die Falleignung orientieren sich am **Mehrwert**, der in einer autonomen Konfliktlösung liegt. Dieser Nutzen ist nicht immer auf den ersten Blick erkennbar, da die Konfliktbeteiligten von einer Vielzahl von Motiven bestimmt sind. Diese gilt es bewusst zu machen und zu bewerten. Das oft gehörte Argument, es müsse auch einen **Verhandlungsspielraum** geben, ist nur insoweit richtig, als dieser den Rahmen der Lösungssuche bestimmt. Haben die Beteiligten nur eine sehr eingeschränkte Verhandlungsautonomie, so ist diese zu thematisieren. Wird sie von den Beteiligten anerkannt, kann im vorgegebenen Rahmen durchaus mediiert werden. Bei Mediationen mit Stellvertretern geht es nicht um den Verhandlungsspielraum, sondern um das Mandat der Stellvertreter.

Die **Motive** für die Durchführung einer Mediation sind sehr **individuell**. Menschen sind nicht nur am eigenen ökonomischen Nutzen orientiert. Nachstehende Argumente sind daher als Anregung zu verstehen, die eigenen Motive zu entdecken und zu formulieren. Jeder einzelne Konfliktbeteiligte trifft seine ganz persönliche Entscheidung.

Für Mediation spricht:

Sachargumente
- Zeitfaktor/schnelle Termine, kein Instanzenzug
- Kostenfaktor (vor allem bei hohen Streitwerten)
- Rechtsunsicherheit/Prozessrisiko
- Obsiegen im Prozess löst das Problem nicht (z.b. gewonnener Kündigungsschutzprozess, der Arbeitnehmer kann aber nicht zu unveränderten Bedingungen weiterarbeiten)
- Suche nach einer Gesamtlösung; komplexe Probleme, Einbeziehung Dritter
- Suche nach Lösungen unter Einbeziehung wirtschaftlicher oder anderer nicht rechtlicher Aspekte
- Wechsel der Lösungsstrategie (was wurde noch nicht versucht)
- Beziehungspflege
- Imagepflege

Persönliche Argumente
- Eigenes Wertesystem / Kooperation statt Konfrontation
- Vermeiden von Öffentlichkeit
- Schutz vor emotionaler Belastung

– Bedürfnis nach Austausch, der für die rechtliche Klärung unerheblich ist; Bedürfnis nach Aussprache, Kontakt, Verstehen wollen

Gegen Mediation spricht:

Sachargumente
– Klare Rechtslage
– Bedürfnis nach Grundsatzentscheidung, Klärung einer Vielzahl von Fällen, Musterprozess

Persönliche Argumente
– Persönliche Teilnahme am Gespräch ist nicht denkbar (z.b. schwere Mobbingvorwürfe) und wird auch für die Zukunft ausgeschlossen
– Starke Beeinträchtigungen der psychischen Gesundheit eines Konfliktbeteiligten

Die **persönlichen Fähigkeiten**, welche eine kooperative Lösung braucht, entfalten sich im Rahmen der Mediation. Hier liegt eine wichtige Aufgabe des Mediators. Die Bereitschaft, hieran zu arbeiten, die **Offenheit** für neue Sichtweisen und Erfahrungen ist Voraussetzung für eine Mediation und wird mit der Unterzeichnung des Arbeitsbündnisses dokumentiert.

Sachverzeichnis

Die Zahlen verweisen auf die jeweiligen Randnummern.